Norbert Bolz
Das kontrollierte Chaos

Norbert Bolz

Das

kontrollierte

Chaos

Vom Humanismus zur
Medienwirklichkeit

ECON Verlag

Düsseldorf · Wien · New York · Moskau

Die Deutsche Bibliothek – CIP Einheitsaufnahme

Bolz, Norbert:
Das kontrollierte Chaos: Vom Humanismus zur
Medienwirklichkeit/Norbert Bolz. – Düsseldorf; Wien; New
York; Moskau; ECON Verl., 1994
ISBN 3-430-11413-6

Gesetzt aus der Gill Sans
Satz: Formsatz GmbH, Diepholz
Papier: Papierfabrik Schleipen GmbH, Bad Dürkheim
Druck und Bindearbeiten: Bercker, Graph. Betrieb GmbH, Kevelaer
Printed in Germany
ISBN 3-430-11413-6

»Und allmählich dämmerte es ihm, ... daß er von jetzt an, falls
es ein Von-jetzt-An für ihn geben sollte, sein krankhaftes
Streben nach Ordnung aufgeben und sich ein wenig Chaos
gönnen mußte; denn Ordnung war nachweislich kein Ersatz für
Glück, und so führte vielleicht das Chaos dahin.«

John le Carré, Der Nacht-Manager

Inhalt

Vorwort

Peter Brügge schreibt im »Spiegel«: »Plötzlich findet alle Welt an dem Wort Chaos Gefallen. Wie durch einen verborgenen Zauber weckt es statt Unbehagen zunehmend Interesse und sogar Hoffnung. Chaos ist das Wort mit der weltweit größten Wertsteigerung.« Das ist wahr, und ein einfacher Beleg für diese Behauptung ist schon die Tatsache, daß Sie dieses Buch lesen. Brügges These ist aber nur die eine Hälfte der Wahrheit. Denn genauso wahr bleibt, daß das Chaos Angstverhältnisse bezeichnet. Das zeigt jeder Blick in unsere Zeitungen: Chaos auf den Autobahnen, in den neuen Bundesländern, in den Elendsvierteln, aber auch in den Regierungsvierteln ...

Das Thema Chaos fasziniert, weil es zugleich anzieht und ängstigt. Wer hat Angst vor dem Chaos? Der Unternehmer in seiner Firma, der Politiker im Kabinett, der Spekulant an der Börse, der Autofahrer in der Rush-hour, der Wissenschaftler an seinem Schreibtisch, der Finanzbeamte vor dem Berg der Steuererklärungen, der Studienrat in der Untersekunda, der Student im hoffnungslos überfüllten Hörsaal – wir alle kennen die Drohung: Nichts geht mehr! Wenn nichts mehr funktioniert, der Fluß des Lebens erstarrt und die Welt unübersichtlich wird, sprechen wir von Chaos. Es ist das alltägliche Böse.

Der von mir gewählte Titel »Das kontrollierte Chaos« ist ein klassisches Beispiel für das, was Sprachwissenschaftler ein Oxymoron nennen – also ein Ausdruck, in dem zwei Begriffe aufeinandertreffen, die sich widersprechen. Kontrolliertes Chaos ist auf den ersten Blick so etwas wie ein hölzernes Eisen. Die Sache scheint ja auch klar: Chaos bedeutet die totale Verwirrung. Kontrolle dagegen meint Prüfung, Steuerung, Herrschaft. Der Titel »Das kontrollierte Chaos« besagt also zunächst einmal: gesteuerte Verwirrung. Das widerspricht der Gewohnheit des Denkens, denn es scheint ja selbstverständlich, daß Steuerung und Herrschaft nur durch Planung und Ordnung zu erreichen sind. Genau diese Selbstverständlichkeit möchte ich aber erschüttern. Ich werde zeigen, daß Planung und Ordnungsschemata nur noch unzulängliche Mittel zur Bewältigung unserer großen Zukunftsaufgabe sind: Management von Komplexität. Um hier voranzukommen, müssen wir uns von der Denkschablone einer starren Antithese zwischen Ordnung und Chaos befreien. Ordnung ist nicht das Gegenteil von Chaos. Und Chaos ist kein bedrohlicher Wirrwarr, sondern ein noch unentdeckter Spielraum des Möglichen.

Doch halt! Hier werden schon die ersten Mißverständnisse einrasten. Ein Manager oder mittelständischer Unternehmer wird spöttisch einwenden: Sie reden von der Kreativität des Chaos; da muß ich nur in meinen Betrieb gehen – Chaos allerorten! Dieses Mißverständnis ist naheliegend. Was wir zuallererst begreifen müssen ist aber: Das störende, unproduktive Chaos ist zumeist ein Resultat starrer Ordnungsmuster. Mit anderen Worten: *Im Chaos, das wir fürchten, blickt uns die Fratze der eigenen Planungsentwürfe entgegen.* Die Angst vor dem Chaos ist also verständlich, aber sie mißversteht sich selbst, wenn sie das Heil in der Ordnung sucht. Natürlich brauchen wir Ordnung, um leben und handeln zu können. Aber jeder, der Ordnung als das Gegenteil von Chaos versteht, wird erfahren müssen, daß diese Ordnung zur Falle wird. Wenn Paranoiker sagen könnten, was sie leiden, würden sie ein Lied davon singen.

Ich werde zeigen, daß Chaos nichts anderes als ein Deckbegriff für hohe Komplexität ist. Deshalb gebrauchen wir dieses Wort immer häufiger – man könnte fast sagen »instinktiv« – zur Beschreibung der Gegenwart. Wir müssen lernen: Chaos ist nicht das Gegenteil von Ordnung, sondern ihre Rückseite, ihr Schatten, ihre Zweitfassung. Denn wir leben in einer Welt, die schlechthin riskant ist. Und daraus folgt ganz logisch, daß *Weltoffenheit iden-tisch ist mit Risikobereitschaft.* Es ist deshalb eine falsche Strategie, Risiken vermeiden zu wollen. Wir müssen sie statt dessen aktiv managen. Politik und Wirtschaft müssen »chaosfest« werden. Denn ganz gleichgültig, welche Spielregeln für Sieger man noch er-finden wird – in hochkomplexen Systemen ist ein Sieg immer ein Sieg über die Unübersichtlichkeit. Und als Faustformel hierfür gilt: *Erfolg heißt kontrolliertes Chaos.* Vielleicht gewinnen Sie Vertrauen in diese Strategie, wenn Sie sehen, daß das Geld schon seit Jahr-hunderten erfolgreich in dieser Weise operiert – nämlich als Me-dium des Chaos-Managements.

C^2K^2

Wir müssen uns in ein neues Verhältnis zum Chaos setzen, d. h., wir müssen es »entübeln« und uns mit ihm versöhnen – das gilt für Wirtschaft, Politik und Alltag gleichermaßen. Dazu ist es nötig, bei einigen Wissenschaftlern und Künstlern unserer Tage in die Schule zu gehen. Wenn wir uns die Chaos-Brille aufsetzen, ver-ändert sich unsere Weltwahrnehmung. Sie entstellt die Turbulen-zen unseres Lebens – und ich meine: zur Kenntlichkeit. In jeder Krise wird die »Krisis«, also der Wendepunkt einer Entwicklung, erkennbar, und jede Gefahr erweist sich als Chance zum Wandel. Ich werde deshalb die wesentlichen Einsichten der sogenannten Chaosforschung resümieren. Sie beschreibt Evolutionsprozesse als Prozesse der Selbstorganisation von Systemen, die sich das Chaos einverleiben. Man könnte sagen, daß sich diese Systeme, die sich selbst organisieren, von Störungen ernähren. Die Wis-senschaften nennen dieses Prinzip »Order from noise«. Hier zeich-net sich eine *neue Einheitswissenschaft* ab: Biologen und Hirnphysio-logen, Meteorologen und Physiker, Ökonomen und Soziologen modellieren ihre Forschungsgegenstände heute mit Hilfe der Chaostheorie. Und auch die Künstler verstehen sich nicht mehr als Meister der schönen Form und guten Gestalt, sondern expe-rimentieren am Rande des Chaos.

Diese Entwicklungen in Wissenschaft und Kunst sind aber nicht einfach Resultate eines neuen Muts zum Chaos. Vielmehr setzen sie die Technologien von Computer und Telekommunikation voraus. *Der Computer ist das Fahrzeug für unsere Reise ins Chaos.* Und die neuen Formen von Kreativität, die wir dabei entdecken werden, lassen sich nicht von den Kommunikationstechniken der neuen Medien trennen. Wir werden deshalb immer wieder auf einen engen Zusammenhang von Chaos und Computer, Kreativität und Kommunikation treffen: C^2K^2.

Der Untertitel des Buches fügt der Erfolgsformel »Kontrolliertes Chaos« eine Beobachtung hinzu, die eine revolutionäre Veränderung unserer Weltorientierung markiert: Das klassische Maß des Menschen, an dem sich unsere humanistische Kultur formiert hat, paßt nicht mehr auf die neuen Kommunikationsverhältnisse der postmodernen Gesellschaft. Die alten Schablonen der humanistischen Werte erweisen sich als Fesseln der Welterfahrung. Wir müssen deshalb Abschied nehmen von Alteuropa und seinen vertrauten Begriffen der Bildung und Geschichte. *Eine Umwertung der humanistischen Werte ist unvermeidlich.* Zahlreiche Symptome deuten in diese Richtung. So hat eine Ausstellung von 1993 die Kunst der Gegenwart als »posthuman« bezeichnet. Damit kein Mißverständnis entsteht: Posthuman heißt nicht unmenschlich. Im Gegenteil! Menschliche Wesen werden sich erst dann frei, individuell und vielfarbig entfalten, wenn sie den Bann des humanistischen Menschenbildes gesprengt haben. Den Kontext dieser neuen »posthumanen« Existenz bieten die neuen Medien. Sie bestimmen, was für uns Wirklichkeit heißt. Was sich ereignet, ist inszeniert. Bilder aus aller Welt ersetzen das Weltbild. Die neuen Medien sind auch das Schema dessen, was sich zwischen Menschen zuträgt. Meine These lautet: *Es gibt kein Jenseits der Medien.*

Fassen wir zusammen:

- Wir müssen uns mit dem Chaos versöhnen.
- Wir müssen uns vom humanistischen Menschenbild befreien.
- Wir müssen die neuen Medien als Spielraum unserer Existenz begreifen.

Jede einzelne dieser Thesen klingt befremdlich genug. Ich werde sie deshalb in aller Sorgfalt begründen und an Beispielen erläutern. Aber ich gehe – der Titel des Buches signalisiert es – noch einen Schritt weiter. Ich werde zeigen, daß die Eroberung des Chaos, die Zerschlagung der humanistischen Wertetafel und die Synergie von Menschen und neuen Medien drei Aspekte derselben Zukunftsaufgabe sind.

Der Ruf nach Ethik

Die Welt wird nicht besser, aber sie war auch nie besser. Was sich ändert, sind die Spielräume des Möglichen. Man muß sie kennen, um sein Glück zu machen. Im Verhältnis zu jeder Vergangenheit – und gerade auch zum Jüngstvergangenen – gilt: gewaltige Errungenschaften, gewaltige Verluste. *Kultur ist ein Nullsummenspiel.* Das ist für jene schwer zu ertragen, die ihr Glück nicht gemacht haben, weil sie sich weigern, die Spielräume des geschichtlich Möglichen zu betreten. Sie beklagen dann, es fehle an Sinn, und fordern Anweisungen zum richtigen Leben. Was sie statt dessen erhalten, sind natürlich – nach Paul Watzlawicks wunderbarer Formel – Anweisungen zum Unglücklichsein.

Wer heute in der Öffentlichkeit über den fehlenden Lebenssinn, die Zerstörung der Umwelt oder den Verfall der Kultur klagt, tut das nicht mehr auf eigene Rechnung, sondern »im Namen des Volkes« oder gar »im Namen der Menschheit«. Das sollte stutzig machen. Der hellsichtige Soziologe Robert Michels bemerkte schon 1910: »Im Zeitalter der Demokratie ist die *Ethik eine Waffe,* derer sich jedermann bedienen kann.« Und warum wird moralisiert? Weil nur in der Moral eine völlige Umwertung der Werte möglich ist – das ist ja die Lektion Nietzsches! Der Verachtete kann zum Geachteten werden, der Letzte kann der Erste sein. Aber Unrecht kann nicht Recht werden, die Nichthabenden können nicht die Habenden sein. Deshalb sind die Moralisten meist auch stolz darauf, von Recht, Ökonomie und Technik keine Ahnung zu haben.

Das lautstarke Bedürfnis nach einer Ethik der Gegenwart läßt sich nicht erfüllen, aber gut erklären. Wer nach Ethik fragt, traut den Mächtigen nicht mehr zu, die Welt zu ordnen, und traut sich selbst nicht mehr zu, die Welt zu verstehen. Denn Ethik heißt eben: nicht Politik – und: nicht Erkenntnis. Einmal, in den seligen Zeiten der alten Griechen, war Ethik tatsächlich die Lehre vom richtigen Leben, heute ist der Ruf nach ihr ein Resignationsphänomen. Einige wollen alles, nämlich die Erde retten, und erreichen deshalb nichts. Andere bescheiden sich mit der Rettung des »Humanum« und erreichen immerhin, daß die wissenschaftliche Avantgarde der deutschen Genforschung ans Auswandern denkt. Bleiben die Klagen über den Untergang der abendländischen Kultur durch Sex und Crime im Fernsehen. Moralische Kritiken der neuen Medienwirklichkeit sind billig zu haben. Ob sich nun Pädagogen über die Medienvergewaltigung zarter Kinderseelen erregen oder Politiker die Apathie der schweigenden Mehrheit dem Konsumverhalten der deutschen Fernsehfamilie anlasten – allerorten sieht man einen Niedergang der Kultur, des Gesprächs, der geistigen Differenziertheit.

In dieses Lamento will ich nicht einstimmen. Vielmehr vermute ich, daß solches *Moralisieren* eine klare Analyse der Sachverhalte gerade verhindert. Ich ziehe daraus die Konsequenz, einstweilen auf Kritik zu verzichten und zunächst die Analyse voranzutreiben. Nur so kommt man zu klaren Begriffen. Am Anfang jeder Ethik – wenn sie denn noch möglich ist – muß eine Ethik der Terminologie stehen. Eine zeitgemäße Ethik müßte vor allem unterscheiden können, wann Moral angewandt wird und wann nicht! Und wenn Sie am Ende Ihrer Lektüre eine Art ethisches Fazit meiner Überlegungen ziehen wollen, werden Sie allenfalls im Sinne von Erich Jantschs »evolutionärer Ethik« sagen können: *Ethisch ist, was der Evolution gerecht wird* – also Offenheit, Ferne vom Gleichgewicht und ein positives Verhältnis zum Chaos. Ich werde aber zeigen, daß Weltorientierung in Zukunft weniger von einer Ethik als vielmehr von einer neuen Ästhetik zu erwarten ist, die den Menschen als Knotenpunkt möglicher Weltentwürfe begreift.

Die Fesseln des Humanismus

Günther Anders hat die Ängste unserer Gegenwart auf eine suggestive Formel gebracht: die Antiquiertheit des Menschen. Das soll besagen: Der Mensch fühlt sich nur noch als Störfaktor in einer immer perfekter werdenden technischen Umwelt. Und: Unsere Vorstellungskraft ist unseren Produktivkräften längst nicht mehr gewachsen; der technologische Prozeß vollzieht sich gleichsam hinter dem Rücken der Menschen, bald vielleicht sogar ohne sie. Diese Diagnose trifft zwar nicht die Wirklichkeit, drückt aber, wie gesagt, eine weitverbreitete Angst vor ihr aus.

Um dieser Angst gerecht zu werden, ohne aber in die Sackgasse der *Technikangst* zu manövrieren, entwickle ich in diesem Buch eine klare Gegenthese: *Nicht der Mensch ist antiquiert, sondern sein humanistischer Begriff.* Ich halte den Humanismus für die stärkste Fessel des Denkens, die uns heute daran hindert, ein vernünftiges Verhältnis zu einer Umwelt zu entwickeln, die von Mikroelektronik und Computertechnologie, Informatik und Telekommunikation geprägt ist. Deshalb ist es wichtig, zu wissen: Wie hat sich das Bild, das sich der Mensch von sich selbst macht, entwickelt? Gibt es Anzeichen für einen veränderten, wahrhaft aktuellen Begriff des Menschenwesens? Welche Spielräume der Existenz räumt ein *antihumanistisches* Menschenbild ein? Erst wenn wir das humanistische Idol des Menschen gestürzt haben, wird sichtbar werden, wie menschliche Wesen heute ihre Existenz organisieren. Denn wir leben längst anders – und ich meine: klüger –, als wir denken.

Der Aufklärer Lichtenberg hat einmal gesagt: »Die Linien der Humanität und der Urbanität fallen nicht zusammen.« Man hat das gerne so verstanden, als müßten wir unsere Menschlichkeit gegen die Zumutungen von Großstadt, technischer Umwelt und Weltgesellschaft schützen. Man kann es aber auch ganz anders verstehen: Wer wahrhaft urban, ein Zeitgenosse unserer modernen Welt sein will, muß Abschied nehmen vom Humanismus.

Angst-Blockade und Warn-Rhetorik

Nichts ist populärer als die eigene Angst. Sie findet ständig Gelegenheit zur Rückkopplung: die nächste Tankerkatastrophe, das Ozonloch, atom- und gentechnische Experimente, Bürger- und Konfessionskriege, die neue Völkerwanderung und der ihr wie ein Schatten folgende Fremdenhaß. Die Liste der guten Gründe für Angstkommunikation ist unabschließbar. Angst hat immer recht, und wer mit der eigenen Angst argumentiert, ist unwiderlegbar. Gerade deshalb aber ist sie für das Denken unfruchtbar. Das wird jeder bestätigen, der einmal versucht hat, unaufgeregt, vielleicht sogar optimistisch die Wirklichkeit der neuen Medien und Computertechnologien ins Auge zu fassen. Stets trifft er auf die entsetzte Frage: »Aber sehen Sie nicht die Gefahren?«

Das ist die *Angst-Blockade*, die den nüchternen Blick auf die Gegenwart verstellt. Derartige Fragen verkennen, daß Gefahr der Rohstoff ist, den unsere moderne Kultur zu Risiken verarbeitet, mit denen man kalkulieren kann und muß. Man könnte deshalb sagen: *Die Moderne ist in sich selbst riskant.* Und gerade der riskiert am meisten, der nichts riskieren will. Er riskiert nämlich, nicht mitzukommen, zu spät zu kommen und dann vom Leben bestraft zu werden.

Der Angst-Blockade entspricht eine *Warn-Rhetorik*. Der Mahner macht aus der Angst der Zeitgenossen ein lukratives Geschäft. Seine Warnungen können bei jeder Weltbegebenheit einrasten: Wehret den Anfängen; es ist fünf vor zwölf. Was immer geschieht – Gefahr ist im Verzug. Und sobald ein katastrophisches Ereignis eintritt, kann man sicher sein: Irgend jemand hat immer schon davor gewarnt. Das jüngste Beispiel ist der Historiker Paul Kennedy. Er stellt uns vor die Alternative: entweder eine neue Erziehung des Menschengeschlechts oder die Katastrophe. Diese Alternative ist in Wahrheit eine Sackgasse des Denkens. Gerade ein Historiker sollte wissen, daß die Erwartung einer nahen Katastrophe zu den Konstanten unserer Geschichte gehört. Ich »mahne« deshalb mehr Gelassenheit an und »warne« vor den

Warnern. Der Mahner ist ein unverzichtbares Requisit der Medienöffentlichkeit. Zur Erkenntnis trägt er nichts bei, ja, er steht ihr im Weg.

Ich verfolge deshalb eine andere Strategie: Statt vor den Gefahren der Technik zu warnen, erkunden die folgenden Kapitel den modernen Raum der Riskanz als Spielraum des zukünftig Menschenmöglichen. Um aus der Narkose von Angst und Mahnung zu erwachen, beschreibe ich nicht nur den Stand der Dinge, sondern entwickele ihn auch in philosophie- und technikgeschichtlicher Perspektive. Gerade der Blick auf die Geschichte zeigt, wie trügerisch die Hoffnungen der Warner und Mahner sind, die Menschen könnten darauf verzichten zu tun, was sie technisch können. Der Ausstieg ist keine Option. *Wir können die neuen Technologien nicht nicht wollen.*

Der »Sinn« des Lebens

Unsere Weltgesellschaft ist organisatorisch ein Risikoverbund, technisch ein Medienverbund. Die vor allem unter europäischen Intellektuellen noch weitverbreitete Angst vor den neuen Medien ist das Symptom eines ganz wesentlichen Sachverhalts: *Es gibt heute keine unmittelbare Weltwahrnehmung mehr.* An ihre Stelle tritt die Wahrnehmung von Kommunikationen. Damit wird es aber immer schwieriger, wenn nicht unmöglich, die Darstellungen von Wirklichkeit an dieser selbst zu messen. Und das heißt für Intellektuelle: Ihr Lieblingsspielzeug der »Kritik« zerbricht. An die Stelle der Kritik tritt die Performanz.

Manipulation wird zum Normalfall der Weltdarstellung. Deshalb müssen wir ein neues Verhältnis zu den Begriffen Schein, Fiktion und Simulation gewinnen. Sie bezeichnen nicht mehr das andere der Wirklichkeit, sondern sind ihre Aggregatzustände. In der Darstellung der Massenmedien geht die »wirkliche« Welt also nicht verloren, sondern sie wird im Gegenteil erstmals allen Menschen überall und gleichzeitig auf schmerzlose Weise erfahrbar.

Nur die Massenmedien bieten eine *geschützte Weltwahrnehmung.* Ihre Nachrichten stellen ein Medium dar, in dem sich große und kleine Katastrophen endlos verketten. Die Welt erscheint hier als Chaos, an dem sich die Ängste und Warnungen nähren können.

Ich schlage wiederum eine andere Sichtweise vor: Chaos ist der Anschein, den Sachverhalte sehr hoher Komplexität absondern. Wir müssen begreifen, daß *Chaos nicht das Gegenteil von Ordnung* ist. Komplexe Ordnungen und dynamische Systeme, wie sie für Wirtschaft und Gesellschaft charakteristisch sind, stehen immer am Rand des Chaos, und sie regenerieren sich aus ihm. Intelligente Strategien schalten das Chaos nicht aus, sondern suchen verborgene Patterns in ihm. Die Ordnung dynamischer Systeme muß erkennen, daß Chaos nicht ihr Feind, sondern ihr Jungbrunnen ist.

Gerade Menschen, denen die Welt als undurchdringliches Chaos erscheint, fragen ja dann eindringlich nach dem Sinn des Lebens. Ich werde eine Antwort vorschlagen, die die Frage aufhebt: Wenn das Wort Sinn einen Sinn hat, dann bezeichnet es das Resultat der Beschreibung, die komplexe Systeme (ein Organismus, ein Unternehmen, die Gesellschaft) von sich selbst anfertigen. Diese Selbstbeschreibung ist natürlich selbst hoch komplex; das macht den Sinn schwer lesbar. So können wir vermuten: Was vielen als Chaos erscheint, ist das Inkognito dessen, was sie als Sinn suchen.

Nur so erklärt sich die ungeheure Faszination, die das Thema Chaosforschung auch für interessierte Laien hat. Wir leiden ja alle an der Zersplitterung der Kenntnisse und am extremen Spezialistentum der Wissenschaften, und die Sehnsucht nach dem verlorenen Ganzen hat viele in die Arme pseudowissenschaftlicher Gurus der New-Age-Bewegung getrieben. Die allgegenwärtigen Phänomene des Chaos signalisieren nun eine große Krise der Spezialwissenschaften; sie sind Symptome einer Wiederkehr des verdrängten Ganzen. Im Klartext: Das Chaos ist das Inkognito des Ganzen!

So ruft der Mathematiker Ralph Abraham die Keyboard-Virtuosen Kaliforniens zurück ins minoische Kreta: »Well, the repression of chaos began with the patriarchal takeover six thousand years ago. If you reject chaos, you reject Gaia. The Orphic Trinity is Chaos, Gaia, and Eros.« Diese interessante These, daß die patriarchalische Ordnung mit der Verdrängung des Chaos zugleich die »orphische Dreieinigkeit« von Liebe, Chaos und Erde zerstört habe, müßte natürlich aus dem New-Age-Jargon erst in Wissenschaft übersetzt werden. John Briggs und F. David Peat bemerken hierzu schon sehr viel nüchterner: »Statt uns das Ganze als die Summe aller Teile vorzustellen, können wir es uns als jenes Wesen denken, das in der Gestalt des Chaos hereinbricht, wann immer Wissenschaftler versuchen, dynamische Systeme zu trennen und so zu behandeln, als bestünden sie aus Teilen.«

Die Analphabeten des digitalen Zeitalters

Der Mensch des Humanismus irrt wie ein Fremder durch eine Welt, die von hoher Komplexität, extremer Beschleunigung und einer bis an die Grenze des Immateriellen vorangetriebenen Mikrologisierung geprägt ist. Das Funktionieren dynamischer Systeme, die Geschwindigkeit der Datenströme und die Gadgets der Mikroelektronik stehen in keinem Verhältnis mehr zum humanistischen Maß des Menschen. Wir sind, nach Freuds genauem Wort, *Prothesengötter*, angeschlossen an Techniken, die man nicht versteht, umstellt von Objekten, die man nicht durchschaut. Deshalb wird das Design sogenannter Benutzeroberflächen immer wichtiger.

Die meisten Gegenstände der technischen Welt müssen wir gebrauchen, ohne zu begreifen, wie sie funktionieren – es sind Black Boxes. Um aber Licht in eine Black Box zu bringen, muß man mit ihr spielen. *Interface-Design* ist der Name für die große Aufgabe der Gegenwart, die Benutzeroberfläche der schwarzen elektronischen Schachteln so zu gestalten, daß Menschen Lust bekommen, damit zu spielen – etwa mit ihrem Computer. Auf mißglücktes Interface-Design antwortet die Technikangst. Ich werde dieses Problem aus der Perspektive des Designers betrachten, der zum Spiel verführen will – nicht aus der Perspektive des Mahners, der die Angst rückkoppelt.

Es hat wohl noch nie ein Zeitalter so rückhaltlos im Bann einer alles durchdringenden Technologie gestanden wie unser Zeitalter des Computers. Er fügt den großen *Kränkungen des humanistischen Menschen* durch Darwin (Der Mensch rückt in die Evolutionskette ein) und Freud (Das Ich ist nicht Herr im eigenen Haus) eine neue hinzu: Viele Funktionen unseres stolzen Bewußtseins können in Rechnerarchitekturen nachgebaut werden. Die Forschungsprogramme der künstlichen Intelligenz stellen die Spitze dieser narzißtischen Kränkung des Humanismus dar. Der Einschnitt ins traditionelle Selbstverständnis des Menschen ist so tief, daß man die weltalterliche Markierung *Ante* und *Post Computer* anbringen könnte.

Die Simulation menschlicher Bewußtseinsleistungen durch den Computer eröffnet neue Spielräume des Denkens und der Phantasie. Er ist das ideale Medium zum *Training unseres Möglichkeitssinns*. Denn Simulationen erlauben uns nun Erkundungsreisen in mögliche Welten. Unsere Phantasie war jahrhundertelang ans Medium des Buches gebunden. Heute eröffnet sich eine neue Möglichkeitswelt der rechnergestützten Einbildungskraft. Doch das setzt Vertrautheit mit der informatischen Ordnung des Binären, Digitalen und der Algorithmen voraus. Genau davon wollen aber die Gebildeten unter den Verächtern des Computers nichts wissen. Das macht sie zu Opfern einer interessanten Paradoxie: Gerade die »alphabetisierten«, literarisch gebildeten Menschen, die stolz auf der humanistischen Tradition beharren, sind die »Analphabeten« des digitalen Zeitalters. Gewiß: Man wird auch in Zukunft lesen und schreiben müssen, sogar wohl mehr denn je. Doch diese bekannte und bewährte Kulturtechnik wird tiefer fundiert sein müssen – in der neuen Kompetenz einer *Computer Literacy*.

Um hier kein Mißverständnis aufkommen zu lassen: Die alten Kulturtechniken werden nicht absterben. Man wird Bücher schreiben und lesen – mehr denn je. Man wird weiterhin persönliche

Gespräche pflegen, Geige spielen und Museen besuchen. Ja, man kann sogar vermuten, daß diese alten Kulturtechniken für den einzelnen immer wichtiger werden. Doch sie verändern ihren Stellenwert im Medienverbund radikal. Das Buch ist nicht mehr das Leitmedium des Wissensmanagements und der Bildung – und gerade deshalb ist es unverzichtbar zur Pflege jener ökologischen Nischen des Geistes, in die man aus dem Dauerstreß der Informationsgesellschaft flieht. Ich bringe das auf die Formel: *Medienevolution und humane Kompensation*. Eine vielleicht noch griffigere Formel dafür lautet: *Medium und Remedium*.

Remedium heißt Heilmittel – und genau darum geht es ja. Rezepte für die Medienwirklichkeit können keine Zaubermittelchen aus einem Jenseits der Medien verschreiben. Nur Medien können die Wunden heilen, die Medien geschlagen haben.

Gerade weil sich die Evolution der neuen Medien und Computertechnologien ohne Rücksicht auf die Verarbeitungskapazität des Menschen vollzieht, braucht er Entlastungstechniken: die tröstliche Überschaubarkeit einer Romanhandlung, den Klartext eines persönlichen Gesprächs inmitten der Datenflut, die geordnete Welt des Museums. Das alles ist so unrealistisch wie unverzichtbar. Wir können nur leben, indem wir die Daten einer Welt, die das Maß des Menschen sprengt, nach menschenförmigen Schemata selektieren. Diese Schemata nennt man Anthropomorphismen – sie sind die *Algorithmen des Alltags*. Weil sie überlebenswichtig sind, werden die alten Medien nicht aussterben. Über die Welt aber haben sie uns nichts mehr zu sagen.

Ein Vorschlag zur Lektüre

Dieses Buch ist »modular« aufgebaut. Die Abschnitte beziehen sich zwar logisch aufeinander, es ist aber auch möglich, die einzelnen Kapitel isoliert und in freigewählter Reihenfolge zu lesen. Das kann dann sinnvoll sein, wenn sich der Leser nicht für den historischen Hintergrund des Problems interessiert oder philosophische Ableitungen scheut. Das Buch hat also verschiedene »Plateaus« des Verständnisses und sollte interessierten Laien ohne spezifische Vorbildung genauso zugänglich sein wie etwa den Spezialisten der philosophischen Anthropologie und Medientheorie.

Ich weiß: Mit nichts schreckt man interessierte Laien mehr ab als mit Fremdwörtern, Fachterminologie und spröder Theorie. Das Dumme ist nur: Ganz läßt sich der Wissenschaftsjargon nicht vermeiden. Eine Darstellung des Chaos muß zwar keine chaotische Darstellung sein. Aber wenn man etwas Sinnvolles über komplexe Systeme wie Wirtschaft und Politik sagen will, dann muß auch die Darstellung hinreichend komplex sein. Fachbegriffe sind da unvermeidlich. Ich habe deshalb die Schlüsselbegriffe meiner Darstellung in ein Glossar am Ende des Buches aufgenommen; dort finden Sie einfache, handhabbare Definitionen. Das Glossar soll auch dabei helfen, daß Sie an jeder beliebigen Stelle in dieses Buch »einsteigen« können. Für dieses Buch gilt wie für die Welt, die es beschreibt: Interdependenz kompensiert den Verlust an Einheit. Das Literaturverzeichnis nennt schließlich die wichtigsten Texte, auf die sich meine Argumentation stützt oder kritisch bezieht.

1. Die Versöhnung mit dem Chaos

Das uns allen vertrauteste Chaos ist wohl – neben dem Chaos auf dem eigenen Schreibtisch – das Chaos auf deutschen Autobahnen zu Beginn der Schulferien. Doch Vorsicht! Wissenschaftler würden gerade umgekehrt sagen, daß der fließende Verkehr chaotisch, der Stau aber ganz gesetzmäßig ist. Und es gibt ja auch kaum etwas Ordentlicheres als die kilometerlange, fast bewegungslose Wagenkette eines Staus. Was man mit Chaos im Verkehr eigentlich meint, ist die Erfahrung, daß Ordnungsmuster (Ampelschaltung, Vorfahrtsregelung, Geschwindigkeitsbegrenzung) bei hoher Verkehrsdichte versagen. Wenn man nachts auf der Autobahn fährt, kann man fahren, wie man will: defensives Reisetempo, Spur wechseln, beschleunigen. Ganz anders im Berufsverkehr. Man glaubt zu schieben, und man wird geschoben, heißt es in Goethes »Faust«. Alle Autos sind nun hoch interdependente Bewegungsereignisse. Man könnte sagen: Wir werden vom Verkehrssystem gefahren. »Chaos auf den Straßen« ist also gerade nicht chaotisch, sondern die Immobilisierung eines dynamischen Systems – also eine unfruchtbare, tote Ordnung.

Ich habe dieses Beispiel nur gebracht, um von vornherein deutlich zu machen, daß Chaos nicht gleich Chaos ist. Um diesen Unterschied denken zu können, müssen wir einen Schritt aus dem gewohnten, rationalen Denken heraustreten. Erinnern wir uns: Es gibt eine Art Kodex des neuzeitlichen Denkens, den »Discours de la méthode« von René Descartes, der 1637 erstmals veröffentlicht wurde. Es ist ein Appell an die natürliche Vernunft jedes Menschen, der die wahre Methode aller menschlichen Erkenntnisse deutlich machen soll. Descartes macht vier Vorschriften:

- Urteile nur über das, was sich deinem Geist klar und distinkt zeigt.
- Unterteile ein Problem in lösbare Momente.
- Führe deine Gedanken »par ordre«, das heißt langsam aufsteigend vom Einfachsten zum Komplexen.
- Sichere dich durch vollständige Aufzählung gegen Auslassungen und Vergessen.

Ich erinnere an dieses klassische Methodenideal, um die Kluft deutlich zu machen, die das Denken der Gegenwart vom Rationalismus der Neuzeit trennt. Hirnphysiologen haben längst erkannt, daß innovatives Denken und Kreativität keine Resultate ordentlicher Methoden sind, sondern gerade aus dem Chaos des Gehirns entspringen. Sensible Künstler haben das schon lange geahnt. So steckt etwa in Marcel Prousts berühmtem Roman »Auf der Suche nach der verlorenen Zeit« eine Theorie vom schöpferischen Chaos der »mémoire involontaire«, der unwillkürlichen Erinnerung. Und der Kognitionswissenschaftler Francisco Varela charakterisiert das Denken so: »Das Verhalten des gesamten Systems ähnelt viel stärker dem Stimmengewirr einer Cocktailparty als einer Kette von Befehlen.«

Gedanken sind demnach kohärente Zustände, die durch eine selektive Verstärkung zufälliger Fluktationen im Gehirn entstehen. Das heißt, die Gedanken sind wunderbar geordnet, aber die ihnen zugrundeliegenden Nervenprozesse sind völlig chaotisch. Das Chaos des zufälligen »Feuerns« der Neuronen gerät unter Rückkopplungsbedingungen – und Ordnungsmuster entstehen. Solche Phänomene nennt man »emergent«.

Deshalb hat der Philosoph Paul Feyerabend 1975 seine Kampfschrift gegen Descartes' Vorschriften des ordentlichen Denkens »Against Method« genannt. In der deutschen Übersetzung heißt der Titel dieses Buches noch deutlicher »Wider den Methodenzwang«. Seine wichtigste Einsicht lautet: »Without ›chaos‹, no knowledge.« Ohne Chaos gibt es kein Wissen. Und man kann noch mehr sagen: *Ohne Chaos gibt es keine Freiheit!* Denn das alte philosophische Problem, wie Willensfreiheit inmitten einer von Naturgesetzen beherrschten Welt möglich sein soll, findet nun eine verblüffende Lösung. Wenn deterministische, das heißt vollkommen durch Gesetze bestimmte Systeme chaotisches Verhalten zeigen können, dann ist ebendieses Chaos der Spielraum der Freiheit inmitten der Gesetze.

Die Lehre der »Sudelbücher«

Der Abschied vom cartesischen Methodenideal der Neuzeit hat sich aber schon viel früher angekündigt. Der große Aufklärer Georg Christoph Lichtenberg hatte allerdings das Pech, im Schatten des übermächtigen Immanuel Kant zu philosophieren. Mit Benoît Mandelbrots Erfindung der »fraktalen Geometrie« der Natur ist Lichtenberg vor wenigen Jahren aber mit einem Schlage aus diesem Schatten herausgetreten. Viele seiner in den sogenannten »Sudelbüchern« notierten Sätze lesen sich heute wie geniale Vorwegnahmen der Chaosforschung.

So fragt Lichtenberg einmal: »Ist es nicht sonderbar, daß man die Geometrie mit einem besonderen Falle anfängt, mit der Lage der Linien auf Ebenen?« Diese Frage höhlt die euklidische Welt aus, die man uns noch im Mathematikunterricht einbleut. Und heute wird diese Frage von Benoît Mandelbrot wiederholt. Schon 200 Jahre vor der Erfindung der fraktalen Geometrie hat Lichtenberg nach einer Gestaltlehre des Gestaltlosen, einer Geometrie der monströsen, irregulären Formen gesucht – in seinen eigenen Worten: nach einer »Theorie der Falten in einem Kopfkissen«.

Lichtenberg hat selbst schon elektrophysikalische Studien über die Natur des Blitzes angestellt. So heißen die Strukturen, die sich dabei bilden, also die Spuren elektrostatischer Entladung, auch heute noch Lichtenbergsche Figuren. Seine Technik, diese Entladungsfiguren auf Papier zu fixieren, ist im Prinzip identisch mit der modernen Xerographie – darauf hat ihr Erfinder, Chester Carlson, ausdrücklich hingewiesen. Von Lichtenbergs Blitzstudien aus ist es dann nur noch ein Schritt zur fraktalen Geometrie der Natur. Ein Blitz zeigt ja ein ähnliches Bild wie ein entlaubter Baum oder das Mündungsdelta eines großen Flusses. Man kann solche Phänomene wie Blitz, Baum oder Delta als System mit Verzweigungspunkten beschreiben. In jedem Fall ist aber klar: Mit den Mitteln der euklidischen Schulgeometrie läßt sich so etwas nicht beschreiben. So ist Lichtenberg der erste, der nach einer *Geometrie des Chaos* fragt.

Immanuel Kant hat das moderne Denken 1781 mit seiner berühmten Kritik der reinen Vernunft begründet. Heute beginnen wir uns für eine Kritik der unreinen Vernunft zu interessieren.

Auch hier hilft uns Georg Christoph Lichtenberg weiter. Er hat nämlich seine Beobachtungen zum Blitz auch metaphorisch gewendet und auf das Denken übertragen – Stichwort: *Gedankenblitz!* Die Amerikaner haben den Ausdruck »a pattern emerges«. Gemeint ist das sogenannte Aha-Erlebnis. Scheinbar unzusammenhängende Informationspartikel bilden plötzlich ein verständliches Muster. Genau darauf zielt auch Lichtenbergs Theorie des Gedankenblitzes.

Der Hintergrund dieser Entdeckung läßt sich mit wenigen Strichen skizzieren. Bekanntlich hat Descartes das Denken der Neuzeit mit der magischen Formel begründet: »Cogito ergo sum«. Die deutsche Übersetzung ist so berühmt, daß man gar nicht mehr über sie nachdenkt: Ich denke, also bin ich. Hier hakt nun Lichtenberg ein. Er hält die deutsche Übersetzung des lateinischen »Cogito« durch »Ich denke« für falsch, weil sie ohne Grund ein Ich unterstellt. Im Klartext: Lichtenberg fordert uns auf, über das Denken zu denken, wie man über den Blitz denkt. Es blitzt! Es denkt! Für Lichtenberg sind das strukturgleiche Prozesse, die über Verzweigungspunkte laufen, an denen Entscheidungen fallen. Aber man kann nicht sagen, wer entscheidet. Die sogenannten »eigenen« Gedanken sind Resultate ständiger Rückkopplungen aus dem

Durchfluß der Gedanken anderer. Diese Dynamik des Denkens ist der blinde Fleck der »reinen« Vernunft.

In Lichtenbergs »Sudelbüchern« gibt es eine Beobachtung, die immer wiederkehrt. Er bemerkte nämlich, daß gewisse Experimentalanordnungen sehr sensibel auf leicht veränderte Ausgangswerte reagieren. Das nennt man heute *Butterfly-Effekt*. Denn der amerikanische Wissenschaftshumor will es so, daß sich die von einem Schmetterling in Asien verursachten Luftschwingungen durch Rückkopplung bis zum Tornado in Amerika aufschaukeln können. Das ist, wie alle Scherze von Wissenschaftlern, durchaus ernst gemeint. Der Butterfly-Effekt ist mit Computern leicht simulierbar. Winzige Abweichungen beim Input eines sogenannten Schleifenprogramms können zu gewaltigen Differenzen im Output führen, wenn der Computer die Rechenschleife millionenfach durchläuft. Doch schon Lichtenberg hat begriffen, daß diese Abweichung kein vermeidbarer Irrtum, sondern eine Dimension der Wahrheit selbst ist. Ausdrücklich fragt er: »Was leidet es für Abweichungen, wenn man gewisse Umstände ändert?« Solche Fragen erweisen sich als viel aufregender als die alten metaphysischen Fragen nach Gott, Freiheit und Unsterblichkeit. Deshalb hat Lichtenberg sich den Kopf auch nicht über die großen Ideen zerbrochen. Er ist heute ein *Held des fraktalen Denkens*, weil er sich um jene »kleinen Infusions-Ideechen« gekümmert hat, die in den »Sudelbüchern« auch einmal Chaos-Klasse des Ideenreichs heißen.

Novalis und Nietzsche

Es ist kein Zufall, daß man die ersten Ansätze eines fraktalen Denkens in »Sudelbüchern« findet. Sudel ist ja der Morast, der Sumpf. Und wer sudelt, arbeitet unsauber. Genau das ist aber die Pointe Lichtenbergs: Er arbeitet mit einer Logik der unscharfen Ränder – heute würde man sagen, mit »fuzzy logic«. Darin sind ihm die Romantiker, vor allem Novalis und Friedrich Schlegel, gefolgt. Man kann von den deutschen Frühromantikern einen sehr sinnvollen

Gebrauch des Moteworts Chaos lernen. Bei Novalis heißt es einmal: »Die künftige Welt ist das vernünftige Chaos – das Chaos, das sich selbst durchdrang.« Die Romantiker sprechen also von einem vernünftigen Chaos, das dadurch ausgezeichnet ist, daß es sich selbst durchdringt. Heute könnte man das *ein sich in sich organisierendes Chaos* nennen.

Selbstorganisation bedeutet in diesem Zusammenhang, daß sich ein locker gefügtes Medium durch Rückkopplungen selbst zu einem evolvierenden System bildet. Es handelt sich also um eine Art Selbsterschaffung aus dem Chaos. Das ist der entscheidende Schritt in der Entübelung dieses Begriffs: Chaos wird zum Ehrennamen. Er trennt produktive Mischungsverhältnisse von sterilen Unordnungen. Das meint Novalis mit dem Satz: »Nur diejenige Verworrenheit ist ein Chaos, aus der eine Welt entspringen kann.«

So mutig hat man also schon vor 200 Jahren gedacht. Die Romantiker haben aber noch nicht sehen können, daß die Versöhnung mit dem Chaos tiefgreifende Folgen für das Selbstverständnis des Menschen hat. Erst Friedrich Nietzsche wünschte sich freie Geister, die die Fesseln des Humanismus sprengen. Wie denken freie Geister? Da stellt sich zunächst die Vorfrage: Wie sollte man *nicht mehr* denken? Nietzsche hat eine Warntafel für freie Geister aufgestellt:

– Die Welt ist kein Organismus, aber auch keine Maschine.
– Man darf die Welt nicht den moralischen und ästhetischen Urteilen des Menschen unterwerfen.

Daß uns die vertraute Umwelt als Ordnung erscheint, ist der stabile Schein einer zufälligen Konstellation, eine Ausnahme. Nietzsche sagt: »Der Gesamtcharakter der Welt ist in alle Ewigkeit Chaos, nicht im Sinne der fehlenden Notwendigkeit, sondern der fehlenden Ordnung, Gliederung, Form, Schönheit, Weisheit und wie alle unsere ästhetischen Menschlichkeiten heißen.«

Nietzsche versteht das Chaos der Welt also nicht als wüstes Durcheinander. *Das Welt-Chaos besteht aus Notwendigkeiten, die sich ohne Gesetz und Zweck, jenseits des Menschen und Menschendenk-*

möglichen vollziehen. Das schließt nicht aus, daß im Chaos eine Ordnung verborgen ist. Ausgeschlossen ist aber, daß diese Ordnung dem humanistischen Maß des Menschen entspricht. Chaos als Gesamtcharakter der Welt heißt: Die Vielfalt der Lebensformen entsteht ohne Rückbezug auf Einheit und Form. So befreit Nietzsche die Welt vom Maß des Menschen. Nietzsches Chaosbegriff ist polemisch gemeint; er richtet sich gegen alle Versuche einer Vermenschlichung der Welt.

Chaos tut gut

Der Philosoph Friedrich Nietzsche hat also schon Ende des 19. Jahrhunderts behauptet, der Grundcharakter der Welt sei in alle Ewigkeit Chaos. Der Wissenschaftler Norbert Wiener hat uns ein halbes Jahrhundert später dazu aufgefordert, das fundamentale Element des Zufalls in der Textur des Universums anzuerkennen. Diese Thesen werden heute von den Theorien nichtlinearer Dynamik wissenschaftlich erhärtet. Nichtlinearität bedeutet, daß sich das Verhalten eines Systems in der Zeit ändert und seine Relationen nicht proportional sind – denken Sie nur an Phänomene wie die Reibung. Gerade diese Abweichung von der Ordnung macht Systeme aber kreativ und widerstandsfähig.

Kreativität und Widerstandsfähigkeit durch Chaotisierung – ein zunächst befremdlicher Gedanke. Aber Genetik, Biologie und Medizin haben hier einige verblüffende Entdeckungen gemacht:

– Kreativ wird unser Leben durch die geschlechtliche Fortpflanzung und den Tod, denn sie sorgen für genetische Vielfalt und individuelle Einzigartigkeit. Sex setzt eine ungeheure, spielerische Kombinatorik der Gene in Gang und macht das Leben so riskant wie chancenreich. Der Biologe Hubert Markl sagt dazu: »Sex macht Evolution chaotisch und innovativ.«
– Widerstandsfähig verläuft das Leben nicht als linearer Prozeß, sondern in fraktalen Rhythmen. Die Struktur der Gesundheit

ist dem Chaos ähnlicher als der geometrischen Ordnung. Denn der biologische Gleichgewichtszustand ist der Tod. Nur die fraktalen Rhythmen nichtlinearer Systeme sichern dem Leben die überlebensnotwendige physiologische Veränderlichkeit. Das Chaos funktioniert dann als eine Art Zufallsgenerator, der die Anpassung eines Systems an veränderte Umweltbedingungen ermöglicht. »Gesund zu sein hieße dann, aus brodelnden Zyklen fraktaler Zeit zu bestehen« (Briggs/Peat). Man könnte also sagen: Das Chaos tut uns gut. Wenn das Herz zu regelmäßig schlägt, steht ein Infarkt bevor.

So konnte die Biologie zeigen, daß sich das Leben mit nichtlinearen Rückkopplungen gegen Störungen schützt. Die Nichtlinearität des Systemverhaltens macht es also möglich, daß sich komplexe Systeme im Chaos des Rauschens entfalten können. Unsere von Naturgesetzen beherrschte Welt ist nur eine winzige Insel in einem Meer des Chaos. Sein Rauschen ist keine Störung von Ordnung. Umgekehrt: Die Ordnung unserer Welt ist nur ein Zufallsereignis im *Random noise* des Realen. Zufall und Chaos, stochastische Prozesse und unvollständige Determinismen zeigen uns, daß sich die Ordnung unserer Welt gefährlich am Rande der Irrationalität bewegt. Das ist der gemeinsame Nenner der großen neuen Wissenschaften der Moderne:

- der Statistik von Josiah Willard Gibbs,
- der Wahrscheinlichkeitstheorie von Ludwig Boltzmann,
- der Psychoanalyse von Sigmund Freud,
- der Kybernetik von Norbert Wiener.

Das Grundproblem: hohe Komplexität

Anfang des 20. Jahrhunderts hat Henri Poincaré nach einer mathematischen Definition des Zufalls gesucht. Er analysierte die alltägliche Erfahrung, daß oft kleine Ursachen enorme Effekte haben.

Ob es um die Wettervorhersage oder um die Frage geht, in welches Loch die Roulettekugel fällt – immer entscheiden winzige Unterschiede in den Anfangsbedingungen. Und diese feinen Differenzen lassen sich auch mit den genauesten Instrumenten nicht messen. Seit der Entdeckung der Quantenmechanik weiß man, daß die Messung von Anfangswerten immer unscharf ist.

Das hat eine außerordentlich wichtige Konsequenz für das Leben in einer hochkomplexen Welt: *Die Entwicklung dynamischer Systeme läßt sich nicht voraussagen.* Man ist heute aber in der Lage, diese Dynamik des Komplexen durch Computersimulationen in Echtzeit zu beschreiben. Man kann das Verhalten solcher Systeme chaotisch nennen. Doch sie sind nicht chaotisch im Sinne entropischer Strukturlosigkeit. Das ist sehr wichtig: Das fruchtbare Chaos, mit dem wir uns heute zu versöhnen beginnen, darf nicht mit Entropie verwechselt werden. Entropie ist Strukturlosigkeit im Sinne einer gleich wahrscheinlichen Verteilung – so wie sich Wein mit Wasser mischt, wenn man eine Schorle macht. Fruchtbares Chaos dagegen ist ein Medium hoher Komplexität. Das chaotische Verhalten komplexer Systeme entsteht dadurch, daß zahllose Substrukturen ineinander verschränkt sind. Was im einzelnen geschieht, geschieht gesetzmäßig; die Effekte des Gesamtsystems sind aber nicht prognostizierbar. Unvorhersagbarkeit und Chaos sind also Anzeichen hoher Komplexität.

Wir können sagen: *Chaos ist der Anschein, den Sachverhalte von hoher Komplexität absondern.* Man spricht ja immer dann von Chaos, wenn man den Überblick verloren hat, wenn man keine Ordnungsmuster mehr im Geschehen erkennen kann. Insofern ist Chaos für den, der nicht durchblickt, das Gegenteil von Sinn. Daraus folgt aber auch umgekehrt: Sinn entsteht, wenn ein komplexes System sich selbst beschreibt. Daß es sich dabei um eine Selbstbeschreibung handelt, soll zum Ausdruck bringen, daß der Sinn komplexer Systeme nicht das Resultat von Ordnungsentwürfen ist. *Die geplante Ordnung ist eine Falle der Vernunft.* Und das heißt eben umgekehrt auch: Der Eindruck von Chaos entsteht immer dann, wenn man Ordnung als Produkt von Planung begreift.

Komplexe Systeme haben eine Geschichte. Die entscheidenden Evolutionsschritte eines Systems finden an den Punkten statt, wo es Wahlmöglichkeiten gibt. Man spricht an diesen Stellen von Bifurkation, also Verzweigung. Solche Wahlmöglichkeiten werden durch Rückkopplung verstetigt. Man könnte sagen: Die Verzweigungspunkte schreiben Systemgeschichte. Und *Freiheit ist der Spielraum, den Verzweigung und Rückkopplung einräumen.* Denn Freiheit ist immer die Freiheit zum anderen Weg, zum Sprung aus der Sackgasse. Verzweigungspunkte der Evolution zeigen ja, daß sich Systeme an Entwicklungsstellen, die ihre Existenz bedrohen, oft nur durch einen extremen Sprung am Leben erhalten können. Die Selbsterhaltung erzwingt hier also katastrophische Reaktionen, die zu neuen Lebensformen führen.

Selbsterhaltung durch Katastrophen – das klingt natürlich genauso paradox wie »Selbstorganisation des Chaos«. Aber wir müssen eben lernen, mit solchen Paradoxien zu leben. Die sogenannte Katastrophentheorie des bedeutenden Mathematikers René Thom entübelt das Katastrophische, die fraktale Geometrie von Benoît Mandelbrot entübelt das Chaotische. Wir kennen die Katastrophe ja meist nur als unheilvollen Zusammenbruch. Das griechische Urwort besagt aber zunächst einmal nur »Wendung«. Auch das Chaos kennen wir meist nur als bedrohliche Unordnung. Das griechische Urwort benennt aber zunächst einmal nur eine »Mischung«. Und die oben genannten Paradoxien zeigen uns: Es gibt auch gute Katastrophen – so wie es ein fruchtbares Chaos gibt.

Deshalb sage ich: Es gibt keinen Grund mehr für die alte Angst vor dem Chaos, seit die modernen Wissenschaften ihm immer neue Regelmäßigkeiten abtrotzen. Die Erforschung des Chaos hat zu zwei fundamentalen Einsichten geführt:

– Chaos hat eine verborgene Ordnung,
– Ordnung kann in Chaos umschlagen.

Seit man das weiß und von Computern errechnen lassen kann, gibt es paradoxe Formen der Erkenntnis: eine Mathematik des Monströsen, eine Morphologie des Amorphen und eine Theorie der Katastrophen. Computer machen es möglich, das »Gestaltlose«, also etwa Wolken und rauhe Oberflächen, mit einfachen mathematischen Gleichungen zu modellieren. Damit können wir uns endlich mit wissenschaftlichen Mitteln der wirklichen Welt zuwenden, die ja keineswegs einem Lehrbuch der Euklidischen Geometrie entspricht, sondern rauh und unregelmäßig ist. *Die Welt zu verstehen heißt heute, sie in Computeranimationen simulieren zu können.*

Am Anfang war das Rauschen

Chaos ist heute ein wertfreier Begriff, der nicht Ausnahmezustände, sondern Normalitäten beschreibt – etwa gigantische Verkehrsstaus und Wirtschaftsturbulenzen. Zugleich zeigt uns die wissenschaftliche Erforschung des Chaos Strukturen neuer Schönheit: kaleidoskopisch bunte Fraktale auf den Bildschirmen der Computer. Damit gewinnt die Mathematik, die bisher eine Sammlung spröder Formeln war, eine neue Anschaulichkeit: Sie führt uns die Dynamik *nichtlinearer* Systeme vor Augen. Rechnergestützte Simulationen lehren uns, wie man mit Unvorhersehbarkeit und blinden Flecken, Turbulenzen und Irregularitäten umgehen kann.

Der Begründer der fraktalen Geometrie, Benoît Mandelbrot, hat seine Arbeit einmal auf die Formel gebracht: »To split chaos«. Zu deutsch: Das Chaos spalten! Gemeint ist ein *rekursives* Verfahren der Unterscheidung zwischen Chaos und Ordnung. Die Unterscheidung Chaos/Ordnung wird also immer wieder auf den jeweiligen Chaosrest angewandt. Es geht darum, das Chaos zu spalten, indem man die Unterscheidung ins Unterschiedene wieder einführt – eine immer wieder erneuerte Grenzziehung im Abgegrenzten. Das kann man leichter verstehen, wenn man sich einen

Raum vorstellt, in dem es noch keine Unterschiede und Bezeichnungen und folglich noch keine Orientierungschancen gibt. Der große Logiker George Spencer Brown nennt das »unmarked state« – die Welt im unmarkierten, unbestimmten Zustand. Man muß ihn verletzen, um überhaupt anzufangen. Mit anderen Worten: Um die Welt überhaupt beobachten zu können, muß man Grenzen ziehen, differenzieren, formen. Am Anfang war der Zufall, die Willkür: irgendeine Unterscheidung. Und jeder, der ein System bilden will, muß einer einfachen Anweisung folgen: *Triff eine Unterscheidung im Chaos!*

Das Johannesevangelium führt hier in die Irre. Am Anfang war nicht das Wort, sondern das Chaos des Unartikulierten. Wenn man die Elemente dieses Chaos lose koppelt, entstehen Medien; wenn man sie etwas fester verknüpft, entstehen Informationen. Medien wie Informationen funktionieren aber nur vor einem Hintergrundrauschen. Um aber noch einmal auf das Johannesevangelium zurückzukommen: Wenn dieses intellektuelle Spitzenprodukt des Christentums behauptet, am Anfang sei das Wort, der Logos gewesen, dann war dieses Wort ja nichts anderes als ein Schöpfungsbefehl. Wir können also präzisieren: Am Anfang war ein Befehl. Ein Befehl soll Ordnung schaffen. Er setzt also schon ein Chaos voraus. George Spencer Brown hat eben das auf die Formel »Draw a distinction!« gebracht. So ähnlich muß der Schöpfungsbefehl geklungen haben. Wenn wir nun noch einmal neugierig fragen, was »am Anfang war«, leuchtet eigentlich nur eine Antwort ein: das Rauschen, White noise.

Offen für ...

Das Leben ist ein unwahrscheinlicher Strom von Ordnung, der sich ständig gegen den Absturz ins Chaos sichern muß. Und offensichtlich erhalten sich lebensfähige Systeme nicht durch eine Ausgrenzung des Chaos. Lebensfähige Systeme entstehen, indem sich das Chaos unter Rückkopplungsbedingungen selbst »aufschaukelt«. Dann funktionieren gerade Zufälle und Streuungen als Agenten der Ordnung. Joseph Ford hat das auf die schöne, einprägsame Formel gebracht: *Evolution = Chaos + Feedback.*

Individualität entsteht also durch Rückkopplung aus dem Durchfluß der Energien und Informationen. Daraus folgt nun aber ein zunächst völlig überraschender Satz, der dem gesunden Menschenverstand zu widersprechen scheint: *Je autonomer ein System ist, desto abhängiger ist es!* Denken Sie zum Beispiel an ein Wirtschaftsunternehmen. Die Selbständigkeit dieses komplexen Systems darf ja keine Unabhängigkeit von seiner Umwelt bedeuten. Denn die Umwelt – das sind die Kunden, die man bedienen muß; und das sind die Konkurrenten, die man beobachten muß. Das Unternehmen kann um so selbständiger handeln, je intensiver es sich in seine Wirtschaftsumwelt verstrickt, das heißt auf Rückkopplungen des Marktes einstellt. So gelangen wir zu unserem fundamentalen Satz: Ein komplexes System ist um so autonomer, je abhängiger es ist; denn je abhängiger es ist, desto dichter ist die Verflechtung seiner Feedback-Schleifen.

Sie kennen alle die Zigarettenwerbung »Offen für …«. Auf den ersten Blick wird mit dieser Formel der liberale, abenteuerlustige Idealkonsument beschworen. Genauer betrachtet, beschreibt die Formel »Offen für …« auf die kürzestmögliche Weise, wie man auf dem postmodernen Markt überlebt. Denn komplexe Systeme in einer turbulenten Welt stabilisieren ihre Identität gerade durch ihre Offenheit für Umwelteinflüsse. Das setzt voraus, daß man einen *positiven Begriff von Störungen* entwickelt. »Offen für …« ist also eine Einladung zur Störung. So läßt sich die Selbsterhaltung komplexer Systeme als Kommunikationsprozeß in einem Netz von Rückkopplungsschleifen beschreiben. Das gilt natürlich auch für den einzelnen Menschen. Nichts wäre dümmer, als Autonomie mit Autarkie zu verwechseln. Wer nur auf sich selbst angewiesen sein will, wird bestenfalls ein Robinson Crusoe. *Ein wirklich selbständiger Mensch verstrickt sich willentlich in Abhängigkeiten:* Man macht sich freiwillig abhängig vom Elektrizitätswerk, seiner Softwarefirma, den Handwerkern, seiner Sekretärin und und und …

Je tiefer man sich in dieses Netz des modernen Lebens verstrickt, desto größer sind die Chancen, frei zu denken, souverän zu entscheiden und autonom zu handeln.

»Do it yourself« macht nicht unabhängig, sondern gesellschaftlich und wirtschaftlich dumm. Eine Firma, die stolz darauf ist, alles selbst zu können und selbst zu machen, versinkt in der Fertigungstiefe ihrer Produktion. Im Blick auf deutsche Traditionsbetriebe, die in die Sackgasse des Do-it-yourself manövriert sind, bemerkt Günter Ogger zu Recht: »Da die Maschinen immer komplexer wurden, insbesondere durch die Einführung raffiniertester elektronischer Steuerungen, nahmen die Anforderungen an die Hersteller mit großer Fertigungstiefe so enorm zu, daß sie oft ins Schleudern kamen.« Fazit: Je komplexer der Markt und die Technik, desto unbeweglicher macht eine große Fertigungstiefe. Ein Wink für Alleskönner!

Börsenspekulationen

Was geschieht eigentlich, wenn wir den Wirtschaftsteil einer Zeitung aufschlagen, um die Diagramme und Tabellen von Aktienkursen und Preisänderungen zu betrachten? Ich denke, der Leseindruck ist zwiespältig. Einerseits sind langfristige Finanzmarktentwicklungen unvorhersehbar. Andererseits sollen die Tabellen und Diagramme dem wirtschaftlich Interessierten doch wohl eine Orientierungshilfe sein. Ja mehr noch: Wir studieren die Kursentwicklung gerade auch deshalb, weil ihr Diagramm uns zu versprechen scheint, etwas über die Zukunft auszusagen.

Im Jahre 1900 hat der Mathematiker Louis Bachelier diesen Tabellen jede Voraussagekraft abgesprochen. Kursänderungen sind durch statistische Unabhängigkeit charakterisiert. Konkurrenzmarktpreise entwickeln sich ähnlich wie eine Brownsche Bewegung – so nennt man Zufallsbewegungen, die aus einer Vielzahl einander überlagernder gesetzmäßiger Einzelbewegungen entstehen. Wenn es also zutrifft, daß sich ein Konkurrenzmarktpreis so zufällig wie der Irrgang einer Brownschen Bewegung entwickelt, dann läßt sich die ökonomische Ungewißheit, wie sie das Glücksspiel der Börse zum Ausdruck bringt, nur mit Modellen der Wahrscheinlichkeitstheorie begreifen. *Die Wirtschaft erscheint als stochastischer, das heißt zufallsabhängiger Prozeß.*

Genauso versteht man auch heute noch die Zwiespältigkeit von Ordnung und Chaos in der Wirtschaft. Nach Carl Christian von Weizsäcker entsprechen die Börsenkurse einem statistischen Bildungsgesetz, dem zufolge »der Logarithmus des Aktienkurses sich verhält wie ein stochastischer Prozeß, der in der Physik als Brownsche Bewegung bekannt ist und auch Random Walk genannt wird«. Und nun die entscheidende Pointe: Gerade weil die Börse in ihrer Kursentwicklung unvorhersehbar ist, funktioniert sie als eine Institution wirtschaftlicher Ordnung. Man kann nämlich deshalb nichts über die Kursentwicklung voraussagen, weil die Börse ein Brennpunkt aller wichtigen Informationen unserer Gesellschaft ist und diese Informationen unmittelbar in Kurswerte umsetzt. Rüdiger Dornbusch, Professor für Wirtschaftswissenschaften am Massachusetts Institute of Technology, hat angesichts des Chaos im Europäischen Währungssystem die Börsenspekulanten als unverzichtbare Signallampen der Weltwirtschaft verteidigt. Mit ihren spektakulären Kursgewinnen zeigen sie an: Hier läuft finanzpolitisch etwas schief, dieser Zinssatz ist zu hoch, jene Währung ist überbewertet. Spekulanten sind das Lackmuspapier in der Chemie der Weltwirtschaft.

Noch einmal: *Weil die Börse Informationen gut verarbeitet, sind die Kurse nicht prognostizierbar.* Und nur deshalb studieren wir immer wieder den Wirtschaftsteil der Financial Times oder des Wall Street Journal mit seinen Diagrammen und Tabellen – nicht in spekulativer Absicht, sondern um uns ein Bild vom komplexen, dynamischen System unserer Wirtschaft und Gesellschaft zu machen.

Auf den ersten Blick sieht das alles enttäuschend aus: Die Kursentwicklung der Finanzmärkte ist ein stochastischer Prozeß, und die Preise bewegen sich wie ein betrunkener Seemann, ein *Ran-*

dom Walk. Der Titel meiner Analyse, »Kontrolliertes Chaos«, läßt Sie aber mit Recht erwarten, daß sich doch einige Muster und Regelmäßigkeiten im ökonomischen Chaos erkennen lassen. Diese Erwartung wird nicht enttäuscht – dank Benoît Mandelbrots fraktaler Geometrie. Mandelbrot hat die Daten der Preisentwicklung eines Produkts auf einem universalen Warenmarkt studiert. Durch Zufall waren diese Preisangaben über einen langen Zeitraum vollständig auf Lochkarten festgehalten. Es handelt sich um die über sechzig Jahre genau dokumentierten Baumwollpreise. Mandelbrot speiste sie in die Computer des IBM-Research-Center in Yorktown Heights ein. Das Resultat war verblüffend: Zwar erfolgt jede einzelne Preisänderung zufällig. Betrachtet man aber die Kurvenverläufe täglicher, monatlicher und jährlicher Schwankungen, so zeigt sich eine erstaunliche Symmetrie. Unabhängig vom Maßstab, nach dem man sie betrachtet, hat die Kurve der Baumwollpreisänderungen immer die gleiche Form, obwohl sie die Zeit von zwei Weltkriegen durchläuft. Diese verblüffende Eigenschaft einer chaotischen Kurve nennt Mandelbrot *Skaleninvarianz*. Hören wir ihn selbst: »Die Eigenschaft der Skaleninvarianz vereinigt in sich die beiden auffälligsten Merkmale von Konkurrenzmarktpreisen: hochgradig unstetig sowie ›zyklisch‹, aber nicht periodisch zu sein.«

Wichtig ist: Diese Entdeckung war nur möglich, weil es seit einigen Jahrzehnten Maschinen gibt, die einfache Rechenvorgänge unglaublich schnell und unglaublich oft durchführen können. Kein Genie des Menschen hätte das Geheimnis des ökonomischen Chaos lüften können; dazu braucht man die verachteten Rechenknechte. *Erst seit es Computer gibt, werden Ordnungsmuster im Finanzchaos der Börse sichtbar.* Ich habe vorhin gesagt, daß die Börse vor allem eine Informationsverarbeitungsmaschine und eine Informationsverbreitungsmaschine ist. Diese Aufgabe kann die Börse heute selbst nur noch auf der Basis von Großrechnern erfüllen. Computer verflechten weltweit die Kommunikation der Finanzmärkte – alle Börsen der Welt sind »gleichzeitig«. Dadurch ist es aber möglich, daß sich winzige »schlechte Nachrichten«

durch weltweite Rückkopplung in Sekundenschnelle zum Börsencrash aufschaukeln. Wer erinnert sich nicht an den Schwarzen Montag des Oktober 1987: Chaos durch Computer!

Risikokalküle

Chaos ist ein Grenzbegriff, an dem der Sinn von Institutionen und sozialen Strukturen deutlich wird. *Es kann nicht mehr darum gehen, das Chaos auszuschalten, sondern lediglich darum, das Chaos in Risikokalküle zu verwandeln.* Gesellschaftliche Ordnungen schalten das Chaos also nicht aus, sondern übersetzen es in eine Kombinatorik sicherer und unsicherer Erwartungen. So kann man das Chaos des modernen Lebens riskieren, weil es (Lebens-)Versicherungen gibt, die Unsicherheiten in Risiken verrechnen. Risiko ist der Gegenpol der Sorge. Beide Pole bilden die Brennpunkte der neuen Versicherungsellipse. Das hat Rolf Gerling sehr genau erkannt. Er versteht das sogenannte Risk-Management als neue Dienstleistung von Versicherungen; Risikoberatung tritt neben die Risikoberechnung.

Unsere Gesellschaft wird immer komplexer. Damit nimmt aber alles Verhalten, weil es prinzipiell immer auch anders möglich wäre, den Charakter des Risikos an. Das heißt: Sicherheit wird schlechthin problematisch. Das ist der Normalfall gesellschaftlichen Funktionierens in der westlichen Welt. Deshalb kommt es darauf an, die Gefahr der Unsicherheit in ein berechenbares Risiko zu verwandeln; das ist möglich, seit es die Wahrscheinlichkeitsstatistik gibt. Der Mathematiker René Thom bemerkt hierzu: »In an incompletely understood situation any applied strategy involves risk.« *In einer undurchsichtigen Situation ist jede Strategie riskant.* Genau das charakterisiert aber Gesellschaften, die noch Zukunft haben. Der Preis für den offenen Zeithorizont ist prinzipielle Unsicherheit – das heißt, es ist unmöglich, die Risiken objektiv einzuschätzen. Deshalb rücken Sicherheitsthemen in den Vordergrund des öffentlichen Interesses: Das Risikobewußtsein umspannt die Welt, zumindest die westliche.

Als Risiko verliert die Gefahr ihre Bedrohlichkeit und kann bewirtschaftet werden. Diese Einfriedung der Gefahr ermöglicht heute ihre Vermarktung durch eine Industrie des Risikos – man springt an Gummibändern von Brücken, man klettert ohne Sauerstoffmaske auf den K2 oder durchquert die Antarktis auf Skiern; zumindest aber will man sich nicht mehr erholen, sondern in den Abenteuerurlaub stürzen. Diese postmoderne Ästhetik des Risikos feiert das Chaos als Inbegriff der Lebensreize: Gefahren der Unsicherheit wandeln sich in Möglichkeiten der Überraschung. So definiert Christian von Ehrenfels das Chaos als »Wagniserreger«. *Weltoffenheit ist heute identisch mit Risikobereitschaft.*

Jede Entscheidung ist heute riskant, weil man nicht wissen kann, welche Folgen sie haben wird. Das bekommen gerade auch diejenigen zu spüren, die das Risiko scheuen. Denn *wer nichts riskiert, riskiert, nicht mehr mitzukommen.* Wer vorsichtig ist, geht das Risiko ein, Chancen zu verpassen. Daraus kann man etwas Entscheidendes über das Funktionieren unseres Gesellschaftssystems lernen: Unsere Gesellschaft ist keine Insel der Sicherheit, die Mauern der Ordnung gegen drohende Gefahren errichtet, sondern eine dynamische Einheit von Chaos und Ordnung, in der alles riskant ist. *Das Chaos ist gezähmt und deshalb allgegenwärtig* – ob auf den deutschen Autobahnen oder in den neuen Bundesländern. Das Chaos droht nicht mehr wie ein Ungeheuer, sondern ist vertraut wie ein Haustier.

Auch die Politik hat sich längst auf Chaos und Turbulenz eingestellt. Sie ist auf Zufall programmiert und operiert als Risikomanagement (früher hätte man gesagt: Krisenmanagement). Unsere Gesellschaft ist ein turbulentes Feld, dem Chaos einfach deshalb nicht mehr droht, weil es als gezähmtes, als »Wagniserreger« eben, allgegenwärtig ist.

Heute macht jeder die Erfahrung, daß langfristige Planungen sinnlos sind. Daraus kann man lernen, daß Ordnungen, die Chaos nur ausgrenzen, statt es in sich aufzunehmen, zum Management unserer komplexen Welt unfähig sind. Eingeschliffene Prozeduren und bürokratische Institutionen leiden an einem Mangel an Chaos.

Das läßt sich sehr schön an der noch kurzen Geschichte der »Grünen« zeigen. Zunächst haben sie als chaotische Kräfte die politische Szene aufgemischt. Politikfähig wurden die Grünen dann durch Abgrenzungen – etwa gegen Gewalt oder Fundamentalismus. Indem man sich aber selbst Ordnungsgrenzen auferlegt, befördert man den Prozeß institutioneller Erstarrung – dann mangelt es wieder an Chaos. So rächt sich das politische System an den Chaoten, indem es sie im System erfolgreich sein läßt.

Bilder des Chaos

Wer hat Angst vor der Mathematik? Es gibt dafür jedenfalls keinen Grund bei einer so einfachen Formel wie der folgenden:

$$x_{n+1} = x_n^2 + c$$

Hier wird eine Zahl ins Quadrat erhoben und mit einer konstanten Zahl addiert. Das Ergebnis wird dann wieder ins Quadrat erhoben und mit derselben konstanten Zahl addiert. Und so weiter. Was geschieht hier also? Wir haben eine Rechenoperation vor uns, deren Output wieder zum Input derselben Operation wird. So etwas nennt man Iterationsgleichung oder Schleifenprogramm. Sie werden zugeben: Das ist nicht schwer. Eine kleine Verständnisschwierigkeit liegt allenfalls darin, daß die Zahlen, die hier quadriert und addiert werden, sogenannte komplexe Zahlen sind; das sind Zahlen, die auch einen imaginären Anteil haben (ausgedrückt durch die Wurzel aus – 1, kurz i). Das ist aber auch schon alles, was man wissen muß, um die berühmte fraktale Geometrie der Natur zu verstehen. Formeln wie diese kann man von den dummen Rechnern millionenfach durchrechnen lassen. Die unvorhersehbaren Ergebnisse werden gleichzeitig auf dem Bildschirm des Computers sichtbar. Es handelt sich also um eine Art *Experimentalmathematik, die mit ganz einfachen Schleifenprogrammen arbeitet.*

Damit kann man endlich Konsequenzen aus einer Beobachtung ziehen, die schon Lichtenberg gemacht hat und die von dem großen Mathematiker Poincaré bestätigt worden ist: Kleinste Irrtümer in den Anfangswerten können große Irrtümer in den späteren Erscheinungen bedingen. Um das zu demonstrieren, genügt es schon, dasselbe Schleifenprogramm auf unterschiedlichen Computerfabrikaten ablaufen zu lassen. Denn jeder Computer kann Zahlen ja nur bis auf einige Dezimalstellen genau speichern. So kommt es auf unterschiedlichen Fabrikaten zu unterschiedlichen Rundungsfehlern. Setzt man nun die Berechnungen des Schleifenprogramms lange genug fort, so wachsen diese Fehler chaotisch an. Überprüfen Sie das einmal selbst, indem sie ein Schleifenprogramm mit identischen Anfangswerten auf zwei verschiedenen Rechnerfabrikaten laufen lassen! Prinzipiell gilt ja: Jede Messung und jede Speicherung ist nur endlich genau. Diese Informationslücke wächst sich in Schleifenprogrammen zum Chaos aus.

Wenn man chaotische Systeme beobachtet, kann man etwas Erstaunliches feststellen: Es ändert sich nichts, wenn man den Maßstab der Beobachtung verändert. *Daß die Ordnung des Chaos so lange verborgen blieb, liegt daran, daß seine Dimension gebrochen, eben fraktal ist.* Die Logik des Fraktalen ist George Spencer Browns »reentry« der Form in die Form, das heißt, eine Form wird in sich selbst hineinkopiert. Um diese eigentümlich gebrochene Dimension überhaupt wahrzunehmen, muß man den Raum unserer Schulweisheit, nämlich den Raum der Euklidischen Geometrie, verlassen. Und Sie können die Schulklasse der Euklidischen Geometrie ganz einfach verlassen, indem Sie sich bei Ihrem nächsten Flug einen Fensterplatz sichern und hinausschauen. Von den Wolken, die Sie dann sehen, können Sie weder sagen, wie groß, noch wie weit entfernt sie sind. Denn Wolken sind skaleninvariant – also ein gutes Beispiel für Fraktalität.

Eine Struktur des Irregulären, eine Gestaltlehre des Gestaltlosen, eine Geometrie des chaotisch Realen wie zum Beispiel Wolken, Berge, Küstenlinien, Blitze – das klingt paradox. Doch Mandelbrots Theorie des Fraktalen ist die Entparadoxierung dieser

Formeln. *Fraktale dienen zur Modellierung von Chaos.* Ein Beispiel: Das Wetter ist ein sehr komplexes nichtlineares dynamisches System am Rande des Chaos. Wenn man es simulieren und modellieren will, müssen dem Computer zur Stabilisierung der Genauigkeit gigantische Informationsmengen eingegeben werden. Dadurch verlieren die Berechnungen der »Wettervorhersage« aber jede *langfristige prognostische* Kraft. Allenfalls können sie die Entwicklung des Systems Wetter in Echtzeit *beschreiben.* Eine computergestützte Wettervorhersage für den nächsten Tag in Mitteleuropa, die zu 80 Prozent zutrifft, ist schon recht ordentlich. Aber die schlichte Weisheit: Das Wetter wird morgen wahrscheinlich so wie heute, trifft immerhin zu 75 Prozent zu. Chaotische Entwicklungen lassen sich also nicht langfristig voraussagen – sonst wären Wetterprognosen und Börsenspekulationen Wissenschaft.

Scientific Visualization, eine der großen Domänen der Computergrafik, veranschaulicht wissenschaftliche Daten. Das wird deshalb immer wichtiger, weil sich die Prozesse unserer Welt nicht mehr kausal und linear, sondern nur noch als seltsame Schleifen, Netzwerke und engmaschige Rückkopplungssysteme darstellen lassen. Und man kann prinzipiell sagen: *Je komplexer ein Sachverhalt ist, desto sinnvoller ist es, ihn bildlich darzustellen.* In Zukunft wird die Welt durch errechnete Bilder kontrolliert. Man kann ja schon heute sehr komplexe Prozesse durch Computersimulationen verbildlichen. Die oft verachteten Number cruncher – die dummen, aber blitzschnellen Rechenknechte – ermöglichen eine Modellierung von Chaos. Dahinter steckt ein Stück experimenteller Mathematik: die Darstellung nichtlinearer Dynamik in Computergrafiken.

Wie schon erwähnt, hat Benoît Mandelbrot, der Erfinder der fraktalen Geometrie, seinen Grundgedanken auf die einprägsame Formel gebracht: »to split chaos«. Wenn man sich diese Formel genau betrachtet, erspart man sich viele Mißverständnisse. Mandelbrot behauptet nicht, die Zauberformel für das Chaos gefunden zu haben! Er hat lediglich im Chaos Inseln der Regelmäßigkeit entdeckt. Aber eben nur Inseln. Spaltung des Chaos heißt auch, daß ein Teil des Ungeformten, Regellosen selbst für fraktales Denken unerforschbar bleibt. Unerkennbar bleibt nämlich das Chaos, in dem es keine Erscheinungen von *Selbstähnlichkeit* gibt. Im Labyrinth des Chaos ist Selbstähnlichkeit der Ariadnefaden.

2. »Mehr Geld!« – Das Chaos-Management des Marktes

Im Blick auf die Warenwelt des 19. Jahrhunderts hat der Essayist Walter Benjamin eine interessante Beobachtung angestellt: »Der Flaneur ist der Beobachter des Marktes. Sein Wissen steht der Geheimwissenschaft von der Konjunktur nahe. Er ist der in das Reich des Konsumenten ausgeschickte Kundschafter des Kapitalisten.« Damit ist etwas Entscheidendes über das moderne Wirtschaften gesagt: *Die Produktion muß durch sensible Marktbeobachtung gesteuert werden.* Es handelt sich dabei eigentlich um eine Doppelbeobachtung; auf dem Monitor des Managements müssen sowohl die Wünsche der Kunden als auch die Strategien der Konkurrenten sichtbar werden.

Beide Beobachtungen hängen eng zusammen; denn im modernen Wettbewerb nimmt der Kampf aller gegen alle die Form eines »Kampfes aller um alle« an. Der Soziologe Georg Simmel hat deshalb die wirtschaftliche Konkurrenz mit der Liebe verglichen. Denn wie der Liebe gelingt der Konkurrenz »das Ausspähen der innersten Wünsche eines anderen, bevor sie ihm noch selbst bewußt geworden sind. Die antagonistische Spannung gegen den Konkurrenten schärft bei dem Kaufmann die Feinfühligkeit für die Neigungen des Publikums bis zu einem fast hellseherischen Instinkt.« Fazit: Wirtschaftlicher Wettbewerb macht sensibel für den Wandel der Moden.

Der Wirtschaftswissenschaftler und Nobelpreisträger Friedrich A. von Hayek hat 1968 in seinem Kieler Vortrag über den »Wettbewerb als Entdeckungsverfahren« sehr schön gezeigt, *daß der wirtschaftliche Wettbewerb genau der wissenschaftlichen Methode entspricht* – er ist ein Entdeckungsverfahren. Hayek spricht in diesem Zusammenhang von »pattern predictions«. Wenn wir diese Überlegungen in einer handlichen Formel resümieren wollen, können wir sagen: *Die Vernunft der Gesellschaft ist ein Effekt des Wettbewerbs.* Das heißt aber umgekehrt, daß die gesellschaftliche Vernunft, auf die wir stolz sein können, nicht das Produkt rationaler Planung und bewußter politischer Gestaltung ist. Das Wirtschaftssystem ist viel zu intelligent, um von Menschen entworfen zu sein. *Der Markt ist vernünftiger als seine Teilnehmer.*

Und zwar funktioniert die Marktordnung ähnlich wie ein Thermostat, nämlich als negative Rückkopplung.

Wer diese tiefe Kränkung des aufgeklärten Bewußtseins verkraftet und das Wettbewerbsgeschehen auf dem freien Markt einmal kühl beobachtet, kann ein paar überraschende Entdeckungen machen:

– Stabilität kann man nicht durch Konstanz und Konsequenz, sondern nur durch Flexibilität erreichen.
– Autonomie entsteht nicht durch Unabhängigkeit von der Umwelt, sondern im Gegenteil durch eine immer tiefere Abhängigkeit von ihr; wer in seinem Handeln und Entscheiden autonom sein will, muß die Feedback-Schleifen, die ihn mit Kunden und Konkurrenz verknüpfen, immer dichter flechten.
– Ein System ist immer von seiner Umwelt abhängig; das ist trivial. Aber *wie* ein System von seiner Umwelt abhängig ist, ist abhängig vom System. Wirtschaftliche Irritationen sind der Normalfall. Aber ein Unternehmen kann selbst bestimmen, *wie* es sich von Kundenwünschen und Strategien der Konkurrenz irritieren läßt. So entsteht eine Art Organisiertheit im Fluß; das System »flieht« vor der Störung in eine höhere Systemkomplexität.
– Je komplexer ein System ist, desto weniger kann man es durch Befehle steuern. *An die Stelle der planenden Vernunft muß deshalb eine neue Offenheit für Prozesse der Selbstorganisation treten.* Und die Betonung liegt bei Selbstorganisation nicht auf Organisation, sondern auf spontaner Ordnung. Das meint wohl auch

die Wassermannfrau Marilyn Ferguson, wenn sie sagt: »Je komplexer ein System, desto größer sein Potential für Selbst-Transzendenz.«

Grau ist alle ökonomische Theorie, die einzelne Wirtschaftsfaktoren zu optimalen Gleichgewichtssituationen verrechnen will. Denn je dynamischer eine Wirtschaft ist, desto ferner behauptet sie sich vom Gleichgewicht. Deshalb können gerade die gutgemeinten politischen Eingriffe der Regierung zur Protektion oder Subvention eines Wirtschaftszweigs chaotisches Verhalten im ökonomischen Gesamtsystem veranlassen. Hierzu bemerkt der Mathematiker David Ruelle: »Gesetzgeber und Beamte stehen daher vor der Möglichkeit, daß ihre Entscheidungen, deren Absicht es war, ein besseres Gleichgewicht herzustellen, faktisch zu wilden und unvorhersagbaren Fluktuationen mit möglicherweise ziemlich verheerenden Wirkungen führen werden.« Daraus können wir lernen: Erfolgreich ist nur eine Wirtschaftspolitik, die sich als Katalysator der Selbstorganisation des Wirtschaftssystems versteht.

Die List der Vernunft

Werfen wir einen Blick zurück in die Geschichte bis zu den Ursprüngen der Nationalökonomie. 1776 erscheint Adam Smith' zweibändiges Hauptwerk »Inquiry into the Nature and Causes of the Wealth of Nations«. Wir können heute sehen, daß Smith schon vor über zweihundert Jahren den Marktwettbewerb als kybernetisches System begriffen hat. Seine Untersuchungen zeigen sehr schön, daß die wertvollsten sozialen Ordnungen zwar Produkte der Handlungen vieler Menschen sind, aber daß man sie nicht als Resultat menschlicher Entwürfe verstehen kann. Menschen, die bei der Arbeit und auf dem Markt aufeinandertreffen, fördern Zwecke, die gar nicht Teil ihrer Absichten waren. Adam Smith nennt das die »unsichtbare Hand«. Diese »invisible hand« ist eine bis heute unüberbotene Metapher für die Kybernetik des Wettbewerbs.

Die Preisbildung auf dem freien Markt ist das große kybernetische Paradigma, das besonders eindrucksvoll zeigt, wie sich spontan eine Ordnung bildet, indem sich individuelle Pläne durch negative Rückkopplung aneinander anpassen. Charles Darwin hatte Adam Smith' Untersuchung über den Reichtum der Nationen sehr genau gelesen. Das führt uns zu der überraschenden Einsicht, daß sich die Evolutionstheorie an der Wirtschaftstheorie des Marktwettbewerbs orientiert hat – nicht umgekehrt! Dieser enge Zusammenhang von Kybernetik, Darwins Evolutionstheorie und Adam Smith' »unsichtbarer Hand« wird sich im folgenden immer wieder bestätigen.

Ein halbes Jahrhundert nach Adam Smith hat der Philosoph Hegel dessen Denkfigur aufgegriffen, um zu zeigen, wie sich in einer Welt der Selbstsucht und radikalen Individualisierung denноch eine Vernunft des Ganzen durchsetzen kann. Seine Frage lautet also: Wie entsteht eine vernünftige Ordnung aus dem Chaos der Einzelinteressen? An die Stelle von Adam Smith' »unsichtbarer Hand« tritt bei Hegel nun die »List der Vernunft«. Ich zitiere aus seiner Enzyklopädie der philosophischen Wissenschaften: »Die Vernunft ist ebenso listig als mächtig. Die List besteht überhaupt in der vermittelnden Tätigkeit, welche, indem sie die Objekte ihrer eigenen Natur gemäß aufeinander einwirken und sich aneinander abarbeiten läßt, ohne sich unmittelbar in diesen Prozeß einzumischen, gleichwohl nur *ihren* Zweck zur Ausführung bringt.« Man muß hier nur das philosophische Kunstwort »Vermittlung« durch »negative Rückkopplung« ersetzen, um zu erkennen, daß Hegel genau wie Smith einen kybernetischen Vernunftbegriff entwickelt. Er gilt für das System Wirtschaft genauso wie für die politische Geschichte. *Die List der Vernunft besteht darin, daß sie die Ordnung nicht aufprägt, sondern spontan sich entwickeln läßt.*

Es kann deshalb nicht überraschen, daß neuerdings auch der Physiker Hermann Haken den Schlüsselbegriff seiner »Synergetik«, den »Ordner«, mit Adam Smith' Bild der »invisible hand« zu verdeutlichen sucht. Die Denkfigur, mit der Haken die unsichtbare Hand des Ordners einführt, ist das, was ältere Logiker einen Circulus vitiosus, einen Teufelskreis, genannt hätten. Die Katze beißt sich in den Schwanz. Aber Kybernetik heißt eben: Entübelung des Teufelskreises! So heißt es bei Hermann Haken über die Selbstorganisation des Laserlichts, »daß sich die einzelnen Teile wie von einer unsichtbaren Hand getrieben anordnen, andererseits aber die Einzelsysteme durch ihr Zusammenwirken diese unsichtbare Hand erst wieder schaffen«.

Die »unsichtbare Hand« des Nationalökonomen Smith, die »List der Vernunft« des Philosophen Hegel und der »Ordner« des Physikers Haken sind also Metaphern einer kybernetischen Selbstorganisation komplexer Systeme aus dem Chaos von Selbstsucht, Eigensinn und den Zufällen des Marktes. Wohlgemerkt: Die Vernunft eines wirtschaftlichen Systems bringt *ihren* Zweck zur Ausführung – nicht unseren. Wir, die Arbeiter, Manager und Unternehmer, können nur die Zweckmäßigkeit des Systems erkennen und schützen, aber ihm nicht selbst eine Zweckbestimmung vorschreiben. Deshalb arbeiten Menschen, die sich mit ihrem wirtschaftlichen System identifizieren, endlos weiter, auch wenn sie schon mehr Kapital angehäuft haben, als sie jemals nutzen könnten. Das Geld ist also kein Äquivalent für andere Werte, sondern es ist der Ausdruck für die formale Zweckmäßigkeit des Systems. Die indiskrete Standardfrage auf amerikanischen Partys, wieviel Geld man »macht«, trifft den Kernbestand gesellschaftlichen Funktionierens in modernen Gesellschaften. *»Mehr Geld« ist die abstrakteste Regel komplexer Sozialsysteme.*

Das Spiel der Knappheit

Geld ist das erfolgreichste Medium des Chaos-Managements. Für uns ist diese Leistung so selbstverständlich, daß wir sie kaum noch er-

kennen können. Beobachten wir einmal, wie Geld die Welt regiert. Jeder weiß, es wäre nicht nur geschäftsschädigend, sondern auch unhöflich, einen Kaufwilligen zu fragen: »Woher haben Sie das Geld?« Das Wirtschaftssystem erledigt Fragen nach dem Ursprung durch den Hinweis auf codierende Differenzen: haben oder nicht haben, zahlen oder nicht zahlen. Und die Wirtschaft ersetzt die Begründung durch eine operative Schließung.

Geld bringt uns eines der seltenen Lebensstücke realer Gleichheit: die Gleichheit der ausreichenden Kaufkraft. Es ist egal, ob der andere mehr Geld hat als man selbst; es genügt, daß man genug Geld hat, um den Flug zu buchen, die Hi-Fi-Anlage zu kaufen oder die überteuerte Wohnung zu mieten. Wenn die Maschine ausgebucht ist, hilft es dem anderen nichts, daß er mehr Geld hat; und auch der Wohlhabende sucht monatelang nach der neuen Wohnung. Was knapp ist, hat seinen Preis. Aber der steht fest, und wer zahlt, mahlt zuerst. Der Soziologe Talcott Parsons bemerkt hierzu mit trockenem angelsächsischem Humor: »All Dollars are created free and equal«, also alle Dollars sind frei und gleich geschaffen.

Geld macht nicht glücklich – das weiß jeder. Aber warum? Das perfekte Funktionieren des Geldes setzt etwas voraus, was Soziologen gesellschaftliche Ausdifferenzierung nennen. Das Leben zerfällt in unterschiedliche Wertbereiche mit je eigener Logik. Daraus folgt unter anderem, daß wir Liebe, Seelenheil und ähnliches nicht kaufen können.

Nun gut: Geld macht nicht glücklich. Aber genausogut weiß jeder, daß Geld beruhigt. Auch hier lohnt sich die einfache Frage: Warum? Geld beruhigt, weil wir jederzeit beobachten können, daß andere nur auf knappe Güter und Wertvolles zugreifen dürfen, wenn sie zahlen. Bekanntlich heißt es bei Goethe einmal: »Am Golde hängt, zum Golde drängt heut' alles!« Das stimmt mehr denn je – und es ist gut so. Denn *der Umgang mit Geld ist die beste Schule für den Umgang mit knappen Ressourcen.* Daß es so etwas wie eine Gesellschaft überhaupt geben kann, setzt voraus, daß sich die Menschen über den Zugriff auf das, was knapp ist, verständigen. Zugleich stabilisiert sich das Gesellschaftssystem immer wieder über die Erwartung von Knappheiten. Wir können immer davon ausgehen, daß das, was zählt, nicht im Überfluß vorhanden ist. Nun lehrt uns Bürger der westlichen Welt schon der Augenschein, daß das, was knapp ist, doch zugleich im Überfluß vorhanden ist: etwa VWs in Wolfsburg – nur eben nicht für jeden. Wohnungen sind extrem knapp, und doch werden Tausende in den Immobilienanzeigen angeboten. Umgekehrt erzeugt die Produktion von Überfluß Knappheit – knapp nämlich wird dann die Nachfrage. Seit Jahren bezahlt man EG-Bauern dafür, Felder brachliegen zu lassen.

Der Grundgedanke ist also sehr einfach: Auch das, was im Überfluß vorhanden scheint, wird knapp, wenn ein anderer darauf zugreift. Durch den Zugriff des anderen, der zahlt, wird dem einzelnen erst erkennbar, daß es sich hier um eine Ressource handelt. Und Ressourcen sind immer knapp; heute bemerken wir das sogar bei Luft und Wasser. Nun kommt es bei derartigen Zugriffen nicht mehr zu Mord und Totschlag. Warum? Offenbar darf der andere zugreifen, weil er zahlt. Der prüde Hauseigentümer akzeptiert den Pornoshop in seiner Ladenzeile, der rassistische Oberbürgermeister den Araber im Westend – weil er zahlt. Indem ich zahle, verwandle ich alle anderen in Zuschauer des Geldzaubers. Anders gesagt: Alle anderen Menschen versinken im Akt dieser meiner Zahlung in eine wohltuende Neutralität. Hier können wir eine der wichtigsten Leistungen des Geldes genau beobachten: *Geld entlastet unsere Gesellschaft von Menschlichkeiten wie Haß, Gewalt und Ressentiment.* Denn für Verkäufer, Käufer und Zuschauer der wirtschaftlichen Transaktionen gilt, daß sie den jeweils anderen nicht mehr als »Individuum« behandeln müssen. Das erleichtert das soziale Leben.

Geld ist also das Mittel, mit dem die Gesellschaft unseren Umgang mit dem, was knapp ist, steuert. Deshalb ist man immer knapp bei Kasse. Da hilft auch Sparen nichts. Denn sein Geld nicht auszugeben, macht ja nur Sinn, wenn man im Blick auf spätere Zahlungen spart. Und man darf auch nie so viel Geld ausgeben, daß die eigene Zahlungsfähigkeit zu einem späteren Zeitpunkt in Frage gestellt wäre. So *stellt sich unser modernes Leben als ein Spiel der Knappheit dar* – ein Spiel, in dem jede Zahlung für eine Entscheidung steht.

»Pecunia non olet« – Geld stinkt nicht. Das soll der Kommentar eines römischen Kaisers gewesen sein, der für die Benutzung öffentlicher Bedürfnisanlagen Geld verlangt hat. Das heißt im Klartext: Geld hat die angenehme Eigenschaft, unabhängig von seiner Herkunft zu funktionieren. Damit verspricht das Geld aber auch jedem, der es besitzt, sich von seiner Herkunft befreien zu können. Der sprichwörtliche Tellerwäscher wird Millionär. Die Schlüsselinformation über einen Menschen, vor allem über einen Amerikaner, ist deshalb, wieviel Geld er macht. In einer »Designanalyse« von Otl Aicher heißt es hierzu sehr schön: »Es ist egal, womit einer sein Geld macht, Hauptsache ist, er hat Geld gemacht. Denn Geld ist Zugang zu allem. Die Sachen sind abger utscht zum Ersatz für ihren Wert. Die Meinung, alles hänge am Profit, ist etwas infantil. Es geht nicht um Profit, es geht um die Vergeistigung des Materiellen, um mehr Beweglichkeit. Sobald ich eine Sache zu Geld gemacht habe, bin ich beweglich, bin ich frei, bleibe ich operativ, einsatzfähig.« Und durch dieses eigentümlich geschichtslose Funktionieren wird das Geld zum Grundmodell moderner Rationalität. Geld ist selbstbezüglich, universell und kommunikativ. So bildet es einen Verweisungszusammenhang, den wir dann Europa, westliche Welt, Moderne oder gar Postmoderne nennen können.

Das Geld löst alle Momente der abendländischen Kultur in ein Spiel der Knappheit auf. Zugleich gibt das Geld dieser Kultur eine außerordentliche Stabilität, die den Philosophen Georg Simmel schon am Anfang unseres Jahrhunderts zu Vergleichen mit dem Kosmos und dem antiken Schicksal angeregt hat. Man muß sich dabei vor allem eines klarmachen: Der Kosmos der modernen Wirtschaft besteht nur aus Ereignissen der Zahlung – nicht mehr aus Menschen. Gewissermaßen als Ausgleich dafür, daß sie in den Wirtschaftsprozessen nicht mehr »vorkommen«, haben die Menschen der Moderne dann einen neuen Kosmos der Innerlichkeit erfunden. Es ist also ganz falsch, dem modernen Kapitalismus Seelen-losigkeit vorzuwerfen. Im Gegenteil: Individuelle Seelengeschich-ten gibt es erst, seit die Strukturen unseres gesellschaftlichen Le-bens vom autonomen Geldverkehr geprägt werden.

Geld als Medium

Das autonome Kreisen des Geldes entlastet uns in verschieden-ster Weise. Es funktioniert wie ein Medium. Man könnte auch sagen: *Geld ist eine Macht ohne Eigenschaften.* Und nur weil unsere Wirtschaft von einer eigenschaftslosen Macht geprägt wird, kann sie sich als offenes System entwickeln. Geld definiert die ökono-mischen Rahmenbedingungen unseres Lebens vor allem durch Ausschließungen, und diese Ausschließungen wirken entlastend. Geld heißt eben: nicht Gewalt. Wir prügeln uns nicht um die letz-ten freien Plätze an der Sonne, sondern manche zahlen, andere können oder wollen eben nicht zahlen. Und dieser Code – zah-len oder nicht zahlen – heißt eben auch: nicht Moral. Nicht der bekommt ein Häuschen im Grünen, der es (womöglich nach le-benslangem Malochen) »verdient« hat, sondern der, der zahlen kann. Und Sie werden zugeben: Das ist gut so. Gerade die Unper-sönlichkeit und Neutralität des Geldes entlastet unser Leben.

Wo Geld die Welt regiert, bleibt uns der Terror von nackter Faust und guter Gesinnung erspart. Und in Klammern gesagt: Ein Wirt-schaftsliberaler könnte mit guten Gründen argumentieren, daß das weltweite Netzwerk der vielbescholtenen multinationalen Kon-zerne mehr für den Weltfrieden tut, als die Vereinten Nationen tun. Bekanntlich hat die US-Regierung auf Kosten der Steuerzah-ler ein Netzwerk von Abfüllstationen rund um die Welt installie-ren lassen, damit sich die GIs im Zweiten Weltkrieg stets mit Coca-Cola erfrischen konnten. Danach war es für Coke natürlich leicht, die Weltherrschaft auf dem Sodamarkt anzutreten. Und das Coke-Netzwerk tut mehr für die Verwestlichung der Welt, als es die Präsenz amerikanischer Truppen je könnte. Klammer zu.

Ein unbefangener Beobachter könnte bei der Betrachtung unseres Wirtschaftslebens feststellen: Es gibt da eine Institution, die Geld im Überfluß hat – die Bank. Wenn wir nun aber genauer hinsehen, wie die Banken etwa mit dem Zinsniveau operieren, dann kann man feststellen: Banken halten Geld knapp. (Das tun deutsche Banken bekanntlich vor allem dann, wenn der Dollar fällt oder die Inflationsrate steigt.) Deshalb können wir alle – vom Schuljungen bis zum Finanzminister – mit der überzeugenden Gebärde auftreten, leere Taschen vorzuzeigen. Wir sind immer knapp bei Kasse. Aber Banken offerieren Kredite, Geld im Überfluß. Banken sind schöpferisch: Sie kreieren Kredit. Wer spart, also auf der Bank einzahlt, wird natürlich weiterhin als Eigentümer des eingezahlten Betrags behandelt. Zugleich aber tut die Bank auch so, als ob der Betrag ihr selbst gehöre – sie leiht ihn an andere aus. Damit funktioniert der Betrag doppelt: als Einlage und als Kredit. Das ist Geldschöpfung. In einem Lied aus dem alten schonen Film »Magic Christian« heißt es vom Geld: »If you want it, here it is, come and get it, but you better hurry 'cos it's going fast.« Das heißt in wirtschaftlichem Klartext: Ich muß mich unter Zeitdruck entscheiden, denn Zeit ist Geld. Soll ich den Kredit aufnehmen, die erste Rate zahlen – oder sparen, weil der Zinssatz gerade hoch ist, also nicht zahlen? Die Entscheidung ist zufällig, und kein Kalkül der Welt kann sie davor bewahren, sich morgen als falsch zu erweisen.

Der Prozeß der Wirtschaft vollzieht sich als Selbstorganisation eines Zahlungs-Chaos. Der ökonomische Strom des modernen Lebens verzweigt sich in Millionen Bewässerungskanäle zufälliger Entscheidungen. Und diese Entscheidungen haben nur eines gemeinsam: Sie vollziehen sich geldförmig. Banken sorgen dafür, daß die Zahlungsunfähigen, die aber noch kreditwürdig sind, wieder zahlungsfähig werden. Wer dann immer noch kein Geld hat, fällt aus dem System Wirtschaft heraus und wird damit ein Fall fürs Sozialamt. Doch wohlgemerkt: Ich behaupte nicht, daß das Geld unsere Gesellschaft beherrscht. Ich sage nur, es durchdringt alle Fasern der Wirtschaft als Medium.

Ich gebe gerne zu, daß meine Darstellung der modernen wirtschaftlichen Prozesse sehr abstrakt ist. Doch das ist nicht die Schuld der Darstellung. Genauso abstrakt operiert das ökonomische System moderner Gesellschaften. Wer zahlt schon noch bar? Mit unseren Kreditkarten schalten wir uns ins Nervensystem der Weltwirtschaft ein. Und diese Plastikkarten werden immer »smarter«, das heißt, sie verschränken den Geldfluß mit dem Informationsfluß. Mit Recht hat Alvin Toffler deshalb das Geld der postmodernen Welt als »supersymbolisch« bezeichnet. Auf der Ebene von Zentral- und Weltbanken ist schließlich auch dieses supersymbolische Geld noch zu konkret. Man spricht dann von Verrechnungseinheiten und Sonderziehungsrechten. Dabei handelt es sich um eine Errechnung der Beziehungen sogenannter Leitwährungen – und diese Errechnung ändert sich ständig. Das Geld ist hier von jedem Erdenrest entlastet, das heißt, es löst sich in Errechnungen von Errechnungen auf. Man könnte deshalb sagen: Auf der obersten Wirtschaftsebene gibt es Geld nur noch im Aggregatzustand von weltumspannenden Datenflüssen – also in den Computern der Finanzmetropolen. Täglich werden annähernd 1000 Milliarden Dollar umgeschlagen. 90 Prozent der Finanztransaktionen an den Weltbörsen haben aber mit dem wirklichen Warenfluß nichts mehr zu tun. *Die Weltbörsen bilden also schon heute einen Cyberspace des Kapitals, in dem virtuose Datenspieler ihre Einsätze machen.*

Dem Geld, das ich von einem anderen bekomme, ist nichts darüber anzusehen, woher er es hat, wer er ist und welche Motive er hat. Es gibt bei Zahlungen eben nur eine extrem reduzierte Information: den Preis. Man erfährt durch den Preis nichts über den Menschen – bis auf das eine: Diese Zahlung erwartet er, und zwar aufgrund seiner Marktbeobachtung. Wer etwas verkaufen will, beobachtet den Markt. Dasselbe tut auch der Kunde. Und diese Marktbeobachtung lehrt: Soviel ist der eine bereit zu zahlen, soviel darf der andere erwarten – das ist die einzig mögliche Kommunikation zwischen ihnen. Jeder Kunde aber, der den Markt ohne die Brille der Preisbeobachtung betritt, muß enttäuscht werden.

Der Soziologe Niklas Luhmann hat in seinem Buch »Die Wirtschaft der Gesellschaft« sehr schön gezeigt, daß die moderne Wirtschaft mit einem ganz einfachen Code operiert: zahlen oder nicht zahlen. An beide Werte kann das Wirtschaftsleben anschließen. Der Code entscheidet also nicht über die Entscheidung: Ich kaufe. Die Kaufentscheidung bleibt zufällig. Denn die Bedürfnisse, die uns dazu treiben, Geld auszugeben, sind auf modernen, gesättigten Märkten unkalkulierbar, also zufällig. Wenn man sich das klarmacht, kann man nur voller Bewunderung beobachten, wie nun der Preismechanismus Ordnung ins Chaos bringt. Es ist nämlich die famose Leistung der Preise, die chaotischen Bedürfnisse der Menschen mit dem Selbstvollzug des wirtschaftlichen Systems abzustimmen. Mit anderen Worten: Preise sind die Technologie, die es ermöglicht, die Bedürfnisse der Menschen in eine statistische Information zu übersetzen. Genau das nennt man dann »freien Markt«. *Der Preismechanismus des freien Marktes verwandelt die »Natur« des Menschen in ein statistisches Pattern des Marketing. Das ist die Kulturleistung der modernen Wirtschaft.*

Blindflug durchs Wirtschaftschaos

Komplexe Systeme wie ein Wirtschaftsunternehmen sind prinzipiell unübersichtlich; das heißt, die das Funktionieren des Systems garantierenden Faktoren sind so zahlreich, daß der Versuch eines einzelnen Menschen, sie zu koordinieren, in Chaos mündet. Diese prinzipielle Unübersichtlichkeit des komplexen Systems erzwingt seine Dezentralisierung. Denn nur die Dezentralisierung des Systems ermöglicht es, daß die auf alle Wirtschaftspartner und Angestellten verteilten Kenntnisse der besonderen Umstände in »Echtzeit« (und das heißt eben: rechtzeitig) genutzt werden können. Aber dann muß man natürlich sofort fragen: Wer koordiniert nun das Dezentrale? Um bewußte Steuerung kann es sich aus den genannten Gründen nicht handeln. Deshalb braucht ein komplexes Wirtschaftssystem einen Mechanismus, der jeden mit so vielen Informationen versorgt, daß er seine Entscheidungen mit denen aller anderen abstimmen kann. Und genau das leistet der Preismechanismus. Er ist eine Art Armaturenbrett, das dem Management gerade so viele Daten zeigt, daß es zum Blindflug durch das Chaos der Wirtschaft ansetzen kann.

Unter Bedingungen des Weltmarktes ist es das Hauptproblem jedes Anbieters, den Kontakt zum Verbraucher zu finden. Vor genau hundert Jahren bemerkte Emile Durkheim hierzu in seiner bahnbrechenden Studie über die Teilung der sozialen Arbeit: »Der Erzeuger kann den Markt nicht mehr überschauen, nicht einmal gedanklich umfassen. Er kann sich nicht mehr die Grenzen vorstellen, da er sozusagen unbegrenzt ist. Dann fehlt der Produktion jeder Zügel und jede Regel. Sie tastet blind umher.« In der Tat. Aber es funktioniert, weil die Preise durch das Chaos steuern.

Um es noch einmal knapp zusammenzufassen: Die Unübersichtlichkeit komplexer Systeme wie eines Wirtschaftsunternehmens erzwingt deren Dezentralisierung. Das dezentralisierte Wirtschaftssystem läßt sich nur durch den »Registrierapparat« des Preismechanismus koordinieren. Die Informationen, die auf seinem Bildschirm erscheinen, genügen dem Management, um einen *Instrumentenflug durch die hochturbulente Weltökonomie* zu starten. Das ist der Grundgedanke der Wettbewerbstheorie Friedrich von Hayeks. In seinem Buch »Individualismus und wirtschaftliche Ordnung« heißt es: »Es ist nicht nur ein Gleichnis, wenn man das Preissystem als eine Art von Maschinerie zur Registrierung von Veränderungen bezeichnet, oder als ein System von Fernvermittlung, das die einzelnen Produzenten instand setzt, nur mit Hilfe der Beobachtung von ein paar Zeigern, so wie etwa ein Techniker die Zeiger von ein paar Zifferblättern beobachtet, ihre Tätigkeit an Änderungen anzupassen, von denen sie nie mehr zu wissen brauchen, als sich in der Preisbewegung widerspiegelt.«

Der Preis ist eine harte Information, in der Geschichte, Bedürfnisse und Individualitäten verschwinden. Zwischenmenschlichkeit kann auf dem freien Markt schlecht Fuß fassen. Gerade deshalb aber funktioniert das Geld so reibungslos. Geld ist entlastet vom Menschlich-Allzumenschlichen. Um sich in der Wirtschaft zu orientieren, genügt es ja, die Preise zu kennen. Das ökonomische System operiert ohne Gedächtnis. Das gilt natürlich auch für jedwede einzelne Zahlung: *Geld erinnert sich nicht.* Deshalb ist so etwas wie »Geldwäsche« möglich, obwohl wir ständig einer detektivischen Beobachtung durch das Finanzamt oder den Bundesrechnungshof ausgesetzt sind.

Termingeschäfte

In der westlichen Wohlstandsgesellschaft geht man nicht nur – und vielleicht nicht einmal in erster Linie – einkaufen, weil man etwas braucht. Shopping ist ein kommunikatives Ereignis. Das entspricht genau unserer Beobachtung, *daß das Geld wie ein Medium funktioniert.* Zahlen heißt also auch kommunizieren. Diese sprachlose oder sprachunbedürftige Kommunikation orientiert sich an der Information des Preises. Und jede Zahlung ist an einen ganz bestimmten Zeitpunkt geknüpft. Soll man den Laptop erst nach der Cebit kaufen? Jetzt ist die Weihnachtsflugreise nach Lanzarote teuer, aber sicher. Sie könnte noch erheblich billiger werden – doch vielleicht ist schon morgen alles ausgebucht! Soll man jetzt einen Bausparvertrag abschließen – oder höhere Sparzinsen abwarten? Hat der Dollar schon seinen Tiefststand erreicht? Solche einfachen, alltäglichen Fragen zeigen, *daß wir die Wirtschaft als ein System im Horizont von Zeit verstehen müssen.* Es ist ein System, das aus vergänglichen, flüchtigen Ereignissen der Auswahl und Entscheidung besteht.

Zeit ist Geld, sagt man zu Recht. Das stimmt schon deshalb, weil das Geld ein Medium zeitgebundener Ereignisse ist. Denken Sie nur an die Termingeschäfte. Ich meine: »*Termingeschäft*« *ist eine prägnante Metapher für den postmodernen Lebensstil.* Denn seit unser Geld zeitlich codiert ist, ist die Zeit genauso knapp wie das Geld. Deshalb haben wir nie Zeit. Und deshalb beschleunigt sich die Welt. Unsere postmoderne Welt ist bekanntlich so komplex, daß niemand wissen kann, was die Zukunft bringt. Man kann sich nur noch auf ihre Turbulenzen einstellen – das heißt, man kann versuchen, sich »chaosfest« zu machen. Dabei helfen uns wieder das Geld und der freie Markt. *Wir lernen, mit dem Chaos und den Turbulenzen der Welt umzugehen, indem wir die unbekannten Gefahren der Zukunft als Risiken des Geldverkehrs und der Konkurrenz modellieren.*

»Money makes the world go around«, singt Liza Minelli in dem Film »Cabaret«. Und man könnte mit einem nicht ganz so alten Popsong ergänzen: »Join the joyride!«. Solche Weisheiten sind platt, aber zutreffend. Um das Gesellschaftssystem der westlichen Welt am Leben zu erhalten, genügt die Wartung des Systems Wirtschaft. Für den einzelnen genügt die Kapitalvorsorge. Was kommt, weiß keiner. Aber es genügt uns zu wissen: Die Welt der Wirtschaft ist in Ordnung, solange auf Zahlungen Zahlungen folgen, das heißt, solange im Medium Geld kommuniziert wird.

Geld statt Gott

Auf dem freien Markt rollt sich die Wirtschaft wie ein Schauplatz aus. Produzenten beobachten Konkurrenten. Konsumenten beobachten andere, die gerade auf das, was knapp ist, zugreifen, indem sie zahlen. Und dabei lernen wir: Geld hat den Sinn, ausgegeben zu werden. Jede Zahlung zielt auf die anschließende Zahlung. Es geht also im Wirtschaftsleben gar nicht mehr vorrangig um ein Haben bzw. um Bedürfnisse, sondern um eine besondere Form von Kommunikation – eben Bezahlen. Deshalb interessieren sich Geschäftsleute bei innerbetrieblichen Bilanzen auch nicht für die absolute Kapitalgröße einer Firma, sondern für deren Beziehung zum »Cash-flow«, einer dynamisch sich in der Zeit verändernden Flußgröße, die sich aus Gewinn, Abschreibung und Rückstellung zusammensetzt. Man könnte also sagen: Der Cashflow ist der kommunikative Index des Kapitals.

Ich habe gesagt: *Der Sinn des Geldes ist sein Gebrauch auf dem Markt. Und mit diesem Sinn müssen die Menschen heute auskommen.*

Mehr an Sinn gibt es nicht. Ich weiß, das klingt zunächst unverständlich, ja unerträglich. Denn um dem Leben einen Sinn zu geben, braucht man ja eigentlich Ideen wie Gott, Freiheit und Unsterblichkeit. Unser Problem ist nur, daß man diese schönen Ideen des Humanismus unter postmodernen Lebensbedingungen nicht mehr durchhalten kann. Hier springt nun das Geld ein. *Das Geld ist heute unser funktionaler Ersatz für die unmöglich gewordenen Ideen des Humanismus.* Aber wie kann das Geld eine so dynamische Funktion erfüllen? Ich muß hier genauer formulieren: An die Stelle der Ideen tritt nicht einfach das Geld, sondern das, was Karl Marx einmal so schön »Geld heckendes Geld« genannt hat – also Geld in der Prozeßform: *mehr Geld.* Wer das nicht begreift, wundert sich dann natürlich darüber, daß Multimillionäre immer noch weiterarbeiten, statt endlich ihren Reichtum zu genießen. Dieses Erstaunen ist aber naiv. Denn das Streben nach »mehr Geld« ermöglicht eine stabile Letztorientierung des Lebens, die auf »authentische« Motive verzichten kann. Mit anderen Worten: *Geld entlastet uns von dem Zwang, den »eigentlichen« Sinn des Lebens zu suchen.* Und diese Entlastung ist nicht zu unterschätzen. Denn nichts ist anstrengender und frustrierender, als immer eigentlich zu sein und sinnvoll zu leben.

Wenn also jemand nach dem Sinn des Lebens fragt, muß man ihm sagen: Sieh doch, wie das Geld funktioniert! Auch hier bestätigt sich wieder die große These des Medientheoretikers Marshall McLuhan: Das Medium ist die Botschaft! Das Geld funktioniert also zum einen als technischer Ersatz für religiöse Motive. Aber darüber hinaus bietet das Geld auch einen Symbolismus an, in den fast alle Kommunikationen übersetzt werden können. Kenneth Burke spricht deshalb von »Money as ›God Term‹«. Um hier kein Mißverständnis aufkommen zu lassen: Geld suggeriert nicht den Sinn des Lebens. Jede Behauptung eines Lebenssinns kann von der neuzeitlichen Wirklichkeit nur dementiert werden. Der Geldverkehr ist also nicht der Sinn des Lebens, aber sein abstrakter Formalismus bietet unserem Leben eine »Sinnform« an, in der man alle Zufälle der Existenz unterbringen kann.

In der Schweiz ...

Wenn ein Italiener »Unmögliches« bei Behörden dennoch möglich machen will, winkt er mit einem Geldschein. Wenn ein Deutscher »Unmögliches« bei Handwerkern dennoch möglich machen will, zahlt er schwarz. Wenn man in Amerika zeigen will, wer man ist, sagt man, wieviel Geld man macht. Wenn man nicht weiß, was man einem Kind zum Geburtstag schenken soll, das schon alles hat, gibt man ihm Geld. Das sind Kommunikationsereignisse, die zeigen, daß das Geld auch da noch Einheit und Übereinstimmung herstellen kann, wo unsere Sprachspiele versagen. Jener Beamte oder Handwerker hilft mir ja nicht aus guter Nachbarschaft, sondern weil bezahlt wird; meine Kirchensteuer zahle ich nicht aus Frömmigkeit, sondern weil die Zahlung erwartet und erzwungen wird. Und jeder weiß: Bei Geld hört die Freundschaft auf. Wie der Gott der Juden und Christen keine anderen Götter neben sich dulden wollte, so läßt das Geld neben sich keine anderen Werte mehr aufkommen. Im Schatten des Geldes degenerieren alle anderen Werte zu zufälligen Gründen der Zahlung.

Die Wirtschaft managt das Chaos der Welt, indem sie alle Werte auf Kapitalwerte reduziert. Deshalb rechtfertigt sich das Geld selbst. Es ist sinnlos, zu fragen – und nur die Polizei oder Finanzprüfer tun das! – , woher es kommt. Und es ist sinnlos, zu fragen, was es bedeutet. Geldgeschäfte sind interpretationsunbedürftig. Alle Zweifel an ihrem Sinn erstickt die Rendite. Diesen »freien Markt der Gegenstandslosigkeit« hat der Designer Otl Aicher 1991 in einem witzigen Essay beschrieben. Für ihn ist die Schweiz der ideale Schauplatz der Postmoderne, auf dem sich die gegenstandslose Wirtschaft, die neuen Medien und die gegenstandslose Kunst ein Stelldichein geben. Hier lohnt sich ein ausführliches Zitat: »Die Schweiz ist ein Land der Banken und des Geldes, also der gegenstandslosen Wirtschaft. Die Schweiz ist das Musterland der gegenstandslosen Kunst. Zugleich das Musterland von deren Symbiose mit dem Geld, vor jeder Bank eine gegenstandslose Plastik, in jeder Filiale das gegenstandslose Bild. Das Finanzgeschäft ist die gegenstandslose Form der Arbeit. Seine einzige Materialisation ist die Elektronik und die Telekommunikation. Alles andere ist Zahl, Nummer und Rendite. Und nicht selten wird aus Spekulation die Simulation und Fiktion. Das Grundsolide nähert sich dem Kartenhaus.«

Man muß aber auch umgekehrt sagen: Die Schweiz zeigt eindrucksvoll, wie solide das »Kartenhaus« der gegenstandslosen Wirtschaft gebaut sein kann, wie sicher man im Cyberspace des elektronischen Geldes navigieren kann. Doch auch dieses erstaunliche Chaos-Management im Medium Geld hat klare Leistungsgrenzen. So wie die Macht es nicht immer nur bei Sanktionsandrohungen belassen kann, sondern manchmal auf ihre *Gewalt*basis durchgreifen muß; so wie die Liebe sich nicht einfach in das Reden über sie auflösen läßt, sondern manchmal auf *Sex* zurückkommen muß; so wie die Wahrheit sich nicht in Beschreibungen schon vorliegender Beschreibungen, in Theorien über Theorien perfektionieren läßt, sondern hin und wieder an der *Wahrnehmung* gemessen werden muß – so braucht auch das Geldmedium der Wirtschaft einen Mechanismus, der sie mit der Außenwelt verkoppelt. Und das ist natürlich der *Konsum*.

Gewalt, Sex, Wahrnehmung und Konsum sind die kritischen Stellen, wo die modernen Funktionssysteme Politik, Familie, Wissenschaft und Wirtschaft es mit »Menschen« zu tun bekommen, die motiviert sein wollen und von denen man »Commitment«, Engagement erwartet. Hier stößt das allmächtige Geld an eine Leistungsgrenze – es ist unfähig zum »people processing«. Der Staat versucht es, mehr oder minder kläglich, mit Sozialpolitik; die Wirtschaft setzt neuerdings auf Emotional Design.

3. Der Sinn der Oberfläche

Die wichtigste Aufgabe eines Designers ist die geistige und gefühlsmäßige Aufnahme der Technik durch die ästhetische Gestaltung ihrer Oberfläche. Die sogenannte Benutzeroberfläche ist derjenige Teil einer als Programm dargestellten Apparatur, mit dem Menschen, die sie gebrauchen, in Berührung kommen. Die Computersimulation, die im Designprozeß solche Interfaces entwirft, bezieht sich also in erster Linie nicht auf das technische Objekt, sondern auf den Anwender; die Produktformen werden als Lebensformen behandelt. Das heißt aber: Die Simulation des Designs von Hardware ist softwareorientiert. Die Ästhetik des Designprozesses soll also genau die Kluft überbrücken, die von den spröden, unlesbaren Bedienungsanleitungen unserer Geräte dokumentiert wird.

Es geht heute darum, die Schnittstelle Technik – Mensch zu optimieren. Wir brauchen dazu ein intelligentes Design, d. h. eine Gestaltung von Gegenständen, deren Gebrauch selbsterklärend ist. Wenn sich ein Manager von Microsoft auf der Cebit '93 brüstet, mit dem Papier der weltweit ausgelieferten Handbücher zu MS-DOS ließe sich die Strecke zum Mond zwanzigmal auslegen, so ist dieser Stolz auf den phänomenalen Verkaufserfolg naiv. Denn die Zahl macht ja auch erschreckend deutlich, wie sternenweit unsere Spitzentechnologie noch von intelligentem Design entfernt ist. Manuals, Gebrauchsanweisungen und Handbücher sollen einmal der Vergangenheit angehören. Um diesem Ziel näher zu kommen, müssen wir die *Rhetorik der Technologie* analysieren. Und dazu brauchen wir eine neue Designwissenschaft.

72

Das Design der Zukunft steht vor zwei hochkomplexen Grundproblemen, die man auf die Begriffe »interoperability« und Mikrologisierung bringen kann. Interoperability bezeichnet das unüberschaubare Zusammenwirken einer Vielzahl von Produktionseinheiten in einem gemeinsamen Projekt. Ein Beispiel: Beim Bau des Advanced Tactical Fighters der Air Force müssen mehr als 6000 Firmen zusammenarbeiten. Kein Menschenhirn kann sich einen so komplexen Planungs- und Produktionsvorgang vorstellen. Nur Computer sind in der Lage, diesen Zusammenhang zu errechnen. Wenn also eine unüberschaubare Vielzahl von Firmen an ein und demselben Projekt arbeitet, wie eben zum Beispiel in der Luft- oder Raumfahrt, spricht man von Concurrent engineering. Dabei müssen Kommunikations- und Fertigungsprozesse koordiniert werden, die an unterschiedlichen Orten zu unterschiedlichen Zeiten stattfinden. Das ist das makrologische Designproblem: großflächig vernetzte Gestaltungsprozesse.

Das zweite hochkomplexe Grundproblem zeigt sich am anderen Ende der Designskala: bei der Gestaltung von Gegenständen an der Schwelle der Immaterialität. Die Apparaturen unseres täglichen Lebens werden immer kleiner und intelligenter. Es gibt ja kaum mehr einen Gebrauchsgegenstand, in den nicht ein Chip eingebaut wäre. Diese immer weiter fortschreitende *Mikrologisierung und Elektronisierung der Dinge verwandelt fast alles, womit Menschen umgehen, in Black Boxes.* Black Box, schwarze Schachtel, nenne ich einen Gegenstand, den wir alltäglich benutzen, ohne zu verstehen, wie er funktioniert.

Ein einfaches Beispiel für diese Black-Box-Effekte ist der Druckknopf der elektrischen Klingel. Aus dem, was ich mit der Hand tue, läßt sich in keiner Weise darauf schließen, welchen Effekt ich erzielen will. In der mechanischen Welt waren die Wirkungen noch erkennbar mit Ursachen verknüpft. Das gilt für die elektrifizierte Welt nicht mehr. Der Philosoph Hans Blumenberg bemerkt hierzu sehr schön: »Wir erzeugen den Effekt nicht mehr, sondern lösen ihn nur noch aus. Der gewünschte Effekt liegt apparativ sozusagen fertig für uns bereit, ja er verbirgt sich in seiner

Bedingtheit und in der Kompliziertheit seines Zustandekommens sorgfältig vor uns, um sich uns als das mühelos Verfügbare zu suggerieren.«

- Die Firma Kodak hat schon 1888 geworben: »You press the button – we do the rest!« Fotografieren ist seither nur noch »Knipsen«. Man schaut durch den Sucher und drückt ab – so einfach ist das. Was dabei in diesem Apparat vor sich geht, wissen nur wenige Spezialisten.
- Wir gehen 25 Stunden in die Fahrschule und können dann Auto fahren. Doch das Auto bleibt eine Black Box; was unter der Motorhaube geschieht, ist den meisten von uns dunkel. Wenn der Wagen dann auf der Autobahn unversehens stehenbleibt, rufen wir den ADAC.
- Der Personal Computer, den wir uns vor einigen Jahren widerstrebend angeschafft haben, ist eine rätselhafte Kiste, die man nicht öffnen soll. »Nur vom Fachmann zu öffnen!« stand bei elektronischen Geräten oft auf der Rückseite. Wir drücken nur den »Power-on«-Button und folgen dann den Anweisungen der Software. Nur Freaks wagen sich mit Schraubenzieher und Lötkolben ins Innere der schwarzen Schachtel.

Wir müssen uns also immer häufiger auf eine Sache verstehen, ohne die Sache zu verstehen. Um so wichtiger wird die Gestaltung der Benutzeroberfläche, die allein noch Licht ins Dunkel der Black Box bringen kann. Das nennt man auch Interface-Design. *Die Aufgabe des Designs verlagert sich weg von den handfesten Gegenständen und hin zum Immateriellen, Unsichtbaren, Medialen.* Das Design der Schnittstelle von Telekommunikation, neuen Medien und Computertechnologien ist deshalb die wichtigste gestalterische Aufgabe der Zukunft. Wir brauchen dazu eine neue Designwissenschaft, die die Probleme eines kommunikationszentrierten Technologieeinsatzes untersucht. Diese neue Designwissenschaft darf Forschung nicht als nachträgliche Theorie begreifen, sondern muß ihre Aufgabe als Marketing vor dem Produkt definieren. Nur dann ist sie einer Wirtschaft gewachsen, die zunehmend »soft« und immateriell auftritt. Der Designer Otl Aicher hat in seiner »Designanalyse« Deutschlands aus dem Jahre 1990 ganz richtig gesehen: »Lufthansa und Mercedes-Benz sind keine Leistungen mehr, sondern Informationsbesetzungen. Das Theater ist die Wirklichkeit.« Damit reagiert die Wirtschaft auf eine radikal veränderte Konsumlandschaft. Formelhaft gesagt: *Die Kommunikation macht dem Konsum Konkurrenz.* Wer sich auf dem Markt behaupten will, muß Konsumformen der kommunikativen Lust prägen.

Von Bret Easton Ellis zu Blaise Pascal

Tom Peters hat uns in seinem Buch »Liberation Management« dazu aufgefordert, nicht mehr soviel über Busineß, sondern mehr Romane zu lesen. Und in der Tat: Wer etwas über die Gestalt und Gestaltung der Zukunft wissen will, kann von den Geschichten eines Douglas Coupland oder Bret Easton Ellis mehr lernen als von den Wahrsagereien Alvin Tofflers und Tom Peters'. Nehmen wir zum Beispiel den letzten Roman von Ellis. »American Psycho« ist die Geschichte eines sehr jungen, höchst erfolgreichen, attraktiven Wallstreet-Brokers, der alle Oberflächeneffekte der postmodernen Welt beherrscht. Er weiß, wie der Geldstrom fließt, wie man sich fit hält, welches Mineralwasser zu welchem Essen paßt, welches New Yorker Restaurant gerade *in* ist. Patrick Bateman ist die verkörperte Wunscherfüllung von Zeitschriften wie »Vogue«; er kann stundenlang über Kleidung sprechen. Sobald er einen anderen Menschen trifft, tastet ihn sein Designerblick minutiös ab: Der oder die andere erscheint dann wie ein Cluster aus Markennamen, ein Pattern sekundärer Geschlechtsmerkmale.

Patrick Bateman ist also der Meister der Oberflächen. Daß er nachts dann doch die Tiefe sucht und mit Drillbohrern in Frauenleiber eindringt, ist Romanhandlung, die wir hier auf sich beruhen lassen wollen. Hören wir aber den Autor Bret Easton Ellis über die Wüstenlandschaft der westlichen Zivilisation: »Sex is mathematics. Individuality no longer an issue. What does intelligence signify? Define reason. Desire – meaningless. Intellect is not a cure. Justice is dead. Fear, recrimination, innocence, sympathy, guilt, waste, failure, grief, were things, emotions, that no one really felt anymore. Reflection is useless, the world is senseless. Evil is its only permanence. God is not alive. Love cannot be trusted. Surface, surface, surface was all that anyone found meaning in ...«. Ich übersetze: Sex ist Mathematik. Individualität ist kein Thema mehr. Was bedeutet Intelligenz? Versuche doch einmal, Vernunft zu definieren! Das Begehren – bedeutungslos. Der Verstand ist auch kein Heilmittel. Die Gerechtigkeit ist tot. Angst, Unschuld, Mitgefühl, Versagen und Kummer sind Gefühle, die niemand mehr wirklich fühlt. Nachdenken lohnt nicht – die Welt ist sinnlos. Die einzige Konstante ist das Böse. Gott ist tot. Der Liebe kann man nicht trauen. Sinn finden wir nur noch an den Oberflächen ... Klar: In dieser Wüstenlandschaft des Realen kann man nicht leben. Deshalb gibt es die Medien und die Moden, die Strategien des Designs und die Techniken der Simulation.

Blicken wir hier einmal kurz auf die Anthropologie der Moderne zurück. Friedrich Nietzsche hat listig gefragt, wieviel Wahrheit ein Mensch ertrage. Hinter dieser Frage steht der Verdacht, eigentlich hasse der Mensch die Wahrheit. Mit anderen Worten: *Wir lieben es, getäuscht zu werden.* In diesem Sinne hat schon der neben Descartes zweite große Philosoph des 17. Jahrhunderts, Blaise Pascal, behauptet, das Leben sei nichts als eine stabile Illusion. Das menschliche Verhalten ist als solches trugbefangen und getäuscht – diese These ist Gemeingut der moralistischen Tradition bis hin zu Nietzsche.

In der Psychologie der scheinbildenden Mächte hat die Eigenliebe eine Schlüsselfunktion: Was uns betrügt, ist die Lust des Ich. 250 Jahre später wird dann die Psychoanalyse in Freuds Narzißmustheorie diese Weisheit wissenschaftsfähig machen. In unserem Zusammenhang ist nur wichtig: *Wir begnügen uns nicht mit unserer Existenz und wollen mehr und anders scheinen als sein.* Pascal unterscheidet hier sehr prägnant unser eigentliches Sein von unserem öffentlichen Bild. Dieses öffentliche Bild ist ein imaginäres Sein, an dem wir unaufhörlich arbeiten.

Pascal hatte also schon vor über 300 Jahren eine gut ausgearbeitete Psychologie der scheinbildernden Mächte: Phantasie, Gewohnheit, Zerstreuung und Eigenliebe. Nach außen gewendet sind sie als Begehren, Machtwille und Ignoranz die großen Faktoren des Menschlichen. Pascals Grundgedanke ist nun der: Nur die gesellschaftliche Ordnung des Scheins, die sozial wohltätigen Trugbilder der Imagination, verschleiern den Abgrund des Hasses. Wohlgemerkt: Dieses böse Geheimnis des Menschen kann von den menschlichen Ordnungen nicht überwunden, sondern immer nur verdeckt werden. Aber nur der Verschleierung des Bösen verdanken wir das Überleben. *Die gesellschaftlichen Ordnungen und Institutionen sind zwar Scheingebilde, doch diese falschen Bilder schützen uns vor der tödlichen Wahrheit des Menschen.*

Es kann demnach nicht darum gehen, den gesellschaftlich notwendigen Schein zu zerschlagen, sondern allein darum, eine besonnene Haltung zum Schein zu gewinnen. Pascal spricht hier von einer »raison des effets«, einer Vernunft der Effekte und Wirkungen. Gemeint ist: Alle Welt ist in trügerischem Schein befangen – und doch sind die Meinungen der Leute gesund. Die Leute »haben« die Wahrheit, aber sie ist nicht dort, wo sie sich die Wahrheit denken. Das Stammtischgerede ist oberflächlich – aber die Menschen wissen gar nicht, wie recht sie haben!

Emotional Design

Ein asketischer Protestant des 19. Jahrhunderts, Sören Kierkegaard, hat einmal gesagt: »Wer ästhetisch lebt, der erwartet alles von außen.« Das war natürlich bitterböse kritisch gemeint, trifft aber – ohne jede Wertung – schlicht zu. Alles kommt heute von außen, und uns bleibt nur noch das Wählen – Selektion. In dem englischen Verb »to elect« hört man noch den ästhetischen Zusammenhang. (S)Elektion ist das Geheimnis der Eleganz und Elite.

Und ich will hier nur in Klammern anmerken, daß es nicht nur einen etymologischen, sondern auch einen sachlichen Zusammenhang zwischen Selektion, Eleganz und Elite gibt. So klein ist der Schritt von der Alltäglichkeit des Konsums in die hohe Welt des Designs. Design ist nämlich die Selektion von eleganten Effekten. Konkret funktioniert es als Selektionsprinzip zur Ausdifferenzierung der Warenwelt. Was nun die Sache »emotional« macht, ist die generelle Umorientierung des Designs von einer höheren Verpackungskunst zur Animation. Wie konnte es dazu kommen?

Unsere Umwelt hat sich strukturell gewandelt. Virtual Reality, Telepräsenz und Cyberspace sind Techniken einer Visualisierung des Immateriellen und Ungegenwärtigen. Hier macht sich ein ungegenständliches Genießen fest. *Es geht uns nicht mehr um Zweck und Funktion, sondern um Erlebnis und Emotion.* In der postmodernen Kultur ist man geradezu gesellschaftlich verpflichtet, ein »Individuum« zu sein, eine »Eigenzeit« zu kultivieren und durch Erlebnissteigerung die Tiefe der eigenen Subjektivität auszuloten. Solche Bedürfnisse und Erwartungen lassen sich nicht mehr mit herkömmlichen Verbrauchsgütern erfüllen. Was heute auf dem Markt Aufmerksamkeit finden will, muß geistig angereichert sein – sei es durch »smarte« Chips, sei es durch Emotional Design. Der postmoderne Markt ist auf einen »zerebralisierten Konsum« (Arnold Gehlen) ausgerichtet.

Diese radikale Veränderung der Konsumlandschaft verdankt sich der digitalen Revolution. Beim Design der mikroelektronischen Black Boxes kann die Form nicht mehr von der Funktion bestimmt sein. Es gibt keine rationalen Formkriterien mehr. Hier kann man also schon als erstes Zwischenergebnis festhalten, *daß Emotional Design die Gestaltung im Sinne des »form follows function« verdrängt.* Wir glauben nicht mehr, daß die Form der Funktion folgt, sondern entwickeln einen flexibleren und anspruchsvolleren Begriff: Design ist die Einheit der Differenz von Form und Funktion. Das Design von Immaterialien läßt sich nämlich nicht mehr »sachlich« entwickeln. Der Ästhetikexperte Wolfgang Welsch bemerkt hierzu: »Wichtiger als die mathematische Logik ist für den Designer daher heute die ikonische und emotionale Logik. Die klassisch-modernen Maximen des Ausdrucks oder der Transparenz verlieren an Bedeutung, an ihre Stelle treten Strategien des Kontrasts, der Erfindung und der Paradoxie. Nur sie tragen unserer ›chaotischen‹ Welt voller Überschneidungen und Instabilitäten Rechnung. Störungen und Hybridbildungen entsprechen der postmodernen Lebenserfahrung.«

Diese notwendige Abkehr vom sachlichen Gestalten entspricht auch den Einsichten der neueren Biologie, die die Geschichte des Lebens nicht mehr in Begriffen von Nutzen, Vorteil und Notwendigkeit erzählt, sondern jede Kultur durch die Konfiguration ihrer Wünsche geprägt sieht. *Nicht die Vernunft, sondern die Gefühle bestimmen unser Handeln.* Menschliches Leben vollzieht sich, so eine Formulierung des bedeutendsten zeitgenössischen Neurobiologen, Humberto Maturana, »in einer fließenden emotionalen Dynamik«.

Eben dieser Dynamik ist das sachliche Design nie gerecht geworden. Hinzu kommt heute die schon erwähnte technische Tatsache, daß man Mikroelektronik nicht nach ihrem Funktionieren formen kann. Ich möchte deshalb generell behaupten: *Seit wir mit Black Boxes leben müssen, stellt sich zum ersten Mal ganz radikal die Frage nach dem Sinn.* Um so wichtiger wird nun die Gestaltung der Benutzeroberfläche, die allein noch Licht ins Dunkel der Black Box bringen kann. Die Aufgabe des Designs verlagert sich weg von der Gegenständlichkeit und hin zum Immateriellen, Unsichtbaren, Medialen. Digitalisierung hat die Weltdaten in einer einzigen gigantischen Oberfläche ausgefaltet. Das digitale Bügeleisen plättet die Dinge zu tiefenlosen Informationen.

Um so dringlicher wird die Frage nach Kriterien der Qualität. Der neue ungegenständliche Konsum orientiert sich an »intangibles«, das heißt an Qualitäten, die sich nicht mit Händen greifen lassen, sondern geistiger Art sind. Deshalb ist es wichtig, die Produkte nicht mehr als Dinge, sondern als Persönlichkeiten zu begreifen. Ob man Pepsi- oder Coca-Cola trinkt, ist keine Frage der

Geschmacksnerven, sondern des Weltbildes, das der Videoclip entwirft. Emotional Design bietet Patterns an, mit denen die Konsumenten ihre Gefühle modellieren können – genau das tun auch Hollywoodfilme seit Jahr und Tag. *Design formt die Erlebnisse im Medium des Konsums. Gestaltet werden nicht mehr Gebrauchsgegenstände, sondern Beziehungsmuster.*

Konsum hat also längst nichts mehr mit Bedürfnisbefriedigung zu tun, sondern ist das Medium dessen, was schon Oscar Wilde »self-culture« genannt hat. Nur so erklären sich die charakteristischen Eigenschaften des postmodernen Konsumverhaltens. Man kann seit Jahren eine *Doppelcodierung des Konsums* beobachten: preisbewußter Discount-Kauf von Grundnahrungsmitteln und gleichzeitig erlebnisbewußter Boutique-Kauf ohne Preislimit. Es gibt einfach keine rationale Beziehung zwischen dem Geld, das man vorhin bei Aldi gespart hat, und dem, was man gerade klaglos für einen Blazer von Armani hinblättert. Konsum findet für ein und denselben Menschen in verschiedenen Registern statt. Dadurch wird der Konsum »reflexiv«, das heißt, er bezieht sich auf sich selbst: *Wir konsumieren nicht nur Güter, sondern wir konsumieren auch das Konsumieren* – so wie wir auch das Genießen genießen! Das kann bis zur Ironie gehen: Man geht dann zu McDonald's, um jene Doppelcodierung des Konsums zu genießen. Ironischer Konsum ist vielleicht sogar das raffinierteste Mittel der Self-culture.

Der bedürfnisunabhängige Konsum ist das letzte Asyl des emotionalen Erlebens. Gefühle sind ja nichts anderes als Selbstinterpretationen des psychischen Systems. Der Gehirnforscher Karl Pribram definiert: »Internal adjustments are felt as emotions.« Gefühle signalisieren also Anpassungsleistungen. Das ist der neue Schauplatz des wirtschaftlichen Wettbewerbs: Design zielt nicht mehr auf das Bewußtsein, sondern auf dessen Immunsystem: die Gefühle. In der archaischen Welt, an der Schwelle der abendländischen Zivilisation, entstanden die Gefühle nicht spontan im Menschen, sondern wurden ihm *von den Göttern* aufgeprägt. Heute könnten wir ganz analog sagen: Sie werden uns *von den Gütern* aufgeprägt.

Designtheoretiker, wenn es sie gäbe, müßten sich daranmachen, die alten kritischen Vokabeln wie »Warenästhetik« und »Kulturindustrie« umzuinterpretieren, das heißt im wesentlichen: sie von ihren negativen Vorzeichen zu befreien. Kultur ist eine Industrie, Ästhetik ist die Theorie designter Waren, und Waren lassen sich nur noch ästhetisch verkaufen. So gelangen wir zu einer Entübelung des Warenfetischismus. Wir müssen begreifen: Gefühle gelten nicht den Menschen, sondern den Dingen. In der sachlichen Welt der modernen Zivilisation gehen Emotionen ins Leere. Man könnte sagen: *Wir leben in einem Vakuum der großen Gefühle. Und hier springt der postmoderne Konsum ein. Emotional Design besorgt den Transfer der »zwischenmenschlichen« Werte in die Dingwelt.* Und seit der Revolution der Pop-art kann man wissen: Gefühle haben ihre wahre Intensität nicht im Leben, sondern im Kino und im Konsum. So heißt es bei Andy Warhol in aller wünschenswerten Klarheit. »The movies make emotions look so strong and real, whereas when things really do happen to you, it's like watching television – you don't feel anything«, also das Kino lasse Gefühle stark und echt erscheinen, wohingegen, wenn die Dinge wirklich passierten, es einem wie Fernsehen vorkomme – man fühle überhaupt nichts. Schon Karl Kraus hatte ja gespottet, mit einer Frau zu schlafen, sei nur ein schlechter Ersatz für die Onanie.

Werbung als Religion

2500 Jahre abendländische Kulturgeschichte und nur *eine* Wirklichkeit? Das genügt uns heute nicht mehr. Die Pointe dabei ist: *Wer wirklich etwas erleben will, sucht dieses Erlebnis eben nicht mehr in der empirischen, sondern in der virtuellen Realität;* sie ist formbar und weniger störanfällig. Und wer tief fühlen will, geht ins Kino. Die Kinder der Popkultur wissen heute, daß die Gefühle der Liebe und des Hasses in der Kinohöhle echter sind als im eigenen Schlafzimmer. Emotional Design operiert nun genauso wie das Kino: Es präsentiert das Produkt als erotisches Ereignis. Damit können

Menschenreize nicht mehr konkurrieren. Kino und Erlebniskonsum tauchen uns in eine Welt der virtuellen Ereignisse – alles andere, nämlich das Reale, ist zu gefährlich. Postmoderne Werbung ist objektlose Erregung! Wenn ein durchschnittliches amerikanisches Kind 18 Jahre alt wird, hat es 350 000 Werbespots gesehen.

Die Werbekampagne von Benetton hat Dokumentarfotos für Reklamezwecke benutzt. Daraus kann man dreierlei lernen:

– Die wichtige Konsumentengeneration der Zehn- bis Achtzehnjährigen kennt die Medienwirklichkeit überhaupt nicht anders als in der Mischform fiktiver Fakten und faktengestützter Fiktionen.
– Werbung und Information lassen sich kaum mehr unterscheiden. Und in der Tat sind die sogenannten »infomercials« auf dem Vormarsch! Werfen Sie nur einmal einen Blick in eine Computerzeitschrift. Erstens lassen sich »unabhängige« EDV-Zeitschriften nur noch schwer von firmengebundenen unterscheiden. Und zweitens: Wer sieht noch einen Unterschied zwischen der »informativen« Anzeige des neuesten Notebooks und seiner redaktionellen Darstellung auf der nächsten Seite?
– Die Werbung nimmt sich der großen Themen an, die von der Politik nicht angepackt werden: Aids, Welthunger, Überbevölkerung, Fremdenhaß.

Die »sozial verantwortliche« Werbung und das Umwerben des »bewußten, aktiven« Konsumenten sind zwei Seiten derselben Marketingstrategie. Das Design hat die Werbung immer schon bis ins Produkt hinein verlängert. *Heute verlängert das moderne Marketing die Werbung bis ins Moralbewußtsein der Konsumenten hinein.*

Ron Sommer, der Europapräsident von Sony, hat einmal sehr schön gesagt: »Ein gesättigter Markt ist kein Schicksalsschlag, sondern allenfalls die Folge eines einfallslosen Managements.« Bei gesättigten Märkten, qualitativer Produktgleichheit und selbsterklärenden Produkten sind rationale Informationen über das, was jeweils verkauft werden soll, für die Werbung sinnlos. Der Gebrauchswert ist gewissermaßen »taken for granted«. So bleiben als Werbewerte und Kaufmotive nur noch Prestige und Erlebnis. Auf das Prestigebedürfnis reagiert das neue Marketing mit der Strategie, den Konsum als die liberale, unblutige Form, sich Anerkennung zu verschaffen, darzustellen: Shock your neighbour! – mit dem neuen Rover. Und auf den Erlebnishunger haben die Kaufhäuser mit einem radikalen Trading-up reagiert: Es sind nicht nur Warentempel, sondern auch Erlebniswelten. Dem entspricht auf der Seite der Produzenten eine Selbststilisierung, die Produktpaletten mit der Unverwechselbarkeit einer Persönlichkeit prägen soll. Ein Psychoanalytiker könnte sagen: Corporate Identity ist das Spiegelstadium des Marktes. Je mehr ein Unternehmen diversifiziert und je breiter das Spektrum seiner Angebote wird, desto dringlicher braucht es – nicht nur für die Kunden, sondern auch für die eigenen Mitarbeiter – ein stabilisierendes, orientierendes Bild seiner Einheit. Die Corporate Identity definiert ein stabiles Schema, innerhalb dessen ein Unternehmen dann mit ständig neuen Produktmustern die Aufmerksamkeit des Marktes faszinieren kann. Und CI wird um so wichtiger, je mehr sich die Wirtschaft insgesamt in ein Kaleidoskop verwandelt.

Die neuen Werbespots des Volkswagens Passat präsentieren ein völlig vergeistigtes Produkt: Der neue Wagen ist »engineered to recharge the human spirit«. Wenn man den neuen Passat fährt, wird die Batterie des Geistes wieder aufgeladen. Der spirituelle Index eines Produkts soll es aus qualitativ gleichwertigen Konkurrenzprodukten herausheben und zugleich den Verdacht betäuben, es sei nutzlos und überflüssig. Die Werbung dringt nun in den Bereich der Transzendenz vor. Meine These lautet deshalb: *Die postmoderne Werbung übernimmt die Funktion der Religion. Sie entfaltet die Spiritualität des Konsums.* Denn wie kann man in der Bilderflut der Fernsehreklame überhaupt noch eine Differenz markieren? Leslie Savan bemerkt sehr treffend, es gehe jetzt für die Werbung darum, heilige Löcher in den Bildschirm zu brennen. Der Konsum verliert sein schlechtes Gewissen, wenn es gelingt, den Akt des Einkaufens als eine Form des Gebets zu stilisieren. Das Ideal des Marketing ist die religiöse Ikonenverehrung.

Es verkauft sich nicht mehr so recht an Kunden, die als rational handelnde Wesen behandelt werden. Aber auch das Gegenteil führt leicht in eine Sackgasse: der Versuch, ihre Gefühle zu bedienen. Denn ein Beobachter (Produzent/Designer) kann nichts über die inneren Zustände des anderen (Konsumenten) sagen – nur etwas über die Oberfläche seines Verhaltens. L. E. J. Brouwer sagt einmal sehr schön: »By so-called exchange with another being, the subject only touches the outer walls of an automaton.« Während man glaubt, in einem Verhältnis des zwischenmenschlichen Austauschs zum anderen zu stehen, berührt man doch in Wahrheit nur die Außenwand eines Automaten. Es genügt deshalb nicht mehr, den Kunden als König zu behandeln. Der Kunde ist ein Gott – man kann ihn nur überlisten, indem man ihm dient. *Marketing ist Gottesdienst am Kunden* – man verführt ihn mit Fetischen, verstrickt ihn in Produktliebe. Der Cargo-Kult ist deshalb das Urmodell des Markenartikelerlebnisses.

Der Futurist Filippo Tommaso Marinetti hat Anfang des Jahrhunderts die Kulturwelt mit dem Satz skandalisiert, ein Rennwagen sei schöner als die Nike von Samothrake. Die Aufregung hat sich gelegt. Wahrscheinlich würden die meisten Menschen heute Marinettis Skandalsatz zustimmen. Wir könnten allenfalls noch ergänzen: Auch ein Turnschuh von Nike ist schöner als die Nike von Samothrake! Derartigen Gebrauchsgegenständen wird längst eine Art kultischer Verehrung zuteil. Man pilgert nach »Niketown« in Chicago – das Sportgeschäft als Kirche mit Ikonen, die angebetet werden. Michael Jordan und Charles Barkley sind die Hohenpriester. »Niketown« zeigt also nur offen, was das Warenhaus immer schon war: Tempel eines religiösen Rauschs.

Die Ideenwelt der Marken

Wenn sachlich-rationale Erwägungen die Kaufentscheidung nicht mehr bestimmen, lautet die Frage: Warum dies und nicht das? Warum laufe ich mit Air Max statt auf dem Planet Reebok? Die Kaufentscheidung reagiert auf den Stimulus des Neuen. Doch wohlgemerkt: Nicht alles Neue stimuliert! Entscheidend für den Verkaufserfolg ist deshalb: *Draw a distinction that makes a difference!* Für diese Differenz wird oft auch die Logik unserer Marktwirtschaft geopfert. So heißt es in einer Autowerbung: »Das ist kein Auto für jeden – aber vielleicht für Sie?« – Exklusivität wird hier zum peinlichen Reklametrick, denn es gibt natürlich keine personenbezogene Diskriminierung im Geldausgeben. Aber gerade solche mißglückten Werbungen zeigen: Design ist die Technik der Differenz, die zählt. Das sollten alle Marketingexperten im Auge behalten, die heute als Erben der New-Age-Bewegung auf die Spiritualität des Konsums setzen. Der eine Geist von New Age ist so trügerisch, wie es vor 200 Jahren der eine Geist des Idealismus war. *Was wir in Zukunft brauchen, ist die neue Spiritualität der Differenz.* Das Design der Differenz operiert als Selektion aus einem Repertoire. Und dieses Repertoire ist heute größer denn je. Henry Fords alte, böse Weisheit, »History is bunk«, hat nämlich eine spannende Zweitbedeutung: *Die ganze Geschichte dient uns heute als Repertoire modischer Selektion.* Man kann das auch Posthistoire nennen: die Zitierbarkeit aller Zeiten. Niemand hat das klarer formuliert als Mick Jagger: »Rock'n'Roll is only recycled past!« Auch die Geschichtszeit ist heute zur Oberfläche geplättet.

Die Werbung befreit sich vom Produkt und wird selbstbezüglich: Ein Auto ist kein Vehikel zur Fortbewegung, sondern Medium einer neuen Erfahrung des Fahrens: Mondeo. Eine Stuyvesant raucht man nicht einfach – sie ist ein Medium der Weltkommunikation: Come together. Man kleidet sich nicht mehr, sondern tritt in die Weltgesellschaft ein: The United Colors of Benetton. Und Rot ist keine Farbe im Spektrum, sondern Marlboro. Und so fort. Gebührt Leo Burnett ein Denkmal? Er hat schon vor über 20 Jahren durch die Werbemetonymie »Freiheit und Abenteuer« Marlboro zur meistverkauften Zigarette der Welt gemacht. Was heißt metonymische Werbung? Wörtlich übersetzt wäre es eine Werbung, die Namen vertauscht – in diesem Falle den Markennamen Marlboro und den Ideennamen Freiheit. Leo Burnett hat also einen metonymischen Transport erfunden: Cowboys/Weites Land – Freiheit/Abenteuer – Rot – Marlboro. Gerade bei der Zigarettenwerbung ist die Befreiung vom Produkt natürlich besonders wichtig: Wird die Ausstellung des Glimmstengels einmal verboten, so muß auf den Plakaten die Farbe der Freiheit genügen, um den Markennamen zu beschwören. Was man von Leo Burnett über Emotional Design lernen kann, ist also: *Marken besetzen Ideen, um sie schließlich zu ersetzen!* Postmodernes Marketing braucht die Verpackungskünstler des Geistes.

Emotional Design bedient sich der Kraft der Metonymie, um Ideen durch Markennamen zu besetzen. Die Ordnung der Ideen ist heute gerade noch gut genug, um Markenartikel zu differenzieren. So können wir an den Ideen festhalten, ohne zu denken – man muß nur kaufen. Das ist der Sinn des großartigen Satzes von Andy Warhol: »Buying is much more American than thinking«. Arnulf Rainer hat das sehr gut verstanden, als er sagte: »Ein Kunstwerk verstehen heißt, es kaufen!« Das Wahre und die Ware sind dasselbe. Wir haben von der Postmoderne gelernt, daß Kunst ein Geschäft ist. Jetzt müssen wir von der postmateriellen Gesellschaft lernen, daß das Geschäft eine Kunst ist: *Business Art* im Sinne von Andy Warhol. Das ist das wahre Ende der Kunst: »Business art is the step that comes after Art ... Being good in business is the most fascinating kind of art.«

Der neue Kult der Oberfläche

In »Jenseits von Gut und Böse« verkündet Nietzsche einen »Kultus der Oberfläche«. Warum gibt es Menschen wie die Künstler und die »dedicated followers of fashion«, die reine Formen anbeten? Nietzsche sagt: »Wer tief in die Welt gesehen hat, errät wohl, welche Weisheit darin liegt, daß die Menschen oberflächlich sind. Es ist ihr erhaltender Instinkt, der sie lehrt, flüchtig, leicht und falsch zu sein.« Unser angenehmes zivilisiertes Leben setzt soziale Oberflächen ohne Tiefe voraus: Konventionen, Höflichkeit, Zeremoniell. Hier müssen wir noch viel von den Japanern lernen, deren Kultur ja ihre Lebensspannung aus rein formalen Differenzen und Wertungen zieht. Im Grunde geht es um eine Versöhnung mit dem Zivilisatorischen selbst. So spricht der Ästhetiker Max Bense ohne kritischen Unterton vom »Hauteffekt der Zivilisation, alles nach Oben, nach Außen zu bringen, die Oberflächen wichtig werden zu lassen.«

Nietzsche hat die Kultur ein dünnes Apfelhäutchen über glühendem Chaos genannt. Es geht also darum, den Schein zu rechtfertigen, ohne ihm zu verfallen. Diese Weisheit hat einer der letzten Kenner der Geheimnisse und Trugbilder des sozialen Lebens, John Le Carré, in seinem Roman »A Small Town in Germany« – gemeint ist Bonn – resümiert: »Haven't you realized that only appearances matter? What else is there when the underneath is rotten? Break the surface and we sink. I'm a great believer in hypocrisy. It's the nearest we ever get to virtue. I serve the appearance of things.« Ich übersetze: Haben Sie noch nicht bemerkt, daß nur der Schein zählt? Was haben wir denn sonst noch, wenn das Fundament verkommen ist? Wer die Oberfläche durchstößt, wird versinken. Ich glaube an die Heuchelei. Sie ist die größte Annäherung an die Tugend, die wir erreichen können. Ich diene der Erscheinung der Dinge. So John Le Carré. Er hat also die Nietzsche-Lektion gelernt, die da lautet: *Wer sich darauf versteht zu leben, ist oberflächlich aus Tiefe!*

Flächig gestalten, die Formen anbeten! Das kann man sowohl von den alten Griechen als auch von den neuen Medien lernen: Fotografie, Film und vor allem natürlich Video klammern sich an die Oberflächen der Welt und spielen mit den Hauteffekten der Zivilisation. Das Urphänomen dieser Ästhetik der Oberfläche ist der Videoclip. Hier kann der Eigendünkel der deutschen Tiefe vieles von der europäisch-amerikanischen Oberflächlichkeit lernen. Einer der wenigen, die Nietzsches Lektion gelernt hatten, war Gottfried Benn. Er hat die unüberbietbare Formel für Artistik geprägt: »Nichts, aber darüber Glasur!« Rationale Erkenntnis geht immer in die Tiefe des »Wesens« – sie verfehlt den Sinn der Oberfläche. Nicht umsonst spricht man von Fingerspitzengefühl! Wer sagt eigentlich, daß das Tiefe wichtiger ist als das Superfizielle? Mit diesem Vorurteil räumen die Ultra Consumers gründlich auf. Sie praktizieren Shopping als Lebensform und verkörpern den Zerfall der Ideologien, der großen Erzählungen und Weltbilder. Ihre Identitäten schillern in der Oberflächenartistik des Konsums und der Kaleidoskopik der neuen Medien.

Ganz prinzipiell gilt ja: Menschen reagieren auf die Reizmuster der Oberflächen; und Oberflächenreizungen sind unsere einzige Informationsquelle. *Verführung ist ein Oberflächeneffekt.* Das zeigt sich im unwiderstehlichen Zusammenspiel von Frauen, Mode und Sex-Appeal. Das Weibliche ist vom Standpunkt des Designers aus gesehen nichts anderes als die Ununterscheidbarkeit von Oberfläche und Tiefe. Erinnern wir uns, daß Kosmos eigentlich schöne Ordnung heißt. Die spezifisch weibliche Verbindung zum Kosmos ist die Kosmetik – die schöne Ordnung auf der Oberfläche der Haut. Das ist die Dimension der Werbung, Mode und Verführung. »Das Tiefste, das ist die Haut«, sagte der Dichter Paul Valéry. Jede Nummer der »Vogue« schafft einen Kosmos aus schöner Haut. Man muß sich Narziß als glücklichen Menschen vorstellen – er wird von der Oberfläche des eigenen Bildes konsumiert. Und er behält recht: Die Geheimnisse liegen nicht in der Tiefe, sondern auf der Oberfläche; die Welt ist ein Vexierbild.

Die Moderne war das organisierte Mißtrauen gegen die Sinne. *Heute lehren uns die tiefenlosen Oberflächen, wieder den Sinnen zu trauen.* Das moderne Erkennen ging in die Tiefe, war entlarvend, hat die Schleier des Scheins zerrissen – heute sucht man den Sinn der Oberfläche und auf der Oberfläche. In Michel Tourniers Roman »Freitag oder Im Schoß des Pazifik« heißt es: »Was ist das für eine seltsame Parteinahme, die blindlings die Tiefe überbewertet auf Kosten der Oberfläche und die will, daß *oberflächlich* nicht *von weiterer Ausdehnung* bedeutet, sondern *von geringerer Tiefe*, während *tief* dagegen *von großer Tiefe* bedeutet und nicht *von geringer Oberfläche*. Dennoch mißt man ein Gefühl wie die Liebe weit besser nach der Bedeutung ihrer Oberfläche als nach ihrem Tiefengrad.« Das Superfizielle der Dinge ist wichtiger als ihr Wesen. Deshalb ändern wir unseren Weltwahrnehmungsstil: Statt in die Tiefe zu dringen, surfen wir auf Wellenkämmen. Designer sind die Wellenreiter des Zeitgeistes.

Die achtziger Jahre waren reine, tiefenlose Oberfläche, die ihren faszinierendsten Ausdruck in Modemagazinen gefunden hat. Die Energie der Achtziger entstand »sliding down the surface of things«. Das ist ein Vers aus einem Song der Popgruppe U2, der programmatisch »Even better than the real thing« heißt. The Real World heißt eine Sendung von MTV; Reality TV ist auch in Deutschland längst zu einer festen Programmsparte geworden; Coke wirbt für »the real thing«. Und Levi's 501 verkündet: »It's got to be real.« Das Reale ist die blaue Blume der Romantik in der Wirklichkeit der neuen Medien. Die ultimative Werbung parodiert sich selbst so, daß die angepriesene Ware als das einzig Wirkliche in einer Welt der Simulakra erscheint. In der neuen Sprite-Werbung sitzt vor einem Haus ein junger Mann, über den sich ein Mädchen beugt, das ihn küssen will. Er sagt ihr: »Ich bin nicht wirklich dein Freund. Ich bin ein Schauspieler. Und auch dieses Haus ist nicht wirklich, sondern ein Filmaufbau.« Und mit einem Stoß bringt er die Fassade zum Einsturz. Zum Trost reicht er dem Mädchen ein Sprite und sagt: »Das einzige, was nicht gefälscht ist, sind du, ich und Sprite.« Doch dann verwandelt sich auch das Mädchen durch digitales »Morphing« in eine bloße Simulation – zurück bleibt, als einziger Fels des Realen im Chaos des Scheins: Sprite.

4. Das Management von Komplexität

Wir werden geboren, um etwa 70 Jahre später zu sterben – das ist die Strecke unserer Lebenszeit. Damit sie nicht allzu trivial verläuft, läßt Gott uns bekanntlich diese Zeit im Schweiße unseres Angesichts fristen – das Leben gerät in den harten Griff der Arbeitszeit. Um ihn zu lockern und die Früchte der Arbeit zu genießen, kämpfen wir um die Verlängerung der Freizeit. Und seit wir Bürger der modernen, elektrifizierten Welt sind, müssen biologische Lebenszeit, industrielle Arbeitszeit und künstliche Freizeit in den anonymen Rahmen der physikalischen Weltzeit eingepaßt werden. Große Unternehmen oder Sendeanstalten zeigen auf ihren Uhren nicht nur die Lokalzeit, sondern eben auch die Tokioter und New Yorker Zeit an – schon um zu signalisieren, daß sie »global players« sein möchten. Ähnliches leisten neuerdings auch digitale Armbanduhren. *Wir sind also Bürger verschiedenster Zeitwelten.*

Im elektronischen Weltdorf verlieren die Ortszeiten an Bedeutung. Man muß mit Anrufen amerikanischer Kollegen um vier Uhr morgens rechnen. Und wenn Boris Becker bei den US Open spielt, gehen die Sendeanstalten ganz selbstverständlich davon aus, daß sich Fans die Live-Übertragung nach Mitternacht nicht entgehen lassen. Umgekehrt diktieren Fernsehanstalten Weltzeit; so haben NBC und CNN dafür gesorgt, daß die Endläufe der Olympischen Spiele in Barcelona oder die Landung der US-Truppen in Somalia zur amerikanischen Hauptsendezeit stattfinden.

Unterm Diktat der Weltzeit zeigt sich ein prinzipielles Problem unserer modernen Gesellschaft in aller Schärfe: die zeitliche Koordination unterschiedlicher Systeme. Es geht um *die hohe Kunst der Synchronisation.* Es ist fast unmöglich, kurzfristig einen gemeinsamen Termin für fünf Führungspersonen aus Politik, Wirtschaft oder Wissenschaft zu arrangieren. Aber es wird ja auch schon schwierig, mit dem Kollegen einen Tennistermin zu vereinbaren. Auch die Freizeit stellt uns vor Synchronisationsprobleme: Elternabend, mit der Gemahlin in die Oper, Tennis mit dem Kollegen, die Live-Übertragung im Fernsehen und der Besuch der Schwiegermutter. Deshalb ist der Terminkalender das wichtigste Requisit des modernen Menschen; er koordiniert unsere Handlungen.

Doch nicht nur die Weltzeit – und das heißt ja im Klartext: die Synchronisation der Weltwirtschaft – setzt unserem ökonomischen Handeln harte Rahmenbedingungen. Es gibt auch einen technischen Zeitzwang: Viele kapitalintensive Produktionsanlagen rechnen sich nur, wenn sie nie stillstehen. Alles, was nicht Arbeitszeit ist, ist automatisch verlustträchtige Stillstandszeit. Hier bekommt also die Zeit aus Rentabilitätsgründen einen Zwangscharakter.

Doch wohlgemerkt: Der Zwang zur Synchronisation, die Welt- und Produktionszeit geben einen Rahmen vor. Das heißt natürlich nicht, daß die Welt heute gleichzeitig wäre. Im Gegenteil! Gerade der Zwang zur Synchronisation der Produktions- und Kommunikationsabläufe zeigt in aller Deutlichkeit, daß unsere Welt aus Zeitinseln besteht. Man könnte sagen: *Wir leben in einer Gleichzeitigkeit der verschiedensten Jahrhunderte.* Die Welt wird durch unsichtbare Linien unterteilt, die Zeitzonen markieren. Einige Länder leben noch im Mittelalter, während ihre Nachbarn schon Bürger des 21. Jahrhunderts sind. Und zeitlich gesehen liegt Frankfurt näher bei Tokio als bei Magdeburg. Ähnliches gilt natürlich auch für Unternehmen. Die Dinosaurier der Kohle- und Stahlindustrie versuchen sich verzweifelt in einer Wirtschaftsumwelt zurechtzufinden, die längst von den Anpassungskünstlern der kommunikationszentrierten Technologie bestimmt wird.

Zukunft ohne Herkunft

Um sich in dieser Welt zurechtzufinden, muß man vor allem lernen, daß die Zeit selbst radikal zeitlich, also »reflexiv« geworden ist. Das klingt philosophisch, also unverständlich, ist es aber nicht! Gemeint ist folgendes: In früheren Zeiten konnte man damit rechnen, daß es einen verständlichen Zusammenhang zwischen Vergangenheit und Zukunft gibt. Diese Rechnung geht heute nicht mehr auf. Die Zeiten ändern sich – aber sie ändern sich anders als früher. Sicher ist nur der Wandel ins Unvorhersehbare. Deshalb ist es vernünftig, sich auf Chaos einzustellen. Stabile Verhältnisse sind nur Warteschleifen der Evolution. Der Biochemiker Friedrich Cramer bemerkt hierzu: »Die Zeitstruktur der evolvierenden Welt ist diskontinuierlich: Stabile zyklische, oszillierende, reversible, strukturierte Systeme mit festen Eigenzeiten oder Eigenfrequenzen wechseln urplötzlich in irreversiblen Sprüngen und Bifurkationen mit chaotischen Durchgängen in neue Strukturen mit neuen Eigenzeiten.«

Gerade auch im Verhältnis zur Zeit gilt es, chaosfest zu werden. Die Zeit ist eben auch nicht mehr, was sie einmal war. Durch Beschleunigung der Welt veraltet die Erfahrung. Deshalb können uns die eigenen Väter nicht mehr helfen. Und deshalb können wir aus Theorien des 18. Jahrhunderts nur noch eines lernen: daß sie über unsere Welt nichts zu sagen haben! *Unsere Herkunft hat nichts mehr mit unserer Zukunft zu tun.*

Und gerade weil die Beschleunigung unser Schicksal ist, können sehr publikumswirksam »Katechonten«, das heißt Aufhalter auftreten, die uns zur Umkehr aufrufen: Stoppt ... jetzt! Die aus den Talk-Shows gut bekannten Warner und Mahner sind allesamt Aufhalter, die unterstellen, die Welt sei ein Schnellzug, in dem man die Notbremse ziehen müsse. Gleichzeitig versprechen sie uns die große Entdeckung der Langsamkeit. Man könnte sagen: Langsamkeit wird zum Ersatz für Gesellschaftskritik.

Ich habe gerade die These formuliert, daß sich unsere Zukunft von unserer Herkunft abgesprengt hat. Man kann das auch, etwas philosophischer, so ausdrücken: Im 20. Jahrhundert gibt es kein Traditionskontinuum mehr. *Die Zukunft ist immer radikal neu, das heißt, ganz anders als die Vergangenheit. Deshalb erscheint jede Gegenwart als Bruch. Dadurch wird die Zeit knapp, und alles, was zu tun ist, eilt.* Hinzu kommt, daß wir uns daran gewöhnt haben, alles, was eilig ist, für wichtig zu halten. So entsteht Zeitdruck, und Tempo wird zum absoluten Wert. Und an ein weiteres haben wir uns in diesem Zusammenhang gewöhnt, nämlich Terminnot und Zeitmangel als einen Ausdruck von Leistungsfähigkeit zu deuten. In der Leistungsgesellschaft macht es keinen guten Eindruck, viel Zeit zu haben.

Georg Simmel hat die Entstehung dieses modernen Begriffs von Zeit in seiner »Philosophie des Geldes« bis ins 15. Jahrhundert zurückverfolgt. Damals hat sich der Welthandel entwickelt, Finanzzentren haben sich herausgebildet, alle Werte haben Geldform angenommen, und die Börse hat damit begonnen, den Geldfluß zu kondensieren. Dadurch steigert sich das Lebenstempo enorm, und die Zeit wird zum Wert, also knapp. »Damals begannen die Turmuhren, die Viertelstunden zu schlagen, und Sebastian Franck, der mit am frühesten, wenn auch mit am pessimistischsten, die revolutionierende Bedeutung des Geldes eingesehen hat, nennt auch zuerst die Zeit ein teures Gut.«

Zeitpluralismus

Wenn man sich in vergangenen Jahrhunderten ein Bild von der historischen Zeit machen wollte, hat man oft einen Pfeil gezeichnet, der aus der Vergangenheit durch den Gegenwartspunkt in die Zukunft zielt. Dieser Zeitpfeil zerbricht heute – wir haben Zukünfte im Plural. Und eben deshalb kann man die Zukunft nicht voraussagen. Wer heute auf Futurologen hört, handelt genauso rational wie der Abergläubige, der sein Leben nach dem Horoskop einrichtet. Denn vor uns steht nicht *die* Zukunft, sondern es tut sich ein Horizont vieler möglicher Zukünfte auf, die miteinander konkurrieren. Wir leben in einem Zeitpluralismus. Hans Magnus Enzensberger bemerkt hierzu in einem Essay, der »Vermutungen über die Turbulenz« anstellt: »Die Zukunft ist als homogene Vorstellung undenkbar geworden. Jede Überlegung, die ihr gilt, spaltet sich nach Art eines endlos verzweigten Entscheidungsbaums auf und bringt eine Mannigfaltigkeit hervor, der wir weder ausweichen noch Herr werden können.«

Insofern sind die kurzen Zeithorizonte der Politiker durchaus realistisch. Wir spotten ja oft über die Kurzsichtigkeit einer Politik, die nicht über den Tellerrand einer Wahlperiode hinausdenken kann. Aber was wäre die Alternative? Langfristigkeit ist zu komplex. Den goldenen Mittelweg zwischen bornierter Kurzsichtigkeit und planungsverblendeter Langfristigkeit weist die Strategie des kontrollierten Chaos. Das Risiko ist die eigenste Gestalt der Zukunft, denn die Weltwirtschaft fordert Höchstgeschwindigkeit, und jede Beschleunigung führt an den Rand des Chaos. Deshalb müssen Unternehmer und Manager den Markt mit einer anderen Unterscheidung beobachten. Was wirtschaftlich zählt, ist nicht mehr der Unterschied von groß und klein, sondern von schnell und langsam. *Wer heute Erfolg sucht, muß sich ins Kraftfeld von Risiko, Speed, Chaos und Netzwerk begeben.* Deshalb kann es keine Spielregeln für Sieger geben.

In und Mega-Out

Die extreme Beschleunigung unseres gesellschaftlichen Lebens verändert aber nicht nur die Gestalt der Zukunft von der Planutopie zum Chaosrisiko. Auch die Art, wie wir vergangene Zeit erleben, ändert sich radikal. Meine These lautet: Die Vergangenheit rückt der Gegenwart immer näher auf den Leib

- durch schnelles Veralten;
- durch Mode-Recycling.

Betrachten wir zunächst einmal das Phänomen des raschen Veraltens. Hier kann man eine erstaunliche Beobachtung machen. Schauen Sie sich einmal einige der typischen Produkte und Gestalten der achtziger Jahre an: Techno-Musik, die Yuppies, der 286er-Prozessor, George Bush ... Sie sind nicht nur veraltet, sondern sie wirken in gewisser Weise sogar »älter« als chronologisch ältere Dinge. Wir können daraus lernen: *Nichts ist älter als das gerade Vergangene.* Und das heißt eben auch: Was veraltet ist, muß nicht alt sein. Denken Sie nur an die Management-Theorien der letzten Jahre. Das Veralten beschleunigt sich. Wer nicht mithält, sieht rasch alt aus!

Schnelles Veralten also ist der eine Mechanismus, durch den die Vergangenheit der Gegenwart immer näher auf den Leib rückt. Der zweite Mechanismus ist das Mode-Recycling. Auch für die großen Unternehmen gilt mittlerweile: *Modezyklen kommandieren die Produktionsgeschwindigkeit.* Die Funktionsweise der Mode ist ganz einfach: Sie verneint das Jüngstvergangene. Der Code der Mode operiert mit den beiden Wertstellen »In« und »Mega-Out«. Mit anderen Worten: Die Mode erklärt das, was gerade noch »angesagt« war, als völlig »untragbar«. An dessen Stelle setzt sie nun aber nichts Neues, sondern sie wählt aus dem Repertoire der Vergangenheit. So kommt es zu einem Recycling der Zeiten. Schon in den frühen Neunzigern werden die Siebziger wieder aktuell – so schnell geht das! *Die Mode ist das Immunsystem der Gesellschaft gegen den Virus der Langeweile.* Moden faszinieren kurzfristig; das entspricht der Individualisierung der Kunden und der Zufälligkeit alles Öffentlichen.

Es ist deshalb dumm und in jedem Falle ökonomisch tödlich, gegen den Strom der Mode zu schwimmen oder das Modische mit intellektuellem Dünkel zu ignorieren. Es ist aber auch nicht erfolgversprechend, mit dem Strom der Mode zu schwimmen – dann kommt man nämlich als Designer oder Unternehmer immer zu spät. Es geht vielmehr darum, auf den Wellenkämmen des Zeitgeistes zu surfen. Surfen heißt ja nicht »mit dem Strom schwimmen«. Die Wellenreiter des Zeitgeistes lassen sich nicht von den neuesten

Trends mitreißen, sondern nutzen die Trendenergien, um souverän zu navigieren. Wer immer nur der letzten Mode hinterherrennt, verfängt sich in der Falle des Avantgardismus. Der Philosoph Hermann Lübbe hat das auf die Formel gebracht: »Wer heute bereits von morgen sein will, ist übermorgen selber von gestern.«

Unter Zeitdruck

»Darf ich für ein paar Minuten um Ihre Aufmerksamkeit bitten ...« – dieser Wunsch erbittet unsere knappste Ressource. Denn die alltägliche Informationsüberlastung äußerst sich im Berufsleben in zwei Formen:

– als Entscheidungsüberlastung; man hat nie genug Zeit, um sich ausreichend zu informieren;
– als Aufmerksamkeitsüberlastung; es gibt eine Menge wichtiger Dinge, die man nur durch Ignoranz bewältigen kann. *Die Datenflut macht Aufmerksamkeit zur knappen Ressource.* Man hört beim Frühstück mit halbem Ohr auf die Nachrichten, überfliegt die Zeitung, beschränkt sich bei wissenschaftlichen Artikeln auf die Summaries und bei Büchern auf den Klappentext. Im Büro warten zwei Dutzend Faxe auf Antwort, während das Telefon klingelt und die Sekretärin über ergonomisch unzumutbare Arbeitsbedingungen klagt. Und was erwartet die Familie dann abends zu Hause – eben Aufmerksamkeit.

Von dem wegen »der nicht korrekten Wahrnehmung von Einzelheiten« zurückgetretenen Wirtschaftsminister Jürgen Möllemann berichtete Hans-Dieter Delger im »Spiegel«, er habe in 520 Arbeitsstunden neben den üblichen Gesprächen, Kabinettssitzungen und Fernsehauftritten auch noch 3645 schriftliche Vorgänge bearbeiten müssen. Das ist Information Overload als Normalität. Kann man es da noch übelnehmen, wenn der Brief für den Schwager mit durchrutscht? Natürlich kann es sich hier auch um eine faule Ausrede handeln. Auch Wirtschaftskriminellen tut das Chaos gut; sie verstecken sich in der selbstgeschaffenen Unübersichtlichkeit der Bürokratie. Deshalb bemerkt Günter Ogger im Blick auf Bestechungsfälle in der deutschen Industrie zu Recht: »Die Erzeugung von Komplexität ist eine der wirksamsten Waffen aller Wirtschaftsstraftäter.« Wenn dennoch alles auffliegt, wird der Termindruck dann zu einer Art Alibi in der Zeit.

Wenn man in einem komplexen System wie einem Ministerium oder Unternehmen Zeit gewinnen will, gibt es nur ein Mittel: Vertrauen. Möllemann hat seinen Zuarbeitern vertraut. Und es liegt in der Natur der Sache, daß Vertrauen enttäuscht werden kann. Es ist aber nicht wahr, daß Kontrolle besser als Vertrauen ist. Hochkomplexe Systeme kann man nicht ohne empfindlichen Geschwindigkeitsverlust hierarchisch kontrollieren – hier müssen die Führungspersönlichkeiten Vertrauen riskieren. Man kann nicht immer überprüfen wollen, was man alles unterschreiben muß. Ich möchte das auf die Formel bringen: *Starke Führungspersönlichkeiten haben den Mut zum Risiko des Vertrauens.*

Vertrauen riskieren müssen wir natürlich alle: im Flugzeug, auf dem Krankenbett, bei der Renovierung des eigenen Hauses oder bei der Kapitalanlage. Wir leben ja ständig in Unübersichtlichkeiten, in denen wir anderen eine souveräne Diagnose zuschreiben: dem Piloten, dem Chirurgen, dem Handwerker, dem Anlageberater. Der Mann wird schon wissen, was er tut ... Der Präsident des Bundesverbandes deutscher Banken, Eberhard Martini, sagt dazu sehr einfach und treffend: »Ein Mensch, der keine Fachkenntnisse hat, muß Vertrauen an die Stelle von Wissen setzen. Das ist so in medizinischen Fragen, also beim Arzt, und es ist bei Gelddingen ebenso.«

In turbulenten Situationen ist man nie ausreichend informiert. Man kann es auch so sagen: In komplexen Systemen hat man keine Zeit für Vernunft und Besonnenheit. Das Schachspiel ist deshalb ein gutes Modell für Zeitmanagement: Man kann nicht alle möglichen Züge überdenken, sondern muß unter Zeitdruck entscheiden. Chaosfeste Menschen sind gewohnt, unter Zeitdruck zu entscheiden – und insofern geraten sie eigentlich gar nicht unter Zeitdruck. Wer unter Zeitdruck gerät, zeigt damit lediglich, daß ihm die zeitliche Selbstorganisation mißlungen ist. Souverän ist demgegenüber derjenige, der die Zeit ohne Zeitdruck nutzen kann. *Zeitdruck ist also ein Managementproblem und keine direkte Funktion des Arbeitsumfangs.* Gerade die, die oft nichts mit ihrer Zeit anzufangen wissen, fühlen sich unter Zeitdruck, wenn sie etwas zu tun bekommen. Der wirklich Vielbeschäftigte ist meist gelassen.

Just in time

Es ist für unsere moderne Welt charakteristisch, daß wir ständig Entscheidungen in Situationen treffen müssen, über die wir nicht hinreichend informiert sind. Meine These lautet deshalb: *Die Moderne hat keine Zeit für Rationalität.* Unter Bedingungen knapper Zeit muß der Mangel an Information durch Schnelligkeit ausgeglichen werden. Dieses Risiko ist nur erträglich, weil man in funktionierende Netzwerke und Kommunikationszusammenhänge einrasten kann. Darin kann man Zeit sparen, indem man an erfolgreiche, informationsbildende Selektionen anschließt, statt sie zu wiederholen.

In diesem Zusammenhang möchte ich auf eine nicht zu verachtende Trivialität aufmerksam machen: Computer haben ein Gedächtnis, aber sie können weder erinnern noch vergessen. Die besondere Leistung des Vergessens ist es ja, Zeitspielräume offenzuhalten, von Informationsüberlasten zu entlasten und dadurch das Denken flexibel zu halten. Es gibt eben eine Menge von Dingen, die man besser vergißt oder gar nicht erst zur Kenntnis nimmt. Computer dagegen lasten uns gerade durch die technische Perfektion des zeitsparenden *Information retrieval* immer wieder und immer mehr fixierte Vergangenheit auf. Peter Fuchs hat das sehr schön als »das computerinduzierte Paradox des Zeitverlustes durch Zeitgewinn« bezeichnet.

Aber es gibt heute eine Technik der Entparadoxierung dieses

Zeit-Paradoxons. Ich meine das oft schon auf Hypertext basierte »just-in-time-learning«, das *Wissen erst in dem Augenblick vermittelt, wenn es wirklich gebraucht wird.* Wir lernen in der Schule ja schon längst nicht mehr fürs Leben. Auch Wissen veraltet immer schneller. Wissen für das Leben zu vermitteln, ist eine Sisyphusarbeit. Was man in Schulen und Universitäten allenfalls lernen kann, ist das Lernen selbst. Die jeweiligen Inhalte muß man sich dann zeitgenau aneignen. Wie soll ich denn heute wissen, welches Wissen ich – in welchem Job? – in 10 Jahren brauche? *Zwischen Arbeitszeit und Freizeit schiebt sich deshalb heute die Zeit des permanenten Lernens:* Management-Seminare, Fortbildungskurse, Fernstudien. Und sowenig wie ich heute wissen kann, was ich morgen wissen muß, kann der Unternehmer wissen, was die Märkte von morgen fordern. Wie für das Lernen gilt auch für die Produktion der Zukunft: just in time. Auf allen Märkten entscheidet die Schnelligkeit des Wandels, die Sensibilität für Zeitdifferenzen.

Als die Jamaikanerin Marylin Ottey bei den Weltmeisterschaften in Stuttgart über 100 m nach der Zielfotoauswertung nur auf Platz zwei gesetzt wurde, haben sentimentale Fernsehreporter gefordert, zwei Goldmedaillen zu vergeben. Diese Gefühlsduselei verkennt den Sinn des Wettkampfs vollkommen. Denn der Sport verdeutlicht die Wichtigkeit minimaler Zeitvorsprünge. Wirtschaftliche Konkurrenz ist heute vor allem Zeitkonkurrenz – und der Wettkampfsport macht das modellhaft deutlich.

Langeweile und Karriere

Hat Sport also gar nichts mit Freizeit und Muße zu tun? Wir müssen hier begrifflich differenzieren. Muße ist eigentlich ein Zustand, der einem die Möglichkeit bietet, etwas zu tun. Wer müßiggeht, hat Zeit. Er hat etwa Zeit, über die Zeit nachzudenken. Damit wird die Zeit als ein Horizont von Möglichkeiten erkennbar. Der Soziologe Karl H. Hörning hat Menschen, die neuerdings in diesem Sinne durch hohe Flexibilität und Verkürzung ihrer Arbeitszeit versuchen, die eigene Biographie zu managen, als »Zeitpioniere« bezeichnet. Sie versuchen, die eigene Lebenszeit qualitativ zu strukturieren, indem sie unbesetzte Möglichkeitsspielräume aufbauen. Hörning betont: »Nicht so sehr der Inhalt der zu unternehmenden Aktivität, sondern das Verfügen-Können rückt in den Vordergrund.« Mit anderen Worten: Der Zeitpionier arbeitet an der Wiedergewinnung der Muße inmitten einer Welt der Zeitknappheit. Aber Müßiggang schillerte immer schon zwischen Freizeit und Faulheit. Halten wir zunächst einmal fest, daß Muße Freizeit im Wortsinne meint – also freie Zeit. Sie untersteht nicht dem Diktat der Arbeit oder der Welt. Doch was ist dann das Maß ihres Werts?

Der Philosoph Arthur Schopenhauer sagte einmal: »Die freie Zeit eines Menschen ist soviel wert wie er selbst.« Wenn man genauer hinhört, klingt das bedrohlich: Die eigene Freizeit ist womöglich gar nichts wert, weil man kein bedeutender Mensch ist! Werden wir etwas konkreter: *Die Drohung, die über der freien Zeit hängt, ist die Langeweile.* Man gähnt, und eine Leere tut sich auf. In dieser Leere der Langeweile wird die Zeit aufdringlich – deshalb sucht man nach Beschäftigungen, um die aufdringliche Zeit totzuschlagen.

Der große Protestant des 19. Jahrhunderts, Sören Kierkegaard, hat daraus einen witzigen Mythos gedichtet: »Die Götter langweilten sich, darum schufen sie die Menschen. Adam langweilte sich, weil er allein war, darum ward Eva erschaffen. Von diesem Augenblick an kam die Langeweile in die Welt, wuchs an Größe in genauer Entsprechung zum Wachstum der Menge des Volks. Adam langweilte sich allein, alsdann langweilten Adam und Eva sich im Verein, alsdann langweilten Adam und Eva und Kain und Abel sich im Familienkreis (en famille), alsdann nahm die Menge des Volks in der Welt zu und langweilte sich en masse. Um sich zu zerstreuen, kamen sie auf den Gedanken, einen Turm zu bauen, der so hoch sei, daß er emporragte in den Himmel. Dieser Gedanke ist ebenso langweilig, wie der Turm hoch war, und ein erschrecklicher Beweis dafür, wie sehr die Langeweile überhandgenommen hatte.«

Der Turm zu Babel ist das große Symbol für den Ehrgeiz des Menschen. Man kann deshalb sagen: Der Gegenspieler des Langweilers ist der Ehrgeizige. Er geizt um seine Lebenszeit; er haßt es, zu warten, in den Tag hinein zu leben, und ist ein Freund der Geschwindigkeit. Das ist modern. *Die zeitliche Selbstorganisation eines modernen Menschen vollzieht sich in Form der Karriere.* Das bestätigen gerade auch die Aussteiger und Alternativen; sie haben die Lebensform der Nullkarriere gewählt. Aber die hier mitlaufende Suggestion, man könne im Genuß mit sich identisch werden, ist trügerisch. Das Lebensprogramm »Genieße!« ist eine Falle. Das haben schon und gerade die Gründungsväter der modernen Wirtschaft gewußt. Für die Puritaner, die ja den Geist des Kapitalismus kultiviert haben, war Zeitvergeudung die schwerste aller Sünden. Dabei ist entscheidend: Sie waren nicht gegen Reichtum, sondern gegen das Ausruhen im Genuß des Reichtums.

Um diese Wertung in ihrer Durchschlagskraft zu verstehen, ist es hilfreich, an die fundamentale Unterscheidung zwischen Heldentat und Arbeit zu erinnern, die Thorstein Veblen seiner Theorie des Müßiggangs zugrunde gelegt hat. Vor der Schwelle der Neuzeit war Arbeit keine Zier, sondern elende Plackerei – eine Sache für Sklaven, Frauen und Unwürdige. Nur die Heldentat war eines Mannes würdig. Prestige ist also ursprünglich – und bis ins 15. Jahrhundert hinein – an »nicht Arbeit« gekoppelt. Es war gerade das Sinnlose, und vor allem das Sinnlose der Verschwendung, was Prestige einbrachte. Und Veblen hat sehr genau erkannt, daß der traditionelle Test guter Manieren in sichtbarer Zeitverschwendung bestand. Die Conspicious consumtion der Zeit war das Zeichen dafür, daß man zu den feinen Leuten gehörte. Dieser Welt und dieser Mentalität hat dann der puritanische Geist den Kampf angesagt. Die kapitalistische Mentalität haßt nichts so sehr wie eben Zeitverschwendung und das Ausruhen im Genuß der Arbeit. Die Helden der Neuzeit sind deshalb die großen, rastlos wirtschaftenden Industriekapitäne.

Zugegeben: Das klingt heute unzeitgemäß asketisch. Aber ich meine, es ist wichtig, sich an den Zusammenhang von kapitalistischem Geist, Berufsdisziplin und karrieristischer Lebensform zu erinnern, um zu begreifen, worum es im Zeitmanagement der Gegenwart eigentlich geht. Ein in der Geschichte bisher unerhörter Wunsch ist heute Selbstverständlichkeit geworden: die Selbstverwirklichung in der Eigenzeit. *Der Mensch wird zum Manager seiner Innerlichkeit und trägt sie zur Schau.* »Scheinwerferprivatheit« nennt das der Sozialphilosoph Jürgen Habermas. Das, was der Soziologe Thorstein Veblen »Conspicious consumtion« genannt hat, also der demonstrative Konsum, richtet sich heute auf den immateriellsten Wert: die Zeit. Seit jeder einen Mercedes fahren, ein Eigenheim bauen und nach Florida fliegen kann, beginnen einige, Zeitwohlstand zu demonstrieren. Karl H. Hörning meint gar: »Zeit tritt in Konkurrenz zu Geld.«

Die Qual der Wahl

Doch zurück von der Romantik der Zeitpioniere zum sachlichen Alltag der Industriearbeiter. Wir müssen zunächst einmal festhalten: Freizeit ist nicht Muße, sondern Konsumtionszeit. Henry Ford hat 1929 erkannt, daß man die Arbeitszeit verkürzen muß, damit die Arbeiter Zeit zum Kaufen der Waren haben, die sie produzieren. Massenkonsum, relativ hoher Lohn und verkürzte Arbeit hängen also eng zusammen. »Ein Beruf ist das Rückgrat des Lebens«, lautet ein berühmter Satz Nietzsches. Stichworte wie Gleitzeit, Teilzeitarbeit und Arbeitszeitverkürzung signalisieren aber, daß das heute nicht mehr stimmt. Wer nicht mehr oder doch erheblich weniger arbeiten muß, verliert das Korsett der äußeren Notwendigkeit. Er muß sich dann künstliche Grenzen setzen – ihr historisches Vorbild sind die höfischen Zeremonien. Das alte Wort »Freizeitgestaltung« zeigt an, daß es einen Bedarf an designerischen Lösungen des Problems »freie Zeit« gibt.

Von Rentnern kennt man den ernstgemeinten Witz, daß sie kaum mehr Zeit haben, seit sie pensioniert sind. Hier zeigt sich eine fundamentale Paradoxie, die wir alle erfahren müssen: daß wir um so weniger Zeit haben, je mehr Freizeit wir haben. Warum? *Im Chaos der Angebote wird Freizeit zum Streß.* Jeder Akt des Konsums ist eine Entscheidung gegen viele andere Möglichkeiten. Wenn man sich den neuen Sportwagen von Mazda kauft, muß man auf das Freiheitsgefühl und den Prestigegewinn des Harley-Davidson-Fahrers verzichten. Wenn man mit seiner Familie auf die Malediven fliegt, kann man nicht zum Skifahren nach St. Moritz. Im Urlaubsparadies angekommen, verwandeln dann Animateure die 14 Tage Freizeit in ein vollgepacktes Trainingsprogramm. Und wer möchte sich schon vorhalten (lassen), er habe den Landausflug, das Katamaran-Segeln, Windsurfen, Sporttauchen und die Gruppenmeditation versäumt. Wenn man aufs Land zieht, um Ruhe und frische Luft zu genießen, versäumt man die Thrills der Metropole. Wenn man ein Fernsehprogramm wählt, versäumt man alle anderen. Wenn man den »Spiegel« liest, kann man nicht auch noch »Focus«, »Stern« und »Die Zeit« lesen.

Den Zwang zur Selektion, zur Auswahl aus dem Angebot, begleitet wie ein Schatten die Angst, etwas zu versäumen. Man hat die Wahl aus einer Fülle von Möglichkeiten. Freizeit ist schon deshalb anstrengend, weil jeder Konsum von Verzicht geschlagen ist. Im Chaos des Konsums ist die Reduktion von Komplexität, die in der Kaufentscheidung liegt, keine Entlastung. Die Wahl wird zur Qual und die freie Zeit zum Streß.

Zeitparasiten

Dieser Streß der freien Zeit bleibt Führungspersonen weitgehend erspart, denn sie haben viel weniger Freizeit als Arbeiter und Beamte. Das hat einen ganz einfachen, kommunikationspraktischen Grund: Sie müssen stillschweigend gewisse Dauerleistungen erbringen, die nicht sofort als Arbeit erkennbar sind und die sich nach oben hin immer weiter verdichten. Der Anthropologe Arnold Gehlen hat die Symptome aufgezählt: »Das ewige Telefonklingeln, das freundliche Gespenst mit dem Terminkalender, die

Konferenzen, Sitzungen, Reisen, nicht zuletzt die noch gar nicht erforschte, mühsame und heute unentbehrliche Kontaktleistung mit dem erschöpfenden Nettigkeits-Aufwand, gar nicht gerechnet die Überfall-Situationen mit ihren schnellen Entscheidungen.«

Freizeit setzt eine Arbeit voraus, die man zeitlich begrenzen kann. Das können Unternehmer, Wissenschaftler, Ärzte und Bauern nicht – sondern nur Arbeiter und Beamte. Das Problem des klassischen Arbeitnehmers ist klar: Mit seiner Arbeitskraft verkauft er im Grunde einen Teil seiner Lebenszeit. Indem er Arbeit vom Unternehmer »nimmt«, übernimmt er die Unterscheidung von Arbeits- und Freizeit, mit der er nun sein Leben beobachtet. Durch diese Unterscheidung von Arbeitszeit und Freizeit werden aber beide Zeiten knapp. Arbeitszeitverkürzung ändert nichts an diesem Problem, sondern schärft nur das Bewußtsein dafür.

Ich habe gerade gesagt, daß der Ehrgeizige, also der Mann, der Karriere machen will, es haßt, warten zu müssen. Doch das Warten ist nicht nur ein Störmoment der Arbeitswelt, sondern greift – nach der Logik der knappen Zeit – auch auf die Freizeit über. Man könnte sagen: *Das Warten ist der Parasit der Freizeit.* Gerade in unserer hochbeschleunigten Welt wird das Warten immer peinlicher und immer unvermeidlicher. Der Grund ist, daß Dienstleistungen immer knapper und teurer werden – das kostet uns freie Zeit. Wir warten im Stau auf der Stadtautobahn, auf dem Rollfeld des Flughafens oder in der schon sprichwörtlichen Warteschleife, im Wartezimmer des Zahnarztes, an der Supermarktkasse oder im Postamt.

Und deshalb ist Unpünktlichkeit eines der größten Ärgernisse. Sie zerstört das Zeitmanagement des anderen. *Jede Unpünktlichkeit ist ein kleines Attentat auf die Grundbedingung moderner Gesellschaften: Synchronisation.* Deshalb schwärmen die Nullkarrieristen und Alternativen von fernen Ländern, wo sich die Busse nicht nach dem Fahrplan, sondern nach dem Belieben des Fahrers richten.

Ich vermute, daß es zu Phänomenen wie demonstrativem Zeitkonsum, antikarrieristischer Zeitromantik und individualistischem Eigenzeitkult nur deshalb kommen konnte, weil sich der für die

Welt der Wirtschaft entscheidende Unterschied verschoben hat. Ursprünglich hat man Menschen dadurch unterschieden, ob sie arbeitsam oder faul waren. Ein Blick in deutsche Amtsstuben oder die Sekretariate einer Universität genügt, um zu wissen, daß diese Unterscheidung arbeitsam/faul für die moderne Gesellschaft nicht mehr maßgebend ist. Das moderne Wirtschaftsleben organisiert sich mit der Differenz Arbeitszeit/Freizeit. Zeitkonsum und Zeitkult sind die spätesten Emergenzprodukte dieser Unterscheidung. Aber es liegt schon heute ein Schatten über der schönen neuen Welt der »Zeitpioniere« – es ist der Schatten der neuen entscheidenden Unterscheidung: mit/ohne Arbeitsplatz.

Manager als Chaos-Piloten

Das waren noch selige Zeiten, als sich Unternehmer, Politiker und Manager auf periodische Wirtschaftszyklen verlassen konnten. Seit dem Zweiten Weltkrieg hat sich die technologische Entwicklung aber derart beschleunigt, daß sich stets mehrere Zyklen zu einer Art Dauerturbulenz der Wirtschaft überlagern. Wir leben tagtäglich im ökonomischen Chaos. *Die Märkte verwandeln sich blitzschnell und kaleidoskopartig. Deshalb ist Management vor allem ein Problem der schnellen Informationsverarbeitung.* Auch das beste Marketing-Argument zählt nicht mehr, wenn es eine Sekunde zu spät kommt. Der Wettbewerb ist heute radikal verzeitlicht. Fast könnte man deshalb sagen: Wichtiger als *was* entschieden wird, ist, *daß schnell* entschieden wird. »Krisenbewältigung ist nichts anderes als komplexe Unternehmensführung, allerdings unter extremem Zeitdruck«, bemerkte Karl-Josef Neukirchen in einem »Spiegel«-Gespräch.

In der hochbeschleunigten, turbulenten Weltwirtschaft kann man nicht mehr Schritt für Schritt entscheiden, um dann zu handeln, sondern man muß Entscheidungen parallel prozessieren. Mit anderen Worten: Die den Unternehmensprozeß steuernden Entscheidungen müssen in diesem Prozeß selbst fallen. Das läßt sich in hierarchischen Befehlsstrukturen natürlich nicht verwirklichen. Wir müssen uns prinzipiell klarmachen: *Je komplexer ein System ist, desto unmöglicher ist seine bewußte Lenkung.* Das heißt aber auch: Je komplexer ein System ist, desto wahrscheinlicher ist die Fehlentscheidung. Deshalb müssen Unternehmen und moderne soziale Systeme Abschied nehmen von physikalischen Modellen der Organisation und bei der Biologie und Chaostheorie in die Lehre gehen. Nur dort erfährt man die Geheimnisse eines fraktalen Managements von Komplexität.

Das nach dem Urteil der UNESCO 1992 weltbeste pädagogische Konzept einiger junger Dänen, »Kaos-Piloterne«, läßt sich auch sehr gut auf den Bereich der Unternehmensführung übertragen: Man muß Piloten ausbilden, die sich im Chaos zurechtfinden und jede Überraschung wie in einem schwierigen Videospiel als kreative Herausforderung betrachten. Meine These lautet entsprechend: Manager müssen Chaos-Piloten sein! Doch wohlgemerkt *steuert* der Pilot im Chaos. Genauso appelliert ja der Titel dieses Buches, »Kontrolliertes Chaos«, nicht nur daran, einen neuen, »entübelten«, positiven Begriff vom Chaos zu entwickeln, sondern verspricht auch, daß es steuerbar ist – zumindest aber: daß man im Chaos steuern kann. Auch unter Bedingungen ökonomischer Turbulenz kann man »planen«. Doch der Plan darf nicht mehr auf Klarheit und Sicherheit der unternehmerischen Prozesse zielen. *Je realistischer nämlich eine wirtschaftliche Planung auf kaleidoskopischen Märkten ist, desto mehr steigert sie zugleich die Komplexität und Unsicherheit.*

»Imperien« wie IBM, ARD und SPD erweisen sich heute als unmanövrierbar. Und wir können daraus lernen, daß zentrale Steuerung scheitern muß. Wie vor allem die Geschichte von IBM gezeigt hat, wirken gerade Großorganisationen wie Immunsysteme gegen den Virus einer neuen Idee. Es ist ganz logisch, daß die entscheidenden Innovationen der Computerbranche aus Garagenfirmen kamen. Deshalb genügt es nicht, daß der Manager die Vernunft seines Unternehmens verkörpert. Er muß lernen, auch in anderen Köpfen zu denken. Taktik, Strategie und evolutionäre Systemdynamik liegen leider nicht auf ein und derselben Ebene des Denkens. Deshalb leuchten die neuen Lieblings-Konzepte der Managementberatung wie »Multi-Phrenie« und »Multi-Mind« durchaus ein. Das Wichtigste ist aber, was Erich Jantsch so steif wie präzise die Offenheit »gegenüber dem Auftreten von Erstmaligkeit« genannt hat. Wenn eine neue Idee als Störung der Organisation empfunden wird, droht dem Unternehmen der Wärmetod.

Auf den kaleidoskopischen Märkten der turbulenten Weltwirtschaft ist völlig unsicher, welche Verträge man im nächsten Jahr schließen, auf welche knappen Ressourcen man angewiesen sein wird – und ob man mit den Zahlungen aus Rußland oder Brasilien wirklich rechnen kann. In einer solchen Situation kann es für das Management nur eine Faustregel geben: als komplexes und flexibles Netzwerk zu operieren, um maximal anpassungsfähig zu sein. Ein gutes Beispiel: Hewlett-Packard sichert Marktflexibilität, indem jeder Bereich, der 2000 Mitarbeiter überschreitet, in selbständig handelnde Einheiten aufgeteilt wird.

Man kann die Marktentwicklungen nicht vorwegnehmen, muß ihnen aber in »Echtzeit« gewachsen sein. Das bedeutet jedoch, *daß die Anpassungsfähigkeit größer sein muß als die planende Vernunft.* Im Klartext: Ein Management muß sich an Situationen anpassen können, die es nicht vorausgesehen hat und nicht versteht. Das ist übrigens eine Leistung, die die moderne Gesellschaft tagtäglich von uns allen erwartet: *daß wir mit Situationen umzugehen lernen, die wir gar nicht begreifen. Jedes Unternehmen ist eine Art Blindflug durchs Wirtschaftschaos.* Damit der Blindflug nicht mit einem »crash landing« endet, muß der Manager zum Virtuosen der »Anpassung an das Unvorhersehbare« werden.

Ein unbefangener Beobachter unseres Kulturlebens wird immer wieder bemerken, daß man die interessantesten Geister nicht in Kunst und Wissenschaft, sondern in der Wirtschaft findet. Der Grund ist einfach: *Geschäftsleute sind existentiell auf die Früherkennung von Trends angewiesen.* Schon von Berufs wegen ersparen sie sich die Illusionen von Logik und Ethik. Geschäftsleute sind opportunistisch, denn sie erfahren immer wieder, daß Konsequenz heute nur noch in Sackgassen führt. Hier ist eine Umwertung der Werte nötig: Opportun ist, was angebracht ist und »paßt«. Das ist ja auch die Schlüsselattitüde der aktuellsten Erkenntnistheorie, des sogenannten Konstruktivismus: Wir verzichten auf den »wahren Weg« und begnügen uns mit dem, was paßt – Stichwort »Viabilität«. *Opportunismus ist der Sinn für die soziale und wirtschaftliche Nische* – nicht festgelegt sein; immer »offen für …«

Die Wirtschaft als Datenprozeß

Anpassung an das Unvorhersehbare – das ist eine prägnante Formel des Wirtschaftswissenschaftlers Friedrich A. von Hayek. Vielleicht kann man auch dieses Vermögen in einem Managertraining üben. Aber viel wichtiger ist, daß uns heute die elektronischen Netzwerke der neuen Medien dabei helfen können, diese entscheidende Anpassungsleistung zu erbringen. Elektronisch vernetzte Organisationen lassen sich nicht mehr sinnvoll in einer Befehlshierarchie darstellen oder als klar abgegrenzte »Körperschaft« identifizieren. Ein Unternehmen ist heute nichts anderes als der Inbegriff seiner internen und äußeren Beziehungen, die im wesentlichen als Informationsprozesse gestaltet sind. Tom Peters nennt das »the intangibilizing of everything«: Weder die Organisation noch die Arbeit oder das Produkt lassen sich handgreiflich »fassen«. Wolfgang Pinegger, der junge Chef der Firma Brückner-Maschinenbau, sagt: »Ich will Intelligenz verkaufen.« Das ist zukunftsweisend. Das Marktangebot einer postmodernen Firma verschiebt sich vom Produkt zur Problemlösung. Günter Ogger sieht hier sogar Chancen für Philosophen: »Die Konzernchefs der Zukunft müssen Ideen so verkaufen wie Politiker, wenn sie Mehrheiten finden, Allianzen schmieden oder gleich starke Rivalen ausmanövrieren wollen.« Die traditionelle Firma hat deshalb keine Zukunft mehr. Telearbeit und computergesteuertes Customizing, also die Einbeziehung des Konsumenten in den Produktionsprozeß, deuten auf eine virtuelle Fabrik voraus. Alvin Toffler spricht hier auch vom Prosumer: Die *Produktion* wird von der *Konsumtion* gesteuert.

Das Pattern des Weltmarktes wird längst nicht mehr nur durch die Transportwege geprägt. Neben die Autobahnen und Flughäfen treten heute Data Highways und Teleports. *Die Weltwirtschaft verwandelt sich zunehmend in ein gigantisches Information Processing.* Das hat der hellsichtige Herbert Marshall McLuhan schon Anfang der sechziger Jahre deutlich gesehen. Lassen Sie mich hier – gewissermaßen in Klammern – eine kurze Bemerkung zu McLuhan anbringen. Er hat es seinen akademischen Kritikern immer leichtgemacht. So läßt sich ohne Schwierigkeit zeigen, daß sein Begriff des Mediums nicht immer sauber zwischen Code, Kanal und Botschaft unterscheidet. Und ebenso leicht läßt sich der Selbstwiderspruch aufweisen, in einem Buch darstellen zu wollen, was alle Bücher überflüssig gemacht hat. Auch ist der Versuch, diesen logischen Widerspruch durch die Wort-Bild-Collagen des Nicht-Buchs »The Medium is the Massage« zu entgehen, eher dürftig ausgefallen. Doch das wird all die nicht stören, die das Recht auf der Seite dessen wissen, der mehr sieht.

Deshalb kommt McLuhan im Verlaufe meiner Darstellung immer wieder zu Wort. So schreibt er über Weltwirtschaft als Data-Processing: »Nichts anderes, als Menschen durch ausgesuchte Information miteinander in Beziehung bringen, bildet die Hauptquelle des Reichtums im Zeitalter der Elektrizität.« Das erklärt auch, warum sich bürokratische Organisationen scheinbar verselbständigen. Parkinsons Erkenntnis, daß die Zahl der Angestellten nicht proportional zur Arbeit, sondern zum innerbetrieblichen Verkehr wächst, und die Erhebung des Statistischen Bundesamtes, nach der die Zahl der Führungskräfte zehnmal schneller als die Zahl der Erwerbstätigen zunimmt, sind nämlich nur auf den ersten Blick ein Anlaß zum Spott über die Bürokratie. Das Bild ändert sich schlagartig, wenn wir unseren Begriff von Arbeit ändern; denn immer wichtiger wird die Leistung des Information Processing selbst – und genau das geschieht in Bürokratien. Eine konstruktive Kritik an der Bürokratie dürfte

111

also keine prinzipielle »Bürokratiekritik« sein, sondern sie müßte auf die – meist hoffnungslos veraltete – Technik ihrer Datenprozesse zielen. Günter Ogger bemerkt kritisch: »Die wichtigsten Führungsinstrumente der heutigen Konzernbürokraten sind Hausmitteilungen, Memos, Aktenvermerke, Gesprächsprotokolle.« Gerade weil das zutrifft und weil die Unternehmen der Zukunft wissenszentrierte Organisationen sind, werden immer mehr Manager überflüssig – ihr Daten-Processing kann man intelligenter Software überlassen. Als Faustformel gilt: *Führung = Kommunikation + Entscheidung.* Und Manager, die statt zu entscheiden nur Informationen prozessieren, werden bald von Computern ersetzt.

Die meisten Menschen – und gerade die »selbständigen« – sind sich natürlich einig in der Wut über die schwerfällige, wasserköpfige Verwaltungsbürokratie. Dabei vergißt man aber leicht: *Die Bürokratie ist nicht der Feind der Autonomie, sondern ihre Bedingung.* Denn Autonomie setzt Kommunikation voraus, und mit der fortschreitenden Steigerung der Kommunikationsprozesse explodiert die Bürokratie. Das ist leicht zu erklären: Jeder kann bemerken, daß die Komplexität unserer Gesellschaft ständig wächst. Was heißt das aber konkret? Durch fortschreitende Differenzierung bildet das soziale System immer mehr Elemente aus – das ist trivial. Entscheidend ist aber, daß die möglichen Beziehungen zwischen diesen Elementen viel rascher wachsen als die Elemente selbst. Wenn Sie Ihre Büromannschaft verdoppeln, dann heißt das ja nicht, daß sich auch die Kommunikationsbeziehungen verdoppeln. Zwischen zwei Menschen gibt es eine Kommunikationslinie, zwischen drei Menschen gibt es drei, zwischen vier sind es sechs, zwischen fünf sind es schon zehn, zwischen sechs Angestellten gibt es fünfzehn mögliche Kommunikationslinien ... Diese Rechnung können Sie leicht selbst fortsetzen. Sie macht deutlich, warum die Aktenberge noch viel schneller wachsen als die Probleme, die sie notieren. Denken Sie nur an die drei- bis siebenfache Ausfertigung von Anträgen ... Akten sind nichts anderes als geronnene Kommunikationsprozesse.

Führung in offenen Systemen

Damit hier kein Mißverständnis entsteht: Die Betonung der Informationsprozesse und des Netzwerkcharakters moderner Organisationen, der Abschied von planender Vernunft und Befehlshierarchie soll nicht besagen, daß ein Unternehmen heute keine Führung mehr braucht – im Gegenteil! Aber die Maximen der Führung müssen der fundamentalen Tatsache entsprechen, daß moderne Unternehmen offene Systeme sind. John Kotter, Professor an der Bostoner Harvard Business School, hat das Problem auf die einprägsame Formel »overmanaged but underled« gebracht. Bürokratisches Management bewirkt gerade das Gegenteil von Führung.

Eine Firma kann keinen physikalischen Gleichgewichtszustand haben. *Offene Systeme erreichen Stabilität nur im Fortschritt.* Die Selbstregulierung eines ökonomischen Systems fordert deshalb eine Führung, die auf dem Commitment (zu deutsch, sehr hölzern: Wertbindung) der Untergebenen basiert. Die Führung eines offenen Systems behandelt also auch ihre Untergebenen als offene Systeme, denen Autonomie, das heißt ein großes Maß an Wahlfreiheit zugestanden wird. Nur dann kann eine Firma darauf rechnen, daß sich ihre Angestellten auf die Wertstruktur des Unternehmens verpflichten.

Statt den Mitarbeitern eine Firmenphilosophie einzubleuen, sollte ein Manager ihre intellektuellen Ressourcen mobilisieren – eben das kann der Westen heute von den Japanern lernen. Der Manager der Zukunft behandelt die Mitarbeiter als autonome Wesen, das heißt, er ist ein Agent der Selbstorganisation und gibt nur noch Anleitungen zur Selbstprogrammierung. *Führen heißt Erwartungen transformieren. Der Manager ist also ein Katalysator des Selbstmanagements der Angestellten.* Man kann es auch so sagen: Eine souveräne Führungspersönlichkeit wird in Zukunft nur noch einen Rahmen definieren, innerhalb dessen sich Prozesse evolutionärer Selbstorganisation vollziehen können – Führung zur Selbstführung!

Dieses Zusammenspiel von Führung und Commitment in der

Selbstregulierung eines Wirtschaftsunternehmens begünstigt die Bildung nichthierarchischer Rückkopplungssysteme, die heute durch elektronische Netzwerke optimal implementiert werden können. Deshalb muß heute auf jedem Schreibtisch ein Computer stehen. Denn die Stabilität und Flexibilität eines Systems zeigt sich an seiner Kommunikationsfreudigkeit. Bekanntlich ist jede Kette nur so stark wie ihr schwächstes Glied. Das gilt für Netzwerke nicht; sie können Fehler und Ausfälle kompensieren. Sollte der Manager eines solchen Unternehmensnetzwerks aber versuchen, Führungsstärke durch Befehl und Hierarchie zu beweisen, so wird er allenfalls erreichen, daß ihm seine klugen Mitarbeiter vorspielen, die Geführten zu sein.

Management des Managements

Es ist eine nicht zu verachtende Binsenweisheit, daß Lohn allein kein günstiges Arbeitsklima schaffen kann. Das Begehren richtet sich mindestens ebensosehr auf die Anerkennung der Arbeit. Aber das Geld ist in unserer Gesellschaft natürlich der gebräuchlichste Maßstab für Anerkennung. Insofern stellen niedrige Lohnangebote der Arbeitgeberseite eher die Würde als die Subsistenz der Arbeitnehmer in Frage. Das erklärt auch, warum oft – unter ungeheuren finanziellen Verlusten – monatelang um Prozentpunkte hinter dem Komma gefeilscht wird.

Der Kampf ums Lohnniveau ist also immer auch und gerade ein Kampf um Macht und Anerkennung. Und je mehr sich Wirtschaftsunternehmen in flache Netzwerke und nichthierarchische Rückkopplungssysteme verwandeln, um so mehr verlagern sich die entscheidenden Machtprozesse auf die Ebene der Angestellten selbst. Damit definiert sich aber die Aufgabe des Managers völlig neu: Er muß sich als Trainer und zugleich als Schiedsrichter im Machtkampf der Untergebenen verstehen. *Der Manager ist selbst ein Element des Systems, das er steuert.* Das heißt aber, daß er seine Maximen der Führung und Kontrolle auch auf sich selbst anwenden muß. Heinz von Foerster, der Begründer der Kybernetik zweiter Ordnung, sagt deshalb: »Management ist ein autologischer Begriff«, das heißt ein Begriff, der auf sich selbst bezogen werden kann und muß. Im Klartext: *Management muß zuallererst Management des Managements sein!* Deshalb müssen moderne Großunternehmen von der Vorstellung Abschied nehmen, man könnte die wirtschaftlichen Geschicke von der Konzernspitze aus zentral lenken. Die Steuerung wird von einer bestimmten Komplexitätsgrenze an selbst zur Ursache des Chaos. Deshalb gilt gerade für Großunternehmen die kybernetische Grundformel von Ranulph Glanville: »The control's control is the system.« *Wie* Manager ein Unternehmen steuern, muß von diesem selbst »systemisch« gesteuert werden.

Daß der Manager selbst ein Teil des Systems ist, das er leitet, heißt aber auch umgekehrt, daß in einem nichthierarchischen, sich selbst organisierenden Unternehmen im Grunde jeder Mitarbeiter ein Manager ist. Daraus kann die Unternehmensführung den Schluß ziehen, daß man die Blockiermacht der Angestellten am besten dadurch bricht, daß man sie an den Entscheidungen beteiligt. Die alte gewerkschaftliche Forderung der Mitbestimmung schwächt also die spezifische Macht der Untergebenen. Der Arbeitskampf wird sinnlos, wenn Unternehmensentscheidungen nur noch Emergenzphänomene des Netzwerks sind – und natürlich: wenn jeder am Gewinn beteiligt ist.

Doch was bleibt dann für den professionellen Manager? Passagen und Phasen des Übergangs bergen Gefahren. Darauf hat man früher mit Ritualen reagiert. Heute ist das ein Pensum des Managements. Der Manager kann, wie gesagt, nicht mehr mit Befehlen steuern. Statt dessen pflegt er das Klima für innovative Prozesse. Der Manager der Zukunft
- operiert katalysatorisch, das heißt, er fördert oder verlangsamt Prozesse der Selbstorganisation,
- schafft günstige Bedingungen für Experimente, die die Evolution des Unternehmens vorantreiben,
- wird zum Interpreten der Unternehmensevolution, das heißt,

er weiß nicht mehr als die anderen Mitarbeiter, aber er kann ihnen den ultimativen Luxus unseres Informationszeitalters bieten: Kontext.

Ein ganzes Weltalter liegt zwischen diesem neuen Bild des Managers als Systempfleger und dem Scientific Management eines Frederick Winslow Taylor. Er hatte die Mechanisierung und Disziplinierung des ökonomischen Großbetriebs bis zur letzten Konsequenz getrieben, indem er die Arbeiter radikal von ihren organischen Rhythmen entfremdete, sie planvoll in Funktionen zerlegte und dann »neu rhythmisierte« (Max Weber). Taylors wissenschaftliches Management war also eine Art »Preprocessing« der menschlichen Arbeitskraft, das alle individuellen Eigenarten ausschaltet. Und die Vorschriften seiner Arbeitszeitstudie klingen wie Descartes' Regeln des richtigen Vernunftgebrauchs: Analysiere die Reihe der Elementaroperationen jedes Arbeitsprozesses und eliminiere jede falsche Bewegung.

So heißt es in den »Principles of Scientific Management« von 1911: »In the past, the man has been first. In the future the system must be first.« In der Vergangenheit also habe der Mensch die erste Rolle gespielt, in der Zukunft müsse das System die erste Rolle spielen! Doch schon 15 Jahre später entdeckte Elton Mayo die Wirtschaftsbedeutung des »human factor«, konnte ihn aber nur in einem Manipulationsmodell plazieren. Management war seither eine Methode der Menschensteuerung. Heute stehen wir vor einer dritten Etappe des Managements des Managements: Nach den Paradigmen des Systems (Taylors Scientific Management) und der Manipulation (Mayos Human Control) folgt nun das Paradigma der Selbstorganisation.

Vom Buch zum Hypertext

Der sächsische Ministerpräsident Kurt Biedenkopf hat das Management von Komplexität als die Zukunftsaufgabe Nr. 1 bezeichnet. Dieser Gedanke ist für einen Politiker, der ja von Berufs wegen mit dem täglichen Sichdurchwursteln beschäftigt ist, erstaunlich hellsichtig. Um diese Zukunftsaufgabe genauer zu bestimmen, ist es hilfreich, sich noch einmal zu vergegenwärtigen, wie die Kulturtechniken der Vergangenheit mit dem Problem Weltkomplexität umgegangen sind.

Erinnern wir uns. Die sichtbare Welt der Gutenberg-Galaxis – und so nenne ich im Anschluß an Marshall McLuhan die neuzeitliche, westliche Welt, die im Buch ihre Identität gefunden hat – wurde vom Druck mit beweglichen Lettern geprägt. Die Ordnung der neuzeitlichen Welt hat sich dem Schriftsatz des Setzers angeglichen: Alles hat seinen Platz, und alles ist an seinem Platz. Die phonetische Schrift prägt unser Leben, seit es die Schulpflicht gibt. Ihre Effekte sind deutlich: Sie individualisiert und sie trennt die Sinne. In der Hieroglyphe und im Ideogramm waren ja noch ganze Welten der Bedeutsamkeit aufbewahrt. Diese Welt des Sinns wird der buchstäblichen Vernunft der Neuzeit geopfert.

Das klingt im Rückblick wie eine Geschichte des verlorenen Lebenssinns. Aber wir dürfen nicht vergessen, *daß die Kulturtechnik Gutenbergs zum erstenmal Ordnung und Klarheit in die Welt gebracht hat.* Das Buch hat die Menschen aus dem bunten Chaos der magischen Welt in das Schwarz-auf-weiß einer eindimensionalen Vernunft befreit. Daß wir heute Lust auf Bilder haben, setzt ja voraus, daß wir nicht mehr im Bann magischer Bilder stehen!

Die Gutenbergsche Drucktechnik hat die Welt also großartig vereinfacht und beherrschbar gemacht: Alles läßt sich in eine Serie von Buchstaben verwandeln. Buchstaben folgen auf Buchstaben, Wörter auf Wörter, Seiten auf Seiten. Das lineare Schema bleibt bis tief ins 19. Jahrhundert hinein gewahrt. Erst mit der Reklame und dann mit dem Fernsehen wird die Darstellung der modernen Welt wieder zweidimensional. Den nächsten Schritt haben wir gerade vollzogen: Graphische Benutzeroberflächen der Computer lagern Bildflächen über Bildflächen, öffnen Fenster in Fenstern – Stichwort »Windows«. Die dargebotenen Daten sind also angeordnet, als ob sie einen Raum füllen würden. Die Dimension dieser Darstellungen liegt zwischen zwei und drei – man könnte sie deshalb »fraktal« dimensional nennen. Und neuerdings erobert das Wissensdesign sogar die dritte Dimension: Virtual Reality und Cyberspace ermöglichen »begehbare« Wissensstrukturen.

Flaschenhälse sind das Hauptproblem jedes Kommunikationsdesigns – *wir brauchen einen Bypass des Datenflusses*. Und für unser Zeitalter der unaufhörlichen Datenflüsse können wir zunächst einmal feststellen: Das Buch ist der Engpaß menschlicher Kommunikation. Komplexe Denkfiguren, die dem Chaos unserer Welt gewachsen sind, lassen sich nicht mehr in Buchform darstellen. Aber das Buch versucht ja selbst mit verschiedensten Techniken, die Grenzen der Buchform zu sprengen. Eine der einfachsten Formen, innerhalb linearer Schriftbewegungen Mehrstufigkeit und Komplexität darzustellen, ist die Fußnote. Deshalb kann man einen sogenannten Hypertext am einfachsten als generalisierte Fußnote definieren.

Hypertext – ein Zauberwort der Informationsgesellschaft. Gemeint ist eine computergestützte Technik zur nichtlinearen Aufarbeitung von Dokumenten. Der Leser kann freigewählten Assoziationswegen durch den Text folgen und durch einfachen Maus-Klick Dokumente herbeizitieren, die mit seinem Text in Verbindung stehen. Man könnte also sagen: Hypertext ist die Assoziation im Zeitalter ihrer technischen Reproduzierbarkeit. Wenn man ein Lexikon liest, findet man am Ende einer Eintragung ja den Hinweis: Vgl. ..., also einen Verweis auf andere, sinnverwandte Stichworte. Im Englischen heißt das dann: See ... Hypertexte setzen solche Verweise unmittelbar in die Tat um: Man kann den »assoziierten« Text, den Querverweis, tatsächlich in einem Bildschirmfenster sehen.

Wenn man einen Hypertext aus der Perspektive des alten Mediums Buch betrachtet, kann man sagen, er bildet ein Netzwerk aus Fußnoten zu Fußnoten. Man kann den Hypertext als Form des Wissensmanagements aber auch mit dem alten Projekt der Enzyklopädie vergleichen. *Ordnung ins Chaos des Wissens zu bringen* war schon das große Ziel der Aufklärung. 1751 erschien der erste Band der Enzyklopädie Denis Diderots. Die Selbstbeschreibung dieses Unternehmens im Enzyklopädieartikel »Enzyklopädie« geht davon aus, daß es in der Datenflut der Wissenschaften bald ebenso schwer sein würde, sich in einer Bibliothek zu informieren, wie im Weltall – »presqu'aussi difficile de s'instruire dans une bibliothéque, que dans l'universe«. Wie der Hypertext zielt also auch schon die Enzyklopädie auf eine kreisförmige Verknüpfung des Wissens.

Eben das aber läßt sich, ähnlich wie das schon erwähnte Netzwerk aus Fußnoten zu Fußnoten, in Printmedien nicht mehr sinnvoll darstellen. Und etwas anderes ist noch wichtiger: Ein Hypertext ist nicht statisch. Der Schüler in Goethes Faust wurde ja berühmt durch seinen dummen Satz, daß man getrost nach Hause tragen könne, was man schwarz auf weiß besitzt. Einen Hypertext dagegen »besitzt« man nicht im Sinne des schwarz auf weiß Gedruckten – er ist immer ein anderer. Hypertext-Systeme verteilen Informationen in einem Möglichkeitsraum. Was dann für einen Leser »wirkliche« Information wird, ist von Fall zu Fall verschieden. Kurzum: *Ein Buch ist statisch, eben schwarz auf weiß gedruckt – ein Hypertext ist dynamisch, nämlich ein elektronischer Schriftraum, in dem wir uns frei bewegen können.* Die Bedeutung eines elektronischen Texts ergibt sich einzig und allein aus seinem Gebrauch in der jeweiligen Lektüre. Die Textstrukturen sind kinetisch. Und das heißt eben: Ein Hypertext existiert nur in Echtzeit.

Die Zukunft des Buches

Ich denke, wir können an den neuen elektronischen Texten etwas Prinzipielles über das Schreiben lernen: Schreiben ist nichts anderes als ein Arrangement sprachlicher Gesten. Doch was wird aus den Büchern? Ich sehe in der Zukunft für Bücher drei entscheidend wichtige Aufgaben:

– Bücher werden der Logik der ökologischen Nische folgen müssen. Am Strand unter heißer Sonne oder nach getaner Arbeit auf dem häuslichen Balkon will man nicht mehr in einem Notebook lesen. Liebesgeschichten und andere Seelennahrung passen nicht auf Bildschirme. Das Taschenbuch erträgt Sand, Hitze und Campari-Spritzer klaglos. Und es nimmt nicht übel, schlecht behandelt, ja vergessen zu werden.

– Bücher müssen den Narzißmus des antiquierten Menschen bedienen. Die Welt der elektronisch prozessierten Daten kränkt uns durch ihre Schnelligkeit und Perfektion. Da bieten Bücher den Trost der Überschaubarkeit und Langsamkeit. Ein Roman – auch der postmodernste – garantiert ein Ende, einen Sinn und eine gewisse Verständlichkeit des Lebens. Das sind Illusionen, ohne die wir auf Dauer nicht leben können. *Bücher sind Spiegel, in denen wir uns als ganz und identisch erfahren können.* Je unübersichtlicher die Welt wird, desto wichtiger wird es für uns, ab und zu in eine Ersatzwelt einzutauchen, die durch Autoren, Helden und Handlungen klar gegliedert ist.

– Der Anachronismus des Datenverarbeitungssystems Buch wird als Selektionstechnik in der Informationsflut dienen. Diese These klingt nur kompliziert; der gemeinte Sachverhalt ist aber ganz einfach. *Wir sind ständig einer Sintflut von Daten ausgesetzt. Was ist wichtig, und was kann ich ignorieren?* Die elektronischen Netze der Datenverarbeitung geben auf solche Fragen keine Antwort. Deshalb brauchen wir Filter, Auswahlprinzipien, die uns Orientierung im Informationsdschungel verschaffen.

Hier könnte das Buch eine überragende neue Bedeutung gewinnen. Denn ein Buch zu lesen, kostet Zeit – eigentlich zuviel Zeit. Wenn wir trotzdem lesen, neigen wir dazu, das, was wir gelesen haben, für gut und richtig zu halten. Es ist einfach unökonomisch, zwei Wochen für die neueste Management-Theorie von Tom Peters zu opfern, um dann festzustellen: »Das ist alles Quatsch!« Vielleicht haben Sie Stephen Hawkings »Kurze Geschichte der Zeit« gelesen – dann werden Sie sicher auch glauben, was da steht. Es hat Zeit genug gekostet, und der Gedanke, noch ein Buch zum

selben Thema zu lesen, um die Theorien miteinander zu vergleichen, ist einfach absurd. Überhaupt Theorie! Die Anstrengung der
Abstraktion ist so groß, daß wir eine Theorie schon deshalb für
wahr halten, weil wir es endlich geschafft haben, sie zu verstehen.
Darauf spekuliert natürlich auch der Autor des Buches, das Sie
gerade lesen.

Weil wir also aus zeitökonomischen Gründen dazu neigen, dem
zuzustimmen, was wir lesen, *haben Bücher heute eine ungeheuer
wichtige Filterfunktion.* Wenn ich zum Beispiel ein Buch über Ergonomie lese, werde ich zukünftig alle Daten zu diesem Thema, die
aus Fernsehen und Fachzeitschriften auf mich einströmen, durch
das Raster dieses Buches hindurch wahrnehmen. Vielleicht liest
man in Zukunft weniger Bücher. Aber die wenigen, die dann noch
gelesen werden, gewinnen eine sehr wichtige Orientierungsfunk-
tion.

Umgang mit Unverstandenem

Damit Bücher orientieren können, muß man es dem Leser erst
ermöglichen, sich *in* den Büchern zu orientieren. Ich versuche das
unter anderem mit dem Glossar der wichtigsten Grundbegriffe
am Ende dieses Buches. Warum? Wenn man komplexe Sachverhalte darstellt, kann man nicht bei Adam und Eva anfangen. Man
muß immer ein gewisses Vorverständnis voraussetzen. Und dieses stillschweigend vorausgesetzte Vorwissen verdichtet sich in
Fachtermini. Wenn ich diese Grundbegriffe in einem Glossar er-
läutere, werden sie Ihnen, dem Leser, vielleicht deutlicher. Aber
hier versteckt sich ein viel tieferes Problem. Nicht nur die Fachbegriffe sind dunkel. Viele Begriffe, die wir ganz alltäglich gebrauchen, sind uns im Grunde undurchsichtig. Wörter wie Medium,
Humanismus, Kommunikation, Design usw. habe ich nicht in das
Glossar aufgenommen – irgendwie wissen wir alle, was mit diesen Wörtern gemeint ist. Aber könnten Sie *genau* sagen, was jeweils gemeint ist?

Haben Sie bitte kein schlechtes Gewissen, wenn Sie es nicht können – das ist normal. Unser »komplexes« (Glossar!) Leben zwingt uns nämlich alle, gewisse Begriffe wie »Black Boxes« (Glossar!) zu behandeln. Der gesellschaftlichen Arbeitsteilung entspricht nämlich eine Wissensteilung. Der Philosoph Georg Simmel hat das schon am Anfang unseres Jahrhunderts in seiner Philosophie des Geldes sehr klar formuliert: »Die ungeheure Ausdehnung des objektiv vorliegenden Wissensstoffes gestattet, ja erzwingt den Gebrauch von Ausdrücken, die eigentlich wie verschlossene Gefäße von Hand zu Hand gehen.«

Es ist charakteristisch für den Fortschritt der modernen Zivilisation, daß wir immer mehr Handlungen ausführen können ohne nachzudenken. Fortschritt heißt also gerade nicht fortschreitende Bewußtheit des Handelns und Kommunizierens. Immer mehr Formeln, die wir gebrauchen, bleiben in ihrer Bedeutung für den einzelnen dunkel; so operieren wir oft mit einem Wissen, das wir gar nicht persönlich »besitzen«. Ein gutes Beispiel ist das Vokabular der Psychoanalyse. Jeder spricht heute von Verdrängung, vom Unbewußten, von Narzißmus, Neurosen und Traumata – und »irgendwie« treffen diese Begriffe auch auf die jeweils gemeinten Lebenssachverhalte zu. Aber nur ein paar Spezialisten könnten genau sagen, was sie meinen, wenn sie diese Begriffe benutzen. Ich will das so zusammenfassen: Das Wissen diffundiert aus der Wissenschaft in den Alltag; dabei verhüllt sich die Bedeutung der Ausdrücke, doch das in ihnen gespeicherte Wissen funktioniert gleichsam blind.

Wir müssen uns eine Menge »verordnen« lassen, das wir dann gelten lassen, ohne es begreifen zu müssen: das Einmaleins in der Grundschule, die Zählweise beim Tennis, die Tischsitten, die Regeln der Buchführung, den Rechtsweg in Streitfällen, die Riten im Rotary Club und so fort … Das ist eben so, das hat sich bewährt. Wir sind schließlich einverstanden, ohne zu verstehen. Um es auf eine einfache Formel zu bringen: *Die Verbindlichkeit von Unverstandenem ist die Grundlage moderner Zivilisationen.* Die meisten unserer sozialen und politischen Institutionen kann man nur verstehen, wenn man Rechtshistoriker oder Religionssoziologe ist. Für alle anderen muß es genügen, stabile Erwartungen gegenüber diesen Gebilden zu entwickeln. Das meiste, das wir von unseren Vätern ererbt haben, können wir – Goethe zum Trotz – eben nicht mehr »erwerben, um es zu besitzen«. Es bleibt unverstanden, und wir sind damit einverstanden – das muß genügen. *Und je komplexer ein System ist, desto unausweichlicher wird das Einverständnis ohne Verständnis.* Sachgemäßes Handeln ohne Sinnbezug – das ist das wesentliche Charakteristikum fortschreitender Zivilisation. Max Weber konnte deshalb zu Recht behaupten: »Der ›Wilde‹ weiß von den ökonomischen und sozialen Bedingungen seiner eigenen Existenz unendlich viel mehr als der im üblichen Sinn ›Zivilisierte‹.« Der Mensch lebt in komplexen Systemen also nicht rational, sondern *im festen Glauben* an die Rationalität ihrer Grundlagen.

Wohlgemerkt: Begriffe als Black Boxes zu gebrauchen, ist kein Ausdruck von Ignoranz. Es geht nicht anders. Und es verhält sich dabei keineswegs so, daß es uns an Wissen fehlen würde. Im Gegenteil: Je mehr ich mich wissenschaftlich bilde, desto mehr Black-Box-Begriffe gebrauche ich. Es ist nämlich ein Irrtum, zu glauben, daß die Wissenschaft unsere Unwissenheit reduziert. Umgekehrt wird ein Schuh daraus: *Wissenschaft erweitert die Unwissenheit.* Das ist nur auf den ersten Blick paradox. Das Wissen der Menschheit verdoppelt sich nämlich alle fünf Jahre. Gemessen am verfügbaren Wissen werden wir also immer dümmer. Und die Fachtermini markieren meist nur neuentdeckte Kontinente des Nichtwissens.

In Thomas Manns Roman »Doktor Faustus« sagt der Held Adrian Leverkühn einmal: »Die Daten der kosmischen Schöpfung sind nichts als betäubendes Bombardement unserer Intelligenz mit Zahlen, ausgestattet mit einem Kometenschweif von zwei Dutzend Nullen, die so tun, als ob sie mit Maß und Verstand noch irgend etwas zu tun hätten.« Das ist eine prägnante poetische Formulierung des grundsätzlichen Sachverhalts, daß die Kenntnisse der modernen Wissenschaften immer weniger mit unserer Lebenswelt zu tun haben. Schwarze Löcher kann man sowenig »verstehen« wie Nanosekunden. Sie sind sowenig nachvollziehbar wie die Billionentransfers des internationalen Finanzmarktes oder die Kriminalitätsstatistiken Manhattans. Man kann wirklich nur sagen: Wir werden mit Zahlen bombardiert.

Je mehr wir wissen, desto mehr entfernen wir uns vom »Sinn« der Welt. Für den Menschen der Antike und des Mittelalters war die Welt viel verständlicher und transparenter, als sie es für uns je sein kann. Der Prozeß der Wissenschaft macht das Verständnis der Welt also nicht einfacher, sondern schwerer, denn Wissen verwandelt Information in Komplexität. Das vollständige Wissen über einen Sachverhalt ist deshalb überkomplex. Dadurch verliert es aber an pragmatischer Brauchbarkeit. Wenn ich zum Beispiel eine wissenschaftliche Arbeit schreibe, dann lähmt mich das vollständige Wissen – es gibt ja zu jedem Thema Tausende von Arbeiten, die ich erst lesen müßte. Da hilft nur Ignoranz – so genau will ich es gar nicht wissen! Ignoranz ist also eine alltägliche, unverzichtbare Technik des unvollständigen Wissens. Gerade auch Politiker und Unternehmer dürfen es »so genau« oft gar nicht wissen wollen, um überhaupt noch entscheiden zu können. Wir brauchen also Techniken, die es ermöglichen, mit unvollständigem Wissen und verspäteten Informationen dennoch erfolgreich zu rechnen. Deshalb entwickelt man heute offene Computersysteme ohne zentrale Kontrolle. Am Ende dieser Entwicklung werden »ökologische« Rechnerarchitekturen stehen.

Filterung und Kompression

Der Zwang zur Arbeit mit unvollständigen Informationen entsteht also gerade durch eine ständige Informationsüberlastung. Welche Techniken helfen im Kampf gegen Information Overload? Eigentlich gibt es nur zwei Entlastungstechniken: Filterung und Kompression. Ein F-18-Kampfflugzeug hat eine Bedienungsanleitung von 300 000 gedruckten Seiten. Speichert man sie auf CD-ROMs, so reduziert sich der Speicherraum um den Faktor 1200. Ähnliches gilt auch für die diagnostischen Reparaturhandbücher der großen Autofirmen; so wird der VW Rabbit in Amerika mit Hilfe des Hypertext-Systems Thoth II repariert. Was sind die Vorteile? Das Datenmangement durch Hypertext

- spart Platz,
- beschleunigt den Zugriff,
- ermöglicht ein reibungsloses Updating der Informationen,
- ermöglicht eine dynamische Rekonfiguration der Daten.

Es ist deshalb kein Zufall, daß die US Navy das Interactive Graphical Documents System zur Reparatur von elektronischer Ausrüstung an der Brown University finanziert hat.

Das entscheidende Speicherproblem werfen natürlich nicht Texte, sondern Bilder auf. Vielleicht sind Sie davon beeindruckt, daß eine CD-ROM bis zu 1000 Romane speichern kann. Diese erstaunliche Speicherkapazität muß heute aber an ganz anderen Zahlen gemessen werden – zum Beispiel daran, daß ein einziges Farbfernsehbild etwa 100 Kilobyte verbraucht. Wenn nun ein Unternehmen eine multimediale Bedienungs- oder Reparaturanleitung mit einem einminütigen Video schmücken will, muß allein dafür eine Speicherkapazität von ca. 200 Megabyte reserviert werden. Zum Vergleich: Eine CD-ROM speichert heute etwa 600 Megabyte.

Eine der wichtigsten Disziplinen in der Technik der neuen Medienwelt ist die Entwicklung von Algorithmen zur Datenkompression. Sie sind vor allem für die Übertragung und Speicherung von Bewegtbildern unverzichtbar. Und wie komprimiert man Bilddaten? In jeder Bildfolge kann man Redundantes von Neuem unterscheiden. Dann genügt es aber, nur noch Bewegungsvektoren und Korrekturwerte zu berücksichtigen. Mit anderen Worten: Man speichert und überträgt nur noch die statistische Differenz zum je vorangegangenen Bild. Noch vielversprechender ist die Verwendung sogenannter Iterated Function Systems zur Bildübertragung. Man überträgt hier nicht das Bild selbst, sondern nur das Schleifenprogramm, mit dem ein Computer das Bild generieren kann. Hier wird also die fraktale Geometrie Mandelbrots zum Schlüssel einer ungeheuer gesteigerten Datenübertragungsleistung.

Wenden wir uns nun der zweiten Entlastungstechnik im Kampf gegen die alltägliche Informationsflut zu: Filterung. Das Problem führt uns zurück zum Ursprung des neuen Mediums Hypertext. Vannevar Bush hat während des Zweiten Weltkriegs die Arbeit von 6000 führenden amerikanischen Wissenschaftlern koordiniert – das sollte kriegsentscheidende militärische Innovationen fördern. Am Ende des Zweiten Weltkriegs begreift Bush dessen zentrales Problem als *das große Zivilisationsproblem des 20. Jahrhunderts: Wie können wir eine alles Menschenmaß sprengende Informationsmasse schnell verarbeiten?* Dafür ist ein Symbolismus nötig, mit dem man mathematische Transformationen auf Maschinenprozesse reduzieren kann. Dadurch wird das menschliche Denken in großem Umfang entlastet.

Schon – Ende des 17. Jahrhunderts – der Philosoph Leibniz und – im 19. Jahrhundert – der geniale Bastler Charles Babbage haben davon geträumt, Probleme zu lösen und Streitfragen zu entscheiden, indem man Maschinen rechnen läßt. Leibniz wollte ja seine Philosophie so weit formalisieren und mathematisieren, daß man alle Kontroversen durch die Aufforderung beenden kann: »Lassen Sie uns rechnen, mein Herr!« Vannevar Bush nennt das: »To click off arguments on a machine.« Bisher war aber jeder Versuch, eine solche Maschine zu bauen, gescheitert. Warum? Bis vor wenigen Jahrzehnten bedeutete jeder Zuwachs an Komplexität in der Technik ein Weniger an Verläßlichkeit. Erst nach dem Zweiten Weltkrieg ist die massenweise und billige Produktion hochkomplexer Gadgets gelungen, die zugleich sehr zuverlässig sind. Denken Sie nur an die Transistoren. Seither kann man die Darstellung und das Management von Komplexität maschinisieren.

Vannevar Bush hat sehr klar gesehen, daß uns die wachsende Komplexität der westlichen Zivilisation dazu zwingt, Erinnerung, Speicherung und Archivierung vollständig zu mechanisieren. *Wir können nur leben, wenn wir unsere Hirne von einer Komplexität ent-*

lasten, die doch für unsere Zivilisation unverzichtbar ist. Wie kann man aber Komplexität bewahren und sich zugleich davon befreien? Als Antwort auf diese Frage hat Bush ein neues, prägnantes Berufsprofil geprägt: die Profession des »trail blazers«. Gemeint ist ein Pfadfinder im Informationsdschungel. Er soll, stellvertretend für andere, gangbare Wege durch das Labyrinth des gespeicherten Wissens bahnen. Der Trail blazer arbeitet als menschlicher Informationsprozessor.

Wie reduziert man Komplexität?

Die sogenannten Hypermedien definieren heute durch die digitale Datenverarbeitung von multimedialem Material eine völlig neue Darstellungsebene. Der Computer macht es nämlich zum ersten Mal in der Geschichte möglich, alle Medien zu integrieren. Ton, Schrift, Bild und Grafik können jetzt auf einer einzigen Darstellungsoberfläche zusammenspielen. So überformt die elektronische Datenverarbeitung heute alle Datenflüsse der Massenmedien. Man nennt das auch »Intelligentes Dokumentenmanagement«. Ich ziehe den Begriff »Hypermedien« vor. Alle gegenwärtigen Modewörter mit der Vorsilbe »hyper« signalisieren – übrigens in Anlehnung an den mathematischen Sprachgebrauch – die Mehrdimensionalität und Multimedialität derartiger Datenarrangements.

Man spricht heute viel von Multimedia, Hypermedien und Hypertext. Gemeint ist ein computergestütztes Wissensdesign, das Daten frei »begehbar« macht. *Wir sollen uns in Informationsräumen genauso selbständig und eigensinnig bewegen können wie in unseren alltäglichen Lebensräumen.* Wie kann man das technisch möglich machen? Hypermedien reißen zunächst alle verfügbaren Informationselemente aus ihrem Kontext und bieten dann Verknüpfungsschemata, mit deren Hilfe jeder Benutzer die Informationseinheiten neu kombinieren kann. Hypermedien präsentieren also keinen kontinuierlichen Informationsfluß wie etwa ein Film, sondern

Grundeinheiten der Information, die in Wechselbeziehung zueinander stehen. Es geht hier um die Frage der »Körnung« von Information. Die Frage lautet mit anderen Worten: Wie klein darf eine Dateneinheit sein, wenn sie für den Anwender auch isoliert betrachtet verständlich bleiben soll?

Die Entwicklung von Hypermedien ist also ein Prozeß des sogenannten *Knowledge engineering*. Man prozessiert nicht nur Daten und Informationen, sondern ganze Wissensstrukturen. Dadurch steigert man den Wert der vorgegebenen Informationen. Dabei stößt das Wissensdesign der Hypermedien auf eine unaufhebbare Paradoxie. Das Ziel ist ja eine Reduktion von Datenkomplexität. Dies erreicht man aber nur durch ein Mediensystem, das seinerseits eine hohe »Abwehrkomplexität« entwickelt. Hier zeigt sich ein prinzipielles Problem moderner Systeme in dynamischen Umwelten: Sie können der Komplexität ihrer Umwelt und ihrer Daten nur gerecht werden, wenn das Management selbst hinreichend komplex ist. Jeder Versuch einer Vereinfachung trifft rasch auf eine kritische Grenze, an der Einfachheit in Ignoranz umschlägt. Management von Komplexität ist eine Gratwanderung zwischen notwendiger Reduktion und unzulässiger Vereinfachung. Das ist auch das klassische Problem jedes Sachbuchautors. Im Verhältnis zur strengen Wissenschaft ist das Sachbuch ja eine Art Secondhandladen für Ideen. Es soll hochkomplexe Weltverhältnisse allgemeinverständlich darstellen. Reduziert der Sachbuchautor zu wenig, so wird ihn der »interessierte Laie« nicht verstehen – das Buch bleibt ungelesen. Vereinfacht er zu stark, dann greifen die Formeln nicht mehr – und das Buch bleibt ungelesen. Ich behaupte deshalb: Im Sachbuch wird das Management von Komplexität selbstbezüglich.

Daraus kann jeder Manager lernen, *daß man Komplexität mit einem Schema reduzieren muß, das seinerseits hinreichend komplex ist.* Die Hypermedien leisten das, indem sie dem Anwender Verknüpfungsschemata anbieten. Je weiter entwickelt die Hypermedien sind, desto mehr Verknüpfungen bieten sie an. Dabei droht aber der Umschlag von vielfältiger Verknüpfung in Unübersichtlichkeit. Dafür haben die Softwaredesigner das Stichwort *Overlinking* geprägt. Gemeint ist eben ein Zuviel an Verknüpfungen zwischen Wissenselementen – wenn man weiß, wie alles mit allem zusammenhängt, weiß man eben gar nichts mehr. *Ein Zuviel an Optionen lähmt die Entscheidung. Es gibt also nicht nur eine Unübersichtlichkeit des Nichtwissens, sondern auch eine Unübersichtlichkeit des unverwertbaren Zuvielwissens: Chaos durch Information.* Unübersichtlichkeit war ja aber unser Ausgangsproblem, das wir mit Hypermedien lösen wollten – eine echte Paradoxie also.

Wir lernen daraus: Um komplexe Situationen zu meistern, braucht man komplexe Reduktionstechniken, die aber nicht zu komplex sein dürfen, wenn man den Rückfall ins Chaos vermeiden will. Das Verhältnis unserer Gesellschaft zur Verwaltungsbürokratie ist dafür ein gutes Beispiel. Die Bürokratie soll ja das Chaos der Gesellschaft kontrollieren. Dazu entwickelt sie Verwaltungstechniken, die immer komplizierter werden, bis die Flut der Maßnahmen genauso unübersichtlich ist wie die Gesellschaft, die damit gesteuert werden sollte. Es wäre aber naiv, daraus den Schluß zu ziehen, es ginge auch ohne Bürokratie. Für das Management von Komplexität gibt es zwar Techniken, aber keine Patentrezepte.

Design statt Programm

Die Gestalter von Hypermedien-Systemen werden sich wie Filmregisseure auf Storyboards stützen. Hier geht die Gestaltung der Benutzeroberfläche in Softwaredesign über. Das Schlüsselproblem von Hypermedien liegt also nicht auf der Ebene der Hardware. Es liegt aber auch nicht auf der Ebene der klassischen Programmierung. Mit anderen Worten: *Hypermedien werden weniger programmiert als vielmehr designt. Es geht um die Kunst des Konzeptuellen.* Der Kunsthistoriker Wilhelm Worringer hat das schon vor Jahrzehnten sehr treffend als »Denksinnlichkeit« bezeichnet.

Mit den neuen Medien und Computertechnologien sind wir in

eine Kultur des Immateriellen eingetreten. *In der Schule von Virtual Reality und Cyberspace lernen wir, die alte Trennung zwischen abstraktem Denken und sinnlicher Wahrnehmung zu überwinden.* Gedanken werden nun sinnlich konkret erfahrbar. Diese neuen Techniken implementieren in der Tat Denksinnlichkeit. Unsichtbares wird visualisierbar. Mathematik war ja einmal ein gefürchteter Formelkram; heute wird sie auf Computerbildschirmen faszinierend sichtbar und nachvollziehbar – denken Sie nur an die Schönheit der Fraktale. Und Black Boxes werden »virtuell« geöffnet – so können wir heute elektronische Reisen ins Innere lebendiger Körper unternehmen.

Wir dürfen hoffen, daß eine derart technisch implementierte Denksinnlichkeit das Lernen zum Genuß macht. Die meisten Menschen sind ja heute nur noch dann bereit, etwas Neues zu lernen, wenn sie dabei »unterhalten« werden – Stichwort: Edutainment. Komplexe Sachverhalte werden auch einfacheren Gemütern verständlich, wenn es dem Wissensdesign gelingt, die Struktur dieser Sachverhalte sinnlich erfahrbar zu machen. In diesem Zusammenhang hat das Projekt Cyberspace einen prägnanten Sinn: nämlich als mehrdimensionale Versinnlichung eines Wissenssystems. *Komplexität verständlich zu machen ist die große Herausforderung für die Intellektuellen der Zukunft.*

Edutainment, das Lernen als Genuß, setzt natürlich voraus, daß man Lust hat, in ein synergetisches Verhältnis zu den neuen Medien zu treten. Deshalb muß sich das Design der Benutzeroberflächen unserer Computer immer weiter weg vom Eintippen der Programmzeilen hin zu »straightforward point-and-shoot operations« entwickeln. Schon heute genügt es in den meisten Fällen, mit der Maus zu zeigen und zu klicken. Man muß keine Befehle mehr ins Keyboard hämmern – und vermeidet damit natürlich die dabei auftretenden Tippfehler. Es genügt statt dessen, Objekte durch bloßes Zeigen auszuwählen – sei es mit der Maus, sei es auf dem Touch-screen. Das ist eine Form direkter Datenmanipulation.

Wir werden also bald vom algorithmischen Programmieren entlastet sein. In diesem Zusammenhang spricht man heute von objektorientierten Programmumgebungen. Das klingt kompliziert, ist aber ganz leicht zu verstehen. Es handelt sich um eine extreme Form des modularen Programmierens. Die Programmierbefehle werden durch Botschaften zwischen Objekten ersetzt. Das heißt, objektorientiertes Programmieren unterscheidet nicht zwischen Daten und Prozeduren, sondern betrachtet sie gemeinsam als definierbare Objekte, die je nach Bedarf aufgerufen werden. SMALL-TALK von Xerox zum Beispiel operiert mit Befehlsgrafiken. Etwas Ähnliches geschieht auch schon auf den vertrauten grafischen Benutzeroberflächen von Apple und Microsoft – sie verstecken Programmbefehle in Icons. So entsteht bei den Anwendern die stabile Illusion, sie könnten komplexe Informationsstrukturen ohne Programmierkenntnisse erzeugen. Die Objekte verbergen gewissermaßen ihre innere Komplexität vor dem Anwender.

Es handelt sich hier um ein Programmieren zweiter Ordnung. Wie kann das funktionieren? Möglich ist das, weil die objektorientierten Programmumgebungen den Programmcode in Softwaremodulen speichern. Diese Softwaremodule kann man nun beliebig oft wiederverwenden. Es sind nämlich unzählige Anwendungen nach dem vom Macintosh vertrauten »Cut-and-Paste«-Modell möglich. Das Softwaredesign entwickelt sich also vom Expertensystem weg und hin zu den Hypermedien. Der Designer ersetzt den Programmierer. Und an die Stelle des passiven Lesers wird Vannevar Bushs Trail blazer treten – der Pfadfinder im Dschungel des Wissens.

Hypermedien verkörpern einen Prozeß des Knowledge engineering. Ich nenne das Wissensdesign. Der Wert vorgegebener Informationen wird dadurch gesteigert, daß sie in Softwarearchitekturen »begehbar« gemacht werden. Ein Schlüssel zum Verständnis von Hypermedien-Systemen liegt deshalb im Begriff der Navigation. Wie schon die Kybernetik greift das neue computergestützte Wissensdesign auf das Bild des Steuermanns zurück. Zunächst bezeichnet Navigation ja die zugleich sichere und streckenoptimierende Führung eines Fahrzeugs. Im Zusammenhang der Hypermedien ist mit Navigation die Bahnung von Wissenspfaden im Dschungel der Daten gemeint. *Angezielt wird ein interaktiver, multimedialer Wissenszugriff: Das Wissen soll sich dem Lernenden anpassen.* Und dabei wird deutlich werden, daß Denken selbst ein Designprozeß ist.

Die Suche nach den richtigen Fragen

Immer wichtiger werden intellektuelle Arbeiter, die stellvertretend für andere Wissenspfade im Dschungel der Daten bahnen. Dabei ist das Interfacedesign besonders wichtig. Konkret heißt das für das Datenmanagement der Zukunft: Hypermedien-Systeme werden den Anwendern helfen, die Fragen zu formulieren, auf die sie antworten können. Wohlgemerkt: Die Hypermedien sollen nicht einfach nur helfen, Antworten auf Fragen zu finden. Viel interessanter und für unser Informationszeitalter charakteristischer ist es, daß Hypermedien den Anwendern helfen, die Fragen zu formulieren, deren Antworten sie sein können. *Wir werden die Kunst des Fragens als Technik der Komplexitätsreduktion neu erlernen müssen.* Denn dringlicher noch als Antworten suchen wir heute die Fragen, auf die unser schon bereitstehendes Wissen eine Antwort sein kann. Angesichts der Informationsflut wird es also zur hohen Kunst, Fragen zu stellen, die Komplexität reduzieren. Das wichtigste Vermögen des Menschen wird in Zukunft seine Fähigkeit zur Selektion sein. Die gesuchte Information ist zwar vollständig bekannt. Doch ist eben, wie schon Hegel wußte, das, was *bekannt* ist, nicht auch schon erkannt. Diese Differenz ist das Gebiet des Wissensdesigns. Datenbanken sind nicht die Lösung des Informationsproblems, sondern dieses selbst! Um es formelhaft zu sagen: Alle notwendigen Informationen stehen uns längst zur Verfügung. Aber jeder Zugang zum gespeicherten Wissen ist ein schwieriger Selektionsakt.

Unser Problem ist nämlich: Wir wissen nicht, was wir alles wissen. Das klingt paradox. Aber überprüfen Sie sich selbst: Immer seltener können wir klar sagen, was wir eigentlich suchen! *Die Hauptprobleme des Informationszeitalters sind also Selektion und Zugang zum Wissen.* Damit sind wir in eine vollkommen neue Phase menschlicher Erkenntnis eingetreten. Erinnern wir uns noch einmal an die bisherigen Etappen:

- *Ich weiß, daß ich nichts weiß.* Diese kritische Einsicht des Sokrates gilt ja als Anfang abendländischer Erkenntnis. Der Satz ist sehr listig konstruiert. Er bringt stillschweigend eine Unterscheidung an zwischen eigentlichem, »wissenschaftlichem« Wissen (die Griechen nannten das episteme) und bloßer Meinung (dóxa). Sokrates meint also, daß wir alle in bloßen Meinungen versunken sind und der Weg zum wahren Wissen nur durch die Einsicht eröffnet wird, daß Meinung nicht Wissen ist. Zu wissen, daß wir bisher nur Meinungen hatten, ist also der Anfang des eigentlichen Wissens.
- *Was können wir wissen?* Das ist, über zweitausend Jahre später, die Frage Immanuel Kants, auf die seine »Kritik der reinen Vernunft« antwortet; es ist die Bibel des modernen Denkens. Kant fragt also ganz ähnlich wie Sokrates nach Kriterien, die wirkliches Wissen von Illusionen und Meinungen unterscheiden. Sein Werk nennt dann die Bedingungen, die es möglich machen, daß wir verläßliche Erkenntnisse und Erfahrungen haben können.
- *Was wollten wir wissen?* Gegen Ende des 19. Jahrhunderts liegt bereits eine phantastische Erfolgsgeschichte der modernen Erkenntnis hinter uns. Der Wissenschaftsapparat funktioniert perfekt und häuft Theorien auf Theorien. Wissenschaft und Technik operieren im Blindflug. Dabei haben wir aber die Frage aus dem Auge verloren, warum wir diesen Prozeß der theoretischen Neugierde überhaupt in Gang gesetzt haben. Hier hakt dann eine prinzipielle Wissenschaftsskepsis ein.
- *Ich weiß nicht, was ich weiß.* Diese Parodie auf die sokratische Weisheit kennzeichnet unsere paradoxe Lage. Wir haben heute längst nicht mehr das Problem, wirkliches Wissen zu finden,

sondern wir haben zuviel davon. Es ist für den einzelnen unüberschaubar und unverwertbar geworden. Das Problem läßt sich nicht mehr philosophisch, sondern nur noch technisch lösen.

Die sogenannten Hypermedien, die uns aus dieser Paradoxie befreien sollen, sind eine Art Kreuzung von Buch, Computer und Fernsehen.

– Wie das Buch sollen sie ein präzise geordnetes, frei zugängliches Wissen bieten.
– Wie der Rechner sollen sie alle Daten in »binary digits«, also Bits, verwandeln und damit unbegrenzt manipulierbar machen.
– Wie das Fernsehen sollen sie ein Maximum an Anschaulichkeit bieten.

Solche Multimedia-Informationen stellen den Designer natürlich vor völlig neue Probleme des Informationsmanagements. Das sogenannte Interfacedesign muß dabei vor allem die Angst des Anwenders vor der Vielfalt der Möglichkeiten bannen. Das ist gerade auch ein Problem des Bildschirmdesigns. *Der Computerbildschirm muß als durchlässige Grenze der postmodernen Existenz gestaltet werden.* Ein Stichwort dafür lautet »Immersion«. Es soll zum Ausdruck bringen, daß wir künftig nicht mehr distanziert vor einem Bild sitzen oder uns über einen Text beugen, sondern daß wir in einen Datenraum »eintauchen«. Damit wird dann eine Vision wahr, die Stephen King in seinem Roman »The Drawing of the Three« entwickelt: daß wir durch magische Türen in andere Welten eintreten können. Der Bildschirm ist die letzte Mauer, die vom Interfacedesign noch übersprungen werden muß.

5. Postmoderne Politik

Barschel-Affäre, Parteispendenaffäre, Amigo-Affäre – die Reihe ist endlos. Was uns dabei erregt, ist die immer wieder bestätigte, traurige Erfahrung, daß sich Politiker nicht bei der Moral packen lassen. Rücktritt kommt nicht in Frage. Mit bestem Gewissen kleben sie an ihren Sesseln. Offenbar sind Politiker mittlerweile immun gegen ethische Forderungen. Wie konnte es dazu kommen? Meine erste These lautet: *Amoral und Opportunismus sind Notwehrtechniken zur Reduktion von übergroßer politischer Komplexität.* Es geht hier nicht um die Charakterschwäche der Parteiprominenz, sondern um die Logik der postmodernen Politik. Sie reagiert auf die Probleme und Erwartungen der Außenwelt nur noch mit den Mitteln ihrer eigenen selbstbezüglichen Prozesse. *Politiker antworten also im Grunde gar nicht auf die Bürger und ihre Sorgen, sondern beschränken sich auf die Rückmeldung ihrer eigenen Vollzüge.*

Dieses Feedbacksystem der Politik wird von den Massenmedien beobachtet. Durch ihre Techniken der Aufmerksamkeitssteuerung wird eine Affäre überhaupt erst zur Affäre. Man könnte sagen: Der Skandal ist die Form der moralischen Selektion in den Massenmedien.

Es ist also nicht einfach so, daß unsere Politiker immer kaltblütiger und gesinnungsloser werden. Die Skandale, mit denen sie uns regelmäßig beglücken, sind Medienprodukte. Mit anderen Worten: Die massenmediale Öffentlichkeit steuert das politische System, indem sie Ordnungswidrigkeiten als Skandale präsentiert. Und in der Tat: *Der Skandal ist die einzige Form, in der Moral in der*

Politik erscheint. Man läßt sich eben als Minister nicht vom Arbeits-
amt die Putzfrau bezahlen; man schreibt keine amtsoffiziellen Be-
günstigungsbriefe für den eigenen Schwager. Der Selektionsme-
chanismus Skandal hat einen Scheinwerfereffekt, der für Augenblicke Klarheit auf der politischen Szene verschafft und alles andere
in wohltätigem Dunkel beläßt. Niklas Luhmann beschreibt diesen
Mechanismus so: »Wen es erwischt, der wird geopfert, damit alles
andere unverändert weiterlaufen kann. Das erfordert hohe Ein-
deutigkeit des individuellen Fehlverhaltens mit der Möglichkeit,
daß alle Unbeteiligten sich bei der Aufdeckung überrascht und ent-
rüstet zeigen können.«

Wortpolitik

Jeder weiß: Unsere Politiker reden viel und tun nichts. Das liegt
aber nicht an ihrem schlechten Charakter. Seit dem Ende des Zweiten Weltkriegs ist das Risiko weltpolitischen Handelns so groß,
daß »große Politik« kaum mehr Aussicht auf Erfolg hat. Um so
wichtiger wird seither die politische Rhetorik – denken Sie nur an
den kalten Krieg. Und jeder, der einmal einen Spionageroman gelesen hat, kennt den Grund: Elektronische Informationen machen
politische Interventionen unmöglich oder überflüssig. Man könnte
sagen: Die Information tritt an die Stelle des politischen Willens.
Ich komme noch darauf zurück.

Früher hat man Politik dadurch definiert, daß man auf die Kraft
zur »persönlichen«, »repräsentativen« Entscheidung hingewiesen
hat. So ist ein Satz des Staatsrechtlers Carl Schmitt berühmt geworden: »Souverän ist, wer über den Ausnahmezustand entscheidet.« Die politische Schlüsselfrage war also: Wer entscheidet? Genau dieses Moment verflüchtigt sich heute. Die Frage fragt
ins Leere. *Unsere Gesellschaft ist kopflos; sie organisiert sich selbst
ohne Bewußtsein und verändert sich ohne Plan.* Der politische Essayist Hans Magnus Enzensberger spricht in diesem Zusammenhang von »hormonaler Steuerung«. Und der Historiker Paul Ken-

nedy resümiert in einem Buch, das uns auf das 21. Jahrhundert vorbereiten soll: »Die wirkliche ›Logik‹ einer grenzenlosen Welt ist die Tatsache, daß niemand mehr in Kontrolle ist.« Unser politisches System reguliert sich jetzt auf einer rein technischen, sachlichen Basis selbst. Entscheidungsbedarf wird oft nur noch simuliert. Wenn aber politische Entscheidungen unter großem Zeitdruck, gleichsam »im Augenblick«, fallen und Geschichte unvorhersehbar ist, dann ist es durchaus vernünftig, ein zufälliges Element in die Entscheidungen einzubauen – das war in alten Zeiten der gute Sinn des Orakels. Das Orakel hat als eine Art Zufallsgenerator gewirkt, und die Intelligenz des politischen Führers bestand darin, die Unvorhersehbarkeit des Orakelspruchs geschickt zu nutzen. Ganz ähnlich funktionieren heute die probabilistischen Strategien der politischen Spieltheorie. Man könnte sagen: Intelligente Politik nutzt den Spruch des »Orakels« – das ist zum Beispiel das Wahlergebnis oder die »öffentliche Meinung« –, ohne daran zu glauben. Die klassische politische Entscheidung einer repräsentativen Person zerfällt heute in stochastische Prozesse und gesellschaftliche Vorentscheidungen. Das nennt man Sachzwang. Die großen Entscheidungen der Politik sind immer schon durch die Selbstregulierungsmechanismen der Gesellschaft vorentschieden. Deshalb wird der Vollblutpolitiker alten Stils immer mehr zum Ärgernis für den Fachmann der politischen Selbstregulierung.

So verflüchtigt sich ein großer Teil der offiziellen Politik in Rhetorik. Und man kann vermuten, daß die klassische Politik in Zukunft nur noch als rein rituelle Form konserviert wird. Der Philosoph Hans Blumenberg hat deshalb ausdrücklich eine Verwandlung der klassischen Politik in bloße »Wortpolitik« gefordert.

Denn wer die Folgelasten einer im klassischen Sinne eingreifenden Politik nüchtern abschätzt, kommt zu dem Ergebnis: Der einzig erträgliche Aggregatzustand von Politik heute ist die endlose parlamentarische und diplomatische Diskussion. Das muß man sich vor Augen halten, wenn man zum Beispiel über die ewigen Gespräche der diplomatischen Unterhändler in Bosnien oder im Nahen Osten verzweifelt. »Viel Lärm um nichts« wäre also eine durchaus positive Formel für eine solche reine Wortpolitik.

Konservativismus aus Komplexität

Erträglich und erfolgreich sind heute nur noch diejenigen politischen Programme, die Politisierungen der Vergangenheit rückgängig machen. Augenmaß beweist ein Politiker dann, wenn er Politik zum Funktionssystem neben anderen zurückstuft. Wie alles im Zeitalter des Computers kommt auch das Politische heute mit zwei Wertstellen aus: Ja/Nein, Wählen/Abwählen, Regierung/Opposition, Einschalten/Abschalten. Man hat den Posten, oder man hat ihn nicht. Die Partei, die an der Macht ist, muß sich auf die Wirklichkeit einlassen. Deshalb muß sie ihre Klientel enttäuschen und verspielt damit höchstwahrscheinlich bis zur nächsten Wahl das Recht, an der Macht zu sein. Das ist politischer Binarismus. Der Soziologe Niklas Luhmann hat sehr schön gezeigt, daß das ausreicht, um eine formale Demokratie westlicher Prägung am Leben zu erhalten.

Dieser politische Binarismus der liberalen Demokratie ist vom Programm der Parteien völlig unabhängig. Eine Partei wirbt nämlich nicht um Wähler, weil sie ein Programm realisieren will, sondern sie verkündet Programme, um ihre Wahlchancen zu verbessern. Wahlen haben für die formale Demokratie eigentlich nur den Sinn, das Verhältnis der zwei Wertstellen Regierung/Opposition elastisch zu halten. Den edlen Motiven unseres Grundgesetzes zum Trotz bezieht die jeweilige Regierung ihre Legitimation nämlich nicht vom Volk, sondern durch Verfahren. Und man kann von westlichen Demokratien ganz allgemein sagen: Das politische System rechtfertigt sich selbst durch seine hohe Komplexität. Es genügt völlig, daß es immer wieder Alternativen produziert.

Wohlgemerkt: Ich stelle hier eine theoretische Betrachtung über die Funktionsweise der für unsere Zivilisation alternativelosen (!) formalen Demokratie an. Es geht also um formale Alternativen, nicht um programmatische Unterschiede. »Inhaltlich« wird es natürlich immer schwerer, noch politische Unterschiede zu sehen. Auch das hat systemische Gründe. *Umwelt und Weltmarkt werfen Probleme von einer Komplexität auf, die nicht mehr in die Form politischer Alternativen gebracht werden kann.* Deshalb wird es immer gleichgültiger, ob wir CDU oder SPD wählen. Aber das hat auch sein Gutes: Es wird immer unwahrscheinlicher, daß wir uns für die »falsche« Politik entscheiden. Nicht, daß die Politik der Regierenden »richtig« wäre; aber die Opposition würde es auch nicht »anders« (Alternative!) machen. Deshalb wird es immer wichtiger, wie man Politik verkauft – als Medienereignis, als Mogelpackung, als »Wende« oder als »moralisch-geistige« Erneuerung.

Rein formal gilt (und formale Geltung ist das halbe Leben!): Hohe Komplexität stellt sicher, daß stets »anderes« möglich ist. Deshalb bringt der Begriff »kontrolliertes Chaos« nicht etwa die Unregierbarkeit unserer postmodernen Gesellschaft zum Ausdruck. Im Gegenteil: Kontrolliertes Chaos ist eine positive Funktionsbeschreibung. Denn je unbestimmter die Struktur einer Politik ist, desto anpassungsfähiger und realitätsgerechter ist sie. Deshalb haben Volksparteien eine diffuse Programmatik. *Die Welt ist viel zu komplex, um sie »verbessern« zu können.* Vernünftig ist deshalb eine Haltung, die der Soziologe Niklas Luhmann als »Konservativismus aus Komplexität« bezeichnet hat.

Chaos als Ressource

Was heißt heute Politik? Wer hierzu Klartext sucht, darf nicht bei den Politikern selbst nachfragen, die ja immer noch Handlungsrituale der Vergangenheit nachspielen. Besser orientiert die nüchterne Wirtschaftsprosa der FAZ. Sie hat zum Beispiel die Integration der »DDR« durchs Medium der Währungsunion als kontrolliertes Chaos beschrieben. Nüchterne Wirtschaftsredakteure gebrauchen also den Begriff Chaos als wohltemperierte Kategorie der Weltbeschreibung. Chaos heißt also nicht mehr die Störung von Ordnung, sondern deren dynamische Entwicklung selbst. In diesem Zusammenhang möchte ich eine großartige These des ehemaligen Präsidenten der Europäischen Gemeinschaft, Erkki Rintala, zitieren, die H. M. Enzensberger in seinem Buch »Ach, Europa!« notiert hat: »Europa ist ein fraktales Objekt. Chaos ist unsere wichtigste Ressource. Wir leben von der Differenz.« Also: Europa ist durch und durch irregulär und nicht mit Ordnungsmustern zur Raison zu bringen. Die Brüsseler Euro-Bürokratie ist noch ganz aus dem Geist der Euklidischen Geometrie geboren. Die Europapolitik der Zukunft braucht statt dessen eine »fraktale Geometrie«!

Um zu begreifen, wie hier radikal neu gedacht wird, muß man sich daran erinnern, daß Chaos ursprünglich der genaue Gegenbegriff zu Kosmos, also Ordnung, war. Heute dagegen wird der Begriff Chaos als Kennmarke einer Welt der Streuung und Zerteilung gebraucht. Damit ist aber auch klar, wie der Begriff der Politik umgedacht werden muß: *Wir sind unterwegs von der Utopie der planenden Vernunft hin zur Wissenschaft vom Sichdurchwursteln.* Wir müssen uns endgültig vom utopischen Denken verabschieden, denn Utopie ist ganz auf Plan und Ordnung verpflichtet. So war es das Projekt des utopischen Sozialisten Etienne Cabet: »Organiser la fortune«. Wir wissen heute nicht nur, daß das nicht geht, sondern auch, warum das nicht geht. Der Common sense, der gemeine Menschenverstand, ist klüger als alle Futurologie. Er sucht die Überlebenschance nicht in Plan, Ordnung und Prognose, sondern im geduldigen Ausprobieren, im Trial and error eines undurchsichtigen, turbulenten Lebens. Deshalb sollten wir es schätzenlernen, daß wir keine großen Politiker mehr haben; die mittelmäßigen sind für die geforderte »Prothesenpolitik des Sichdurchwurstelns« (H. M. Enzensberger) viel besser geeignet.

Damit kein Mißverständnis entsteht: Ich schlage nicht vor, alles treiben zu lassen. Wer einem Unternehmen vorsteht, es managt oder in einem politischen System Verantwortung trägt, muß vorausschauen und planen. Der Plan kann aber nicht mehr als ein Sensor im Chaos sein. Wir stehen hier vor einer ganz klaren Paradoxie: *Planung ist genauso notwendig wie unmöglich.* Die gigantische Fehlinvestition wie das nach diversen Teilerrichtungsgenehmigungen dann doch noch gestoppte Atomkraftwerk wird zum Symbol dieser logischen Ausweglosigkeit. Planungen veralten so rasch, daß heute jeder weiß, was man, ohne bösen Willen zu unterstellen, von Kostenvoranschlägen zu halten hat – man ist gut beraten, das Doppelte einzukalkulieren.

Vom Chaopoliten zum Chaospiloten

Praktische Politik ist heute keine Kunst des Möglichen mehr, sondern Bastelarbeit mit den Abfallstoffen der Geschichte – und Schadensbegrenzung. Natürlich hantieren Politiker mit einem gewaltigen Arsenal von Normen; zahllos sind die Gesetze, Verordnungen und Maßnahmen. Das Problem ist nur: Normen lassen sich nicht auf das Chaos anwenden. Daß Normen greifen, setzt schon Ordnung voraus. Am 10. Oktober 1948 notierte Carl Schmitt in seinem Tagebuch: »Wir armen Chaopoliten. Uns bleibt im Chaos nichts als die Unterscheidung der Geister. Wie sollte anders ein Kosmos entstehen?« Der »Chaopolit« ist natürlich eine polemische Gegenfigur zum Kosmopoliten. Mit dieser kurzen Notiz entlarvt Schmitt die Vorstellung einer politischen Weltordnung als Illusion und macht zugleich deutlich, daß Politik im Chaos nur durch Unterscheidungen voranschreiten kann. Carl Schmitt ist allerdings bis zu seinem Lebensende nicht über die eine Unterscheidung von Freund und Feind hinausgekommen. Wir müssen heute viel feiner differenzieren. *Die Unterscheidung der Geister genügt nicht mehr – wir brauchen den Geist der Unterscheidung, eine neue Spiritualität der Differenz.* Die *Chaopoliten* müssen zu *Chaospiloten* werden! Denn der Chaopolit sucht noch nach einem Kosmos, einer neuen Ordnung; der Chaospilot dagegen steuert souverän im Unübersichtlichen.

Die klassische, eingreifende Politik schrumpft zur Kontrolle von

Chaos. Deshalb ist es für uns so schwer, eine vernünftige Vorstellung vom Funktionieren unserer Gesellschaft zu gewinnen. Holen wir uns deshalb Rat bei den fortgeschrittensten Wissenschaften der Gegenwart.

- Die Systemtheorie zeigt, daß sich lebendige, also offene Systeme im Austausch mit der Umwelt selbst behaupten und eine Ordnung durch Fluktuation bilden.
- Der Radikale Konstruktivismus zeigt, daß alle Wahrnehmung schon Interpretation ist und jedes System seine Informationen selbst konstruieren muß. Wir haben keine Erkenntnis von einer objektiven Wirklichkeit, sondern immer nur von unserer Erfahrungsorganisation.
- Die Kybernetik zweiter Ordnung benennt den blinden Fleck jedes Planungs- und Steuerungsenthusiasmus: Die Wirklichkeit ist ein interaktives Konzept. Wir können immer nur Systeme beobachten, die ihrerseits beobachten – das wird von Heinz von Foersters unübersetzbar doppeldeutigem Buchtitel »Observing Systems« sehr passend zusammengefaßt.
- Systemtheorie, Radikaler Konstruktivismus und Second Order Cybernetics ermöglichen es, die Gesellschaft als ein Nervensystem mit dezentralisierten Entscheidungen zu begreifen. Die Orte politischer Kontrolle funktionieren demnach wie Synapsen oder Relais.

Störgeräusche

Die Systemtheorie beschreibt die moderne Gesellschaft als ein Nervensystem in Dauererregung. Dieses soziale System hält sich am Leben, indem es die von außen kommenden Reize und Störungen abarbeitet. Das leisten Kommunikationsprozesse. Hier wird auch der Funktionssinn von modernen Bürokratien deutlich: *Die bürokratische Verwaltung ist ein Netzwerk, das die Immunität des Staates gegen Störungen aller Art sicherstellt.* Tausendmal irritiert, tausendmal ist nichts passiert! Alle Formeln der Kommunikation dienen also in erster Linie der Selbsterregung unserer Gesellschaft. Genaugenommen hat unsere gesellschaftliche Kommunikation keine Entsprechung in der Umwelt.

Ich weiß, das klingt zunächst absurd. Aber denken wir zum Beispiel an unser Verhältnis zur Natur. Ich behaupte also, daß unsere ökologischen Diskussionen keine Entsprechung in der Natur haben. Das soll heißen, daß unsere »grünen« Reden weder die Natur abbilden noch »mit« der Natur kommunizieren können. Wir sprechen »über« die Natur – das ist alles! Und wir sprechen deshalb so leidenschaftlich über die Natur und ihren drohenden Untergang, weil uns etwas da draußen stört, irritiert, krank macht. Daraus können wir etwas Prinzipielles lernen: Die Umwelt kann der Kommunikation immer nur störend dazwischenkommen. Doch wie sie sich irritieren läßt, bestimmt die Kommunikation selbst.

Ein einfaches, spektakuläres Beispiel: der böse Unfall Tschernobyl. Jeder wird sich an die Panik in Deutschland erinnern – und jeder wird sich daran erinnern, daß dieser Fast-GAU für unsere unmittelbaren Nachbarn fast nicht stattgefunden hat. Das System Deutschland hat diese Störung aus der Umwelt als Katastrophe definiert und sich entsprechend irritieren lassen. Das System Frankreich hat dieselbe Störung als Betriebsunfall definiert und sich nur wenig irritieren lassen.

Wohlgemerkt: Ich meine nicht, die eine Reaktion sei angemessen, die andere sei leichtsinnig (oder hysterisch). Ich sage nur: Der Kommunikation des Systems entspricht nichts in der Umwelt. Die Außenwelt macht sich nur störend bemerkbar. Und das System bestimmt selbst, wie es sich von der Außenwelt stören läßt. Wenn gewisse Meßwerte auf Dauer zu hoch liegen, kann man die »kritischen Werte« erhöhen – das schwächt die Irritation ab. Die Umwelt selbst kann uns nicht sagen, wo die wirklichen kritischen Werte liegen.

Weil unsere Gesellschaft nicht mit ihrer Umwelt sprechen kann, trifft sie technische Vorkehrungen, um sich für diese Black Box sensibel zu machen. Solche Techniken heißen Medien. Sie sensibilisieren für Störungen. *Medien stellen Sinnformen zur Verfügung, in denen man die Störgeräusche der Welt verarbeiten kann.* Das ist eine außerordentliche Leistung.

Die Umwelt macht sich nur durch Störungen bemerkbar – das gilt für jede Umwelt eines jeden Systems, beispielsweise für die Natur. Im Gegensatz zu allen romantischen Träumereien müssen wir begreifen: Man kann nicht mit der Natur sprechen, sondern nur über sie. Die Gesellschaft ist als funktionierendes System blind gegenüber dem, was »wirklich« geschieht. Was »dort draußen« ist, kennen wir nur in Form von Informationen. Solche Informationen sind aber das Ergebnis einer Auswahl, einer Selektion. Sie muß den Neuigkeitswert einer Zustandsveränderung haben – stark gestiegene Ozonwerte im Ruhrgebiet, die Ausweitung des Ozonlochs bis Sylt.

Hier wird ein sehr einfacher Sachverhalt sehr wichtig: Es ist nicht die Natur selbst, die uns Nachrichten über ihren »Zustand« gibt. Die Welt ist alles, was der Fall ist – sie enthält keine Informationen. Sie liefert nur Daten. Erst die Kommunikation produziert Informationen, indem sie eigene Unterscheidungen auf diese Daten anwendet. Was wir als Umwelt beobachten, ist also nicht die Welt »dort draußen«. Trotzdem ist die gesellschaftliche Kommunikation natürlich umweltabhängig und auch umweltsensibel. Man kann sagen: Menschen sind die Sensoren, die die Gesellschaft in die Umwelt ausstreckt. Die Kommunikation eines Systems kreist also in sich selbst, aber sie ist sensibel für Störungen durch die Umwelt. Ja, sie ist auf solche Störungen angewiesen und ernährt sich von ihnen. Ich bringe diesen Sachverhalt auf die Faustformel: *Kommunikation ist autonom, aber nicht autark.*

Besonders deutlich wird das beim Fernsehen. Es hat eine stabile Programmstruktur und bekannte Schemata der Datenverarbeitung: »Tagesschau«, »Heute-Journal«, »Welt-Vox« u.s.w. Bekanntlich geht es hier um Nachrichten aus aller Welt. Viel wichtiger ist aber etwas anderes. Die Tagesschau ist die Tagesschau ist die Tagesschau. Eine Nachrichtensendung bezieht sich vor allem auf sich selbst. Das kann sie auf Dauer aber nur, wenn sie Störungen von »draußen« verarbeitet. Sie ernährt sich von Katastrophen. Deshalb ist der immer wieder einmal geäußerte Wunsch nach einer Sendung mit »guten« Nachrichten kindisch. Gute Nachrichten haben keinen Nährwert.

Politainment

Politik wird zunehmend durch die Ästhetik der neuen Medien selbst ersetzt. Die elektronischen Aufnahmeapparaturen dringen so tief in die Wirklichkeit ein, daß die gesendeten Bilder aus aller Welt die Spur des Mediums wie eine Art elektronisches Wasserzeichen tragen. Das hat schon Herbert Marshall McLuhan klar gesehen: Das Medium ist die Botschaft. Schauen Sie sich nur eine beliebige Nachrichtensendung aus Bonn oder Washington an. Der eigentliche politische Vorgang wird von den Installationen der Massenmedien völlig überlagert. Auch der kürzeste Weg eines Politikers ist mit Interviews und Statements gepflastert. Da kann man gar nicht mehr von einer Störung sprechen.

Früher hing die Macht am Geheimnis – heute wird die Politik durch die Stellung vor den Medien bestimmt. *Der Politiker als Medienstar ersetzt den charismatischen Führer.* Das gilt übrigens auch für den religiösen Ursprungsbereich des Charismas: die Religion. Denken Sie nur an den Medienstar Wojtyla, Johannes Paul II. Je mehr die christliche Substanz schwindet, desto wichtiger wird die Inszenierung der Gottes-Simulakra auf den Bildschirmen der Welt. Der Papst ruht nicht mehr in deren Zentrum Rom, sondern jettet rund um die Welt und füllt die Leere des Glaubens mit der Bilderflut seines Apostolats. So stellen sich Papst und Präsident, geistlicher und weltlicher Führer, gleichermaßen vor den Kameras der Weltpresse aus. Politiker waren ja immer schon Selbstdarsteller – jetzt sind sie es in der Tat als Filmschauspieler. Der intellektuelle Spott über Ronald Reagan war also kurzsichtig. Daß ein Filmschauspieler Präsident der Vereinigten Staaten wird, ist ganz in der

Ordnung der Medienästhetik. *Politiker stellen sich nicht mehr im Parlament, sondern in den Medien dar. Damit tritt das elektronische Image an die Stelle politischen Handelns.* Seither genügt es, Probleme auszusitzen, um an der Macht zu bleiben. Erfolgreiche Politiker sind im Grunde gar keine Amtsträger mehr, sondern Stars im Sinne der Unterhaltungsindustrie. Ich nenne das *Politainment.* Politik ist heute im wesentlichen Public Relations ihrer selbst.

Wir müssen Abschied nehmen vom Bild der klassischen Demokratie. Früher gab es noch charismatische Politiker, die sich unmittelbar und »persönlich« vor dem parlamentarischen Publikum darstellten. Heute dagegen werden die Politiker vor den elektronischen Aufnahmeapparaturen der neuen Medien ausgestellt. Das Parlament ist nur noch ein Alibi. Politik, gleichviel welche, verliert immer mehr ihr programmatisches Rückgrat. Ihre Identität bildet sie vor allem im Spiegel der Massenmedien. *Im Grunde reagiert Politik heute nur noch auf ihre eigene Übertragung in den Medien.* Der Zwang zur Aktualität erzeugt einen Beschleunigungsdruck, dem sich die Parteien nur noch gewachsen zeigen können, wenn sie auf alle politischen Inhalte verzichten. Denn programmatische Inhalte sind Gedanken, und Gedanken sind zu träge. Seit elektronische Massenmedien die Kommunikation der Welt bestimmen, kann man sagen: Geschwindigkeit zählt mehr als Argumente.

Das Netzwerk der Macht

Man ereifert sich heute gerne über die Macht der neuen Medien. Der Eifer ist berechtigt, macht aber vergessen, daß Macht selbst ein Medium ist: Das Sein der Macht ist in modernen Gesellschaften kommunikativ. Seit das Volk über sich selbst herrscht – und das ist ja wohl der Sinn des Wortes Demokratie –, wird es immer schwerer, die Machtfrage zu plazieren. Das waren noch selige Zeiten, als die Macht in der Figur des Souveräns konzentriert war. *Heute ist die Macht anonym, vernetzt und verflüssigt.* Nicht mehr Menschen, sondern Codes regieren die Welt – eine Welt, die hochkomplex ist und in der alles auch anders möglich ist. In ihr kann es keine substantielle Legitimität mehr geben. Alle Macht ist deshalb in einem strukturellen Sinne opportunistisch.

Macht ist um so effektiver, je virtueller sie bleibt. Man kann Macht genauso ausgeben wie Geld. Macht ausgeben heißt: mögliche Alternativen preisgeben. Wenn ich Macht ausübe, verliere ich Möglichkeiten. Faktischer Machtgebrauch bedeutet also zumeist unmittelbar: Machtverlust. Die angedrohten Prügel wirken nur, solange sie Drohung bleiben. Aber umgekehrt gilt auch: Die leere Drohung ist Ausdruck einer Inflation der Macht. Immer mehr Menschen gehen deshalb dazu über, die anonyme Macht durch rohe Gewalt zu provozieren – das soll ihr ein Gesicht geben. Doch solche Gewalt des einzelnen ist Onanie im Netz der Machtkommunikation. Dem entspricht auf seiten der Theorie die Selbstbefriedigung, eine Analyse der Machtkommunikation durch Kommunikation über Macht zu ersetzen.

Wir spüren seit langem: *Je komplexer ein System ist, desto mehr Macht liegt bei den Untergebenen.* Ein pfiffiges Management bemüht sich deshalb, sie an der Macht zu beteiligen, um ihnen diese Macht der Untergebenen zu nehmen. So zweischneidig ist »Emanzipation«. Sie verkennt, daß die Macht sich nicht mehr an der Spitze konzentriert, sondern im Netz verteilt. Man könnte fast sagen: In komplexen Systemen ist es wichtiger, Einfluß als Macht zu haben. Wer Einfluß hat, erteilt keine Befehle, sondern Rat; er steuert durch Interpretationen und Definitionen. Dazu gehört auch die Wortpolitik, also die »Besetzung« gewisser Schlüsselbegriffe. *Schlüssel der Macht sind heute die Verteilungsstruktur der Informationen und die Kontrolle des Wissens.* Womit wir wieder bei den neuen Medien wären. Sehen wir näher zu.

Die Gewaltbasis

»Power hinds«, hat Carl Friedrich einmal gesagt: Macht verbirgt! Es ist charakteristisch für die Macht, daß sie nur dann ohne Rei-

bungsverluste wirkt, wenn sie nicht ausdrücklich wird. Macht hat ein Geheimnis, das im Geheimniszustand verbleiben muß, wenn Macht Macht bleiben will. Das Geheimnis der Macht ist aber auch jedem bekannt – sie basiert auf Gewalt. Bei Max Weber heißt es hierzu ganz schlicht: »Alle politischen Gebilde sind Gewaltgebilde.« Wer sich auf die Politik einläßt, operiert mit Mitteln der Gewalt und begibt sich damit in Teufels Küche. Deshalb mündet jede Ethik der Politik in Paradoxien.

Ich will hier gleich genauer formulieren: Nicht Gewaltanwendung, sondern Gewalt als Möglichkeit ist die Grundlage der Macht. Die Macht hat die Möglichkeit, negative Sanktionen zu verhängen, aber sie ist Macht nur, solange sie diese Möglichkeit nicht nutzt. Sie schafft gesellschaftliche Ordnung gerade dadurch, daß sie nur in seltenen Ausnahmezuständen auf ihre Basis, eben Gewalt, durchgreift.

Wenn Max Weber sagt, daß alle politischen Gebilde Gewaltgebilde sind, so müssen wir präzisieren: Politische Systeme entstehen als Gewaltgebilde und bleiben auf die Gewalt negativer Sanktionen angewiesen, aber sie können nicht durch Gewalt gesteuert werden. Man könnte sagen: Die Entscheidungen eines Machthabers müssen durch negative Sanktionen »gedeckt« sein, so wie die Währung eines Landes durch seine Goldreserven gedeckt ist. Macht muß also *durch* Gewalt gedeckt sein, aber sie kann nicht *mit* Gewalt operieren.

Die Macht darf ihre Gewalt nicht anwenden, sondern muß sie symbolisieren, um ihre Gehorsamserwartungen darzustellen. Je besser die Macht ihre Gewalt zu symbolisieren versteht, desto weniger muß sie auf Gewalt zurückgreifen. Jeder Rückgriff auf Gewalt im Ausnahmezustand instabilisiert die Macht. Deshalb besteht die beste subversive Strategie darin, die Macht zu provozieren, Gewalt anzuwenden. Genau das tun die »Autonomen«, aber auch scheinbar Verrückte wie Saddam Hussein. Sie wissen, daß Macht dort scheitert, wo sie sich gewaltsam selbst behaupten muß. Dann rasten nämlich Verdammungsurteile wie »Imperialismus« und »Polizeistaat« ein.

Wie schafft es nun die Macht, ihr Gewaltfundament zu potentialisieren, also im Zustand der bloßen Möglichkeit zu halten? Thomas Hobbes hat bereits im 17. Jahrhundert daran erinnert, daß – ganz nüchtern betrachtet – Menschen darin gleich sind, daß jeder jeden töten kann. Bei unaufgeregter Beobachtung können wir aus den Gewalttätigkeiten von Jugendlichen unserer Gegenwart, von Straßenbanden und den Vergewaltigern aller Länder etwas Prinzipielles lernen: Von allen Vermögen des Menschen ist Gewalt dasjenige, das sich ohne Umstände in den meisten Situationen erfolgreich anwenden läßt. Deshalb gilt für Hobbes' Naturzustand wie für das Posthistoire von Solingen: Der Mensch muß sich vor dem Menschen schützen.

Es spricht also einiges für René Girards Theorie der *»indifférentiation primordiale«*, das heißt einer ursprünglichen Einebnung der Unterschiede. Girard meint damit, *daß wir das gesellschaftliche Chaos nicht als mythischen Startzustand, sondern als Gewaltresultat des Begehrens von vielen nach demselben deuten müssen. So entsteht Chaos aus Identität. Und vor ihm schützt uns Ordnung durch Differenz.* Der Staat bietet diesen Schutz um den Preis des Gehorsams: *»protection and obedience«* heißt die Zauberformel des Thomas Hobbes! Konkret heißt das, daß das gemeinsame Territorium befriedet und alle Gewaltanwendung monopolisiert werden. Ich trete mein Gewaltpotential an den Staat ab, der mir dafür Frieden und Recht garantiert. Von nun an ist Gewalt nach zwei Wertstellen geordnet – in rechtmäßige und unrechtmäßige Gewalt. Das Chaos der Macht wird durch diesen binären Schematismus politikfähig.

Thomas Hobbes hat seinen großartigen Staatsmythos »Leviathan« 1651 veröffentlicht. Blaise Pascal hat ganz entsprechende Überlegungen über die Funktion politischer Trugbilder in seinen »Pensées« ebenfalls in den fünfziger Jahren des 17. Jahrhunderts niedergelegt. Damals glaubte man noch an die Erbsünde. Und ich bin versucht zu sagen: Das war gut so! Denn wer an die Erbsünde glaubt, hat damit ein gutes Schema, um die Macht in der Welt zu verstehen. Die Macht des Staates ist »böse« als Gewaltordnung und doch zugleich »rein« als Strafe Gottes. Pascal hatte eine tiefe Einsicht in den Ursprung der Rechtsordnung aus der Gewalt der Usurpation. Wer aber das Recht auf diesen seinen Grund zurückführt, hebt es auf. Pascals Forderung lautet deshalb: Verbergt die Ursprünge! Gewohnheit macht das Recht, und das Recht gilt allein, weil es überliefert ist. Deshalb wäre es völlig verkehrt, durch Gesetze die Fehler des Rechts korrigieren zu wollen. Eben Gesetz zu sein und nichts außerdem, ist das Wesen des Gesetzes. Jeder Wahrheitsanspruch des Rechts ist Schein, und der Schein gilt viel im Recht. So spricht Pascal in aller Deutlichkeit das Geheimnis von Staat und Jurisdiktion aus: Autorität ohne Wahrheit zu sein!

Pascal hatte also ein sehr klares Bild von Staat und Recht: Eine bloß äußerliche Macht wie der Staat, der irdische Gott, stützt sich nur durch Trugbilder der Göttlichkeit. Denn nichts anderes hält eine Gesellschaft zusammen als die Bande der Phantasie. Politik ist die Kunst der Trugbilder und Geheimnisse, die eine Magie des Staates produziert hat. *Es gibt keine staatliche Souveränität ohne Kunstgriffe und dekorative Veranstaltungen.* In unserer Rechtsordnung kommt niemand zu seinem Recht. Das muß jedem, der an die Erbsünde glaubt, sofort einleuchten; denn die Entmächtigung der Gerechtigkeit durch die Sünde fordert als Ersatz die Rechtfertigung der faktischen Macht. Auf der Suche nach der verlorenen Gerechtigkeit stößt der Mensch auf die Faktizität der Macht und heißt sie Rechtens. Denn damit hat man immerhin einen Pakt zwischen Recht und Macht geschlossen, der den Frieden garantiert. Mit anderen Worten: Gegen die Drohung des Chaos sieht Pascal nur ein Mittel, nämlich die bestehenden Machtverhältnisse zu rechtfertigen. Und das besagt im Kern: *Die gesuchte Ordnung ist nichts als kontrolliertes Chaos.*

Hier kommt es zu einem entscheidenden Wandel der Machtstrukturen. Macht hat ja zunächst die Struktur eines schlichten Gefälles zwischen dem Überlegenen und dem Unterlegenen, dem Herrn und dem Knecht. Jetzt tritt an die Stelle des Kampfes das Recht. Damit wird Macht neu codiert, nämlich durch die Unterscheidung von legitimer und illegitimer Gewaltausübung. Schritt für Schritt verliert von nun an die Macht ihre klare asymmetrische Struktur und wird zirkulär. Macht wird verrechtlicht. Damit aber übernimmt das Recht die Gewaltbürde der Macht. Und in der Tat ist Gewalt die Rückseite des Rechts. Der Soziologe Niklas Luhmann drückt das so aus: »Gewalt bringt die Selektivität von Ordnung zur Evidenz.«

Wie man Macht ausübt

Macht ist selbst der Katalysator des Prozesses, dessen Produkt sie ist. Insofern tendiert Macht immer zu Mehr-Macht; kraft ihrer Legalität erwirtschaftet sie einen politischen Mehrwert. Deshalb halten sich Regierungsparteien, die politisch längst abgewirtschaftet haben, so lange an der Macht. Schon daran kann man ablesen, daß Machtverhältnisse nicht auf Menschen reduziert werden können. Zu Recht bemerkt der Staatsrechtler Carl Schmitt: »Die Macht ist nicht etwas Böses, sondern etwas ganz Fremdes, dem machttragenden Menschen selber ebenso fremd wie dem Machtunterworfenen. Die Macht ist auch gegenüber dem machtbekleideten Individuum das ganz Andere.« Das »ganz Andere« ist aber ein anderer Name für Gott. Und von ihm kam ja traditionell die Macht. Modern geht die Macht bekanntlich vom Gottesersatz »Volk« aus. Volk ist ein Name für die paradoxe Einheit von Macht und Gehorsam – es herrscht über sich selbst. Nur dieser Souveränitätsfiktion kann man sich unterwerfen, ohne seine Freiheit und Würde zu verlieren.

Daraus folgt aber zumindest für die Postmoderne: *Es gibt keine Verkörperung der Macht. Man trifft zumeist auf diffuse, unartikulierte Machtstrukturen* – amerikanische Politologen nennen das Power Mist, Machtnebel. Deshalb bietet eine Soziologie der Mächtigen noch keine Machtanalyse. Beginnen wir aber erst einmal mit dem Einfacheren – der Beschreibung des Mächtigen. Man erkennt ihn beispielsweise daran, daß er reden kann, ohne zuhören zu müssen. Der Mächtige kann es sich leisten, nichts zu lernen. Aber gerade am dummen Herrn kann man sehen, daß Macht zunächst einmal nichts anderes als die Möglichkeit ist, den eigenen Willen gegen andere und mit Folgen für deren Handeln durchzusetzen. Max Weber nennt das mit einem seiner unnachahmlichen Wortungeheuer einmal »Gehorsamserzwingungschance«.

Zwang ist aber eine Primitivform der Macht, die sehr krisenanfällig ist. Die Betonung liegt deshalb – wie schon gesagt – auf »Chance«, Möglichkeit. Nur der dumme Herr zwingt. Der Klügere gibt zwar nicht nach, aber er vermittelt seine Macht über Motivation und Selektion. Es ist primitiv, genau bestimmen zu wollen, was der andere tun soll. *Der erfahrene Machthaber beschränkt sich darauf, den Spielraum, die Optionen des anderen zu beschränken.* Dann funktioniert Macht als »Mechanismus der Übertragung von Selektionsleistungen« (Luhmann). Der andere muß meine Entscheidung als Voraussetzung des eigenen Verhaltens übernehmen.

Der Assistent erforscht in aller akademischen Freiheit die Rezeptionsgeschichte des »Groß-Cophta«, weil sein Chef ein Handbuch über Goethes Zeitdramen schreiben will. Der neue Bundesligastar spielt auf der ungeliebten Position des Manndeckers, weil sich der Nationaltrainer schon für einen anderen Libero entschieden hat. Der Professor kann nicht sagen, was konkret geforscht, der Trainer kann nicht sagen, wie konkret gespielt werden soll – sie schränken nur den Spielraum der Wahlmöglichkeiten ein. Der Spieler muß dann seinem direkten Gegenspieler auf den Fersen bleiben, der Assistent dem »Groß-Cophta«. Andernfalls wären der Stammplatz in der Mannschaft und die Verlängerung der Stelle gefährdet. Der Hinterbänkler stimmt dem Asylkompromiß zu, weil der Fraktionsvorsitzende ihn darauf eingeschworen hat. Wir wissen: Er ist eigentlich nur seinem Gewissen verantwortlich, und niemand kann ihn zwingen. Der Hinterbänkler könnte sich also auch anders entscheiden – und damit seinen Listenplatz bei der nächsten Wahl riskieren. Die Macht leistet hier etwas, was alle Medien leisten: Sie sorgt dafür, daß der andere bestimmte meiner Entscheidungen als Verhaltensprämissen eigener Selektionsleistungen zu übernehmen bereit ist.

Wir nähern uns hier einem anspruchsvollen, kybernetischen Begriff von Macht: Man ist mächtig genau in dem Maße, als man die Selektivität des anderen, sein Wahlverhalten zwischen Optionen also, steuern kann. Und das geschieht kommunikativ. *Macht kann man sinnvoll nur als Steuerung praktizieren – und Steuerung heißt Kommunikation.* Schon 1955 hat Norbert Wiener bemerkt: »Kommunikation ist der Kitt, der Organisationen zusammenhält.« Unter modernen Kommunikationsbedingungen komplexer Systeme kann man Macht potenzieren, indem man sie reflexiv werden läßt: Macht steuert Macht. Der Mächtige regelt die Machtpraxis des Untergebenen. Macht zwingt nicht – weder den Unterlegenen noch den Herrn. Sachzwang ist also kein Machtverhältnis. Man könnte sagen, daß Zwang genau dort ausgeübt wird, wo es an Macht fehlt. Alle Machtverhältnisse setzen nämlich voraus, daß ich auch anders könnte und auch der andere auch anders könnte. Macht setzt also einen doppelten Horizont von Möglichkeiten voraus. Nur wenn sie sich von Gewalt und Zwang freihält, erfüllt sie »ihre Funktion, doppelte Kontingenz zu überbrücken. Und«, so fügt Niklas Luhmann hinzu, »sie ist steigerbar nur zusammen mit einer Steigerung der Freiheit auf seiten Machtunterworfener.«

Die Hilfsbedürftigkeit des Mächtigen

Das ist ein überraschendes Zwischenresultat: Im Machtverhältnis von A zu B kann A seine Macht nur steigern, indem er die Freiheit von B steigert. Man kann das so formalisieren, daß man sagt: Die Macht wächst proportional zur Kontingenz der Entscheidung – immer mehr ist alles auch anders möglich. *Je mächtiger jemand ist, desto abhängiger ist er von Beschränkungen.* Deshalb sind Menschen, die in einem System die Machtspitze erklommen haben, oft entschlußunfähig und wie gelähmt. Der Philosoph Walter Benjamin hat das am barocken Tyrannen bemerkt – der war von seinen Affektstürmen hin- und hergerissen. Die Machthaber unserer westlichen Demokratien sind von den Meinungsstürmen der Öffentlichkeit hin- und hergerissen.

Weil wir den Machtwechsel institutionalisiert haben, fallen der Regierung Entscheidungen, die ja immer für uns schmerzliche Entscheidungen sind, wahnsinnig schwer. So muß der Kanzler auf seine Stammwähler, seine Fraktion, seinen Koalitionspartner, seine industrielle Klientel, die veröffentlichte Meinung und das Echo im Ausland Rücksicht nehmen – um dann über die Asylregelung, den Somalia-Einsatz, die Pflegeversicherung und die Benzinpreiserhöhung zu entscheiden. Da liegt es nahe, auf den »dringenden Handlungsbedarf« mit »Aussitzen« zu reagieren, also gar nicht zu entscheiden. Oder man fällt Entscheidungen am Beginn der Legislaturperiode – in der Hoffnung, daß die Schmerzen vier Jahre später vergessen sind.

Weil Politiker wie der Kanzler so mächtig sind, sind sie von »constraints«, einschränkenden Bedingungen, und Rücksichten umstellt. Sie operieren eben in Teufels Küche, und jede ihrer Aktionen verletzt – seien's die Erwartungen der Untergebenen, seien's die guten Sitten. Es ist also ganz normal, daß unsere führenden Politiker von Affäre zu Affäre, von Skandal zu Skandal taumeln. »Die Sündenregister der Herrscher sind schon immer länger gewesen als die des einfachen Mannes«, bemerkt Niklas Luhmann dazu ganz einfach.

Damit kein Mißverständnis entsteht: Ich werbe hier nicht um Mitleid mit den Mächtigen. Ich möchte nur auf die Paradoxien der Macht hinweisen:

– Macht läßt sich nur steigern, indem man sich zunehmend von Beschränkungen abhängig macht. Ich komme unter dem Stichwort »Netzwerk-Macht« darauf zurück.

– Der Mächtige kann seinen Einfluß nur ausüben, indem er sich für Beeinflussungen offen hält. Tut er das nicht, so verliert er die Bodenhaftung, den Kontakt zur Basis, und endet im »Wahnsinn des Eigendünkels« (Hegel).

Funktionierende Machtverhältnisse sind also Kommunikationsverhältnisse, in denen beidseitig Motivationen und Selektionen rückgekoppelt werden. Es gibt keine unilaterale Macht. Der Anthropologe und Psychotherapeut Gregory Bateson sagt dazu: »The man ›in power‹ depends on receiving information all the time from outside. He responds to that information just as much as he ›causes‹ things to happen.« Zu deutsch: Wer an der Macht ist, ist stets von Information von draußen abhängig. In gleichem Maße, wie der Mächtige Ereignisse verursacht, muß er auf diese Informationen reagieren.

Macht ist also hilfsbedürftig. Sie braucht den Rat und die Mitarbeit der Untergebenen. Und natürlich bauen nun diese ihrerseits am Machtgefälle ihre Mühle auf. Die Knechte kennen die Bedeutung ihrer Hilfe und operieren mit der latenten Drohung, sie zu verweigern – sei es im Go-slow oder durch Dienst nach Vorschrift und Krankfeiern. So können Sekretärinnen und kleine Sachbearbeiter der Macht in den Arm fallen. Aber nicht diese Fälle alltäglicher Sabotage sind interessant. Viel wichtiger ist, daß die Macht in komplexen Systemen ihren asymmetrischen Charakter unten/oben zunehmend verliert und zirkulär wird. Gleichzeitig formiert sich eine informelle Gegenmacht der Untergebenen in umgekehrter Laufrichtung. Vielleicht müssen wir sogar noch eine anspruchsvollere Metapher anbringen: Die einfache Befehlssequenz schließt sich zur Kompetenzschleife, die sich wiederum in ein Möbiusband der Macht verdreht. Hier gibt es keine absoluten Positionen mehr – weder Gott noch König, weder das souveräne Volk noch die Oberste Heeresleitung. Gerade ihre hohe Macht verstrickt sie in Rekursionen und Rückkopplungen.

Die Überlegenheit der Untergebenen

So anonym sind moderne Machtverhältnisse. Das heißt aber nicht, daß Personen unwichtig wären – vor diesem Mißverständnis bewahren uns schon Kafkas Romane. *Macht verkörpert sich nicht mehr;*

gerade deshalb werden auch untergeordnete Personen für den Macht-fluß bedeutsam. Ein Politiker muß sich vor allem auf die Logik dessen verstehen, was der große Soziologe Max Weber als »personalen Herrschaftsapparat« bezeichnet hat. Das ist übrigens das Geheimnis von Helmut Kohls verblüffendem Erfolg. Man spricht dann auch von »Seilschaften«. Wer sich Personen in Schlüsselstellen der Verwaltung auf Dauer zu verpflichten weiß, kann gar nicht mehr durch die Maschen des Machtnetzes fallen. Auch wer sich einmal gegen die Etikette des Politischen versündigt hat und zurückgetreten wird, kann damit rechnen, vom Recycling der Macht wieder mit einem einflußreichen Posten versorgt zu werden.

Vielleicht sehen Sie hier einen Widerspruch. Einerseits behaupte ich, daß moderne Macht anonym ist und nicht auf Personen reduziert werden kann. Andererseits halte ich die Versiertheit im personalen Herrschaftsapparat für den Schlüssel zum politischen Erfolg. Diesen Widerspruch löst der Begriff des staatlichen Amtes auf. In den staatlichen Ämtern finden die meisten Entscheidungen statt, ohne daß man die Frage beantworten könnte, wer entscheidet. Die Amtsinhaber sind zwar Personen, aber nicht eigentlich »men in power«; die konkreten Personen können sich jederzeit hinter ihrem Amt verstecken.

Es gibt also viel Macht zwischen den Korridoren der Verwaltung, und es fallen dort folgenreiche Entscheidungen – aber es ist fast unmöglich, konkreter zu werden. Max Weber hat das auf eine Formel genauester Ungenauigkeit gebracht: »Jede Verwaltung bedarf irgendwie der Herrschaft, denn immer müssen zu ihrer Führung irgendwelche Befehlsgewalten in irgend jemandes Hand gelegt sein.« In Ämtern trifft man also niemals auf einen Machthaber, und doch liegt die einzige Chance darin, die Amtsinhaber persönlich zu kennen – das ist nicht nur Kafkas, sondern unser aller Grunderfahrung. Vor diesem Hintergrund wird verständlich, warum Carl Schmitt in seinem Versuch, dem Politischen eine klare Kontur zu retten, immer wieder das »Quis iudicabit?« in die Welt gerufen hat: Wer entscheidet? Auf den Korridoren der staatlichen Ämter kommt diese Frage aber immer schon zu spät.

Der Konzernchef streicht die Sondervergünstigungen, an die sich die Belegschaft längst gewöhnt hat; der berühmte Professor entwertet ein Symposion, indem er seine Teilnahme kurzfristig absagt; der Unionspolitiker ist nicht mehr bereit, beim Schlesier-Treffen als Redner aufzutreten; der Bundeskanzler läßt sich beim Staatsempfang von einer mittleren Charge vertreten; die Geliebte antwortet nicht spiegelbildlich auf die Liebesbekundung, sondern wechselt das Thema – das sind subtile Formen indirekter Macht, die mit der Amtsmacht verwandt sind. Die negativen Sanktionen raffinieren sich hier zur Enttäuschung von Erwartungen, die selbstverständlich geworden sind und sich verselbständigt haben. Es handelt sich also um entziehende, blockierende und verschleppende Macht. Um sie auszuüben, genügt es, nein zu sagen – ja sogar: gar nichts zu sagen. Diese Machtform ist auch für Untergebene ideal geeignet, denn man kann sie an all den Stellen wuchern lassen, an denen der Mächtige auf die Grenzen seiner Entscheidungskompetenz trifft. Dafür sorgt schon die Arbeitsteilung. Man kann ja nicht alles selbst entscheiden!

»Muß ich denn alles selber machen?!« Tausendfach klingt dieser verzweifelt-wütende Ruf des Chefs durch die Flure unserer Firmen und Institute. Und in der Tat: Er müßte alles selber machen, wenn er sich gegen die Blockiermacht seiner Untergebenen sichern wollte. Aber das geht natürlich nicht. Oder anders gesagt: Es geht nicht ohne formale Organisation. Sie ist das Medium der für komplexe Systeme notwendigen Steigerung, Differenzierung und »Feinartikulation der Macht« (Luhmann). *Die komplexen Organisationsstrukturen minimieren nicht nur das Risiko der Machtpraxis, sondern auch die Verantwortung.* Das merkt man, wenn man versucht, sich bei der Post über einen nicht nachgesandten Brief oder bei der Bank über eine Fehlbuchung zu beschweren – dafür ist niemand konkret verantwortlich zu machen. Und darüber belehrt einen dann eine wirklich unbeteiligte Sekretärin in einer eigens eingerichteten Beschwerdestelle. Man versuche nur einmal, telefonisch an einen der vermutlich Verantwortlichen eines Amtes heranzukommen; man wird durch ein Netz der Unzuständigkeiten geschaltet, bis man, von der Bitte-warten-Melodie entnervt, aufgibt. Auch das ist Macht.

Der Machtfluß in einer komplexen Organisation ist natürlich viel größer als die Entscheidungskapazität ihres Chefs. »Muß ich denn alles selber machen?!« Aber nein – it's all too much! Jeder Manager, ja jeder mittlere Verwaltungsbeamte wird nach einer gewissen Zeit den Verdacht hegen, daß er die Logik des Betriebs eigentlich besser versteht als sein Boß. Und das trifft wohl meistens auch zu. *Diese Überlegenheit des Untergebenen gründet in seiner Stellungsmacht* – er ist im Organisationsgefüge des Betriebs strategisch besser postiert. Das heißt aber auch, daß er seine Macht nur an dieser untergeordneten Stelle hat. Paradox formuliert: *Der Knecht verliert seine Macht, wenn er versucht, die Macht zu übernehmen und an die Stelle des Herrn zu treten.* Deshalb arbeiten machtkluge Untergebene nicht daran, an die Stelle des Chefs zu treten, sondern daran, ihn durch Übermacht impotent zu machen. Niklas Luhmann resümiert: »Offensichtlich ist die Aufnahmefähigkeit für Komplexität beim Vorgesetzten eng begrenzt. Da genau dies die Machtquelle der Untergebenen ist, müßte man vermuten, daß jede Zunahme von Komplexität das Machtverhältnis zugunsten der Untergebenen verschiebt mit der Folge, daß ein Organisationssystem um so weniger leitbar ist, je komplexer es ist.«

Veto-Gruppen

Das waren noch selige Zeiten, da der königliche Souverän die politische, der Papst die geistliche und der Industriekapitän die wirtschaftliche Macht verkörperten. Heute wirken schon Begriffe wie »herrschende Klasse« oder »militärisch-industrieller Komplex« wie bloße Fassaden. Es ist kaum möglich, moderne Macht zu lokalisieren und beim Namen zu rufen. Das Möbiusband der Macht entzieht sich jeder politisch brauchbaren Symbolisierung oder mythischen Verbildlichung. Schon 1950 hat David Riesman in seiner wunderbar hellsichtigen Studie über den Wandel des amerikani-

schen Charakters, »The Lonely Crowd«, Beobachtungen angestellt, die auf eine Art *Unschärferelation der Macht* hinauslaufen.
Dort heißt es: »Power in America seems to me situational and
mercurial; it resists attempts to locate it the way a molecule, under
the Heisenberg principle, resists attempts simultaneously to locate it and time its velocity. – But people are afraid of this inde-
terminacy and amorphousness in the cosmology of power.« Zu
deutsch: Die Macht ist situationsabhängig und so schwer fixierbar
wie Quecksilber; dem Versuch, sie zu lokalisieren, widersteht sie
genauso, wie ein Molekül nach Heisenbergs Unschärferelation
nicht zugleich nach Ort und Geschwindigkeit gemessen werden
kann. Und die Menschen haben Angst vor dieser Unbestimmtheit
und Gestaltlosigkeit der Macht.

Im 20. Jahrhundert wandelt sich die Grundkonfiguration der
politischen Macht in komplexen Gesellschaften. David Riesmans
Schlüsselthese lautet: »Power is dispersed among veto groups.«
Die Macht ist unter Gruppen verteilt, die Einspruch erheben können. An die Stelle der Klassenherrschaft tritt ein Spiel des Nein-
sagens; an die Stelle der politischen Führung tritt die Verteidigung
von Besitzständen und Gruppeninteressen; an die Stelle von mo-
ralischer Legitimation tritt Konsumorientierung. Und die politische Führung hat kein politisches Programm mehr, sondern manipuliert Koalitionen. Vor dem Hintergrund der neuen Kommu-
nikationstechnologien, auf die wir gleich ausführlich zu sprechen
kommen, heißt Politik vor allem: »Studying the feedback from all
the others.« *Der Politiker weiß sich selbst in ein Geflecht von Rückkopplungsschleifen verstrickt.*

So floriert der Pluralismus des Parteien- und Gruppenstaates.
Wenn heute zum Beispiel ein Thierse, ein Schäuble oder ein
Joschka Fischer vor den Kameras auftreten, ist gar nicht so leicht
zu sagen, für wen sie sprechen: für Regierung/Opposition, für ihre
Partei, für eine »Veto-Gruppe«, in eigener Sache oder »im
Namen« der Öffentlichkeit. Diese Vieldeutigkeit reduziert das Ri-
siko und die Verantwortung des Politischen.

Morgen war dann das, was der Außenminister über die Serben

gesagt hat, nur noch seine persönliche Meinung. In diesem Dickicht der Personen, Ämter und Meinungen muß man sich erst einmal zurechtfinden. Deshalb hat langfristig gesehen nur der eine politische Karrierechance, der sich in der Partei von der Pike an hochgedient hat – erinnern Sie sich an das, was ich über Helmut Kohl und den personalen Herrschaftsapparat gesagt habe. Bei David Riesman heißt es hierzu sehr schön: »In the amorphous power structure created by the veto groups it is hard to distinguish rulers from the ruled, those to be aided from those to be opposed, those on your side from those on the other side. This very pattern encourages the inside-dopester who can unravel the personal linkages.« Das Geflecht der Veto-Gruppen bildet eine gestaltlose Machtstruktur, in der es schwer ist, zwischen Herr und Knecht, Freund und Feind zu unterscheiden. Dieses Machtmuster begünstigt den *Inside-dopester*, also denjenigen, der sich im Dickicht der persönlichen Beziehungen auskennt.

Politik als Kontrolle des Wissens

Das hat man, wie gesagt, schon 1950 sehen können. Was sich seither verändert hat, ist vor allem der kommunikationstechnische Hintergrund der Macht. »Der Kampf um den Korridor« (C. Schmitt) findet nicht mehr im Umkreis eines Machthabers statt. *Die Frage des Zugangs zu den Schlüsselpunkten der Entscheidung erweist sich heute immer deutlicher als Frage nach dem Zugang zum Wissen.* Die alte Formel »Wissen ist Macht« gewinnt unter telematischen Bedingungen eine ganz neue Konkretheit. Das Wissen muß als der Kern einer neuen Wirtschaftspolitik begriffen werden. Der frühere Außenminister Hans-Dietrich Genscher hat das 1991 in aller Deutlichkeit ausgesprochen: »Der Aufbau der Informationswirtschaft und -gesellschaft muß zum zentralen Ziel einer Strategie werden, die alle Bereiche der Politik durchdringt.« *Verteilung des Wissens und Zugang zu ihm sind die großen Machtfragen des 21. Jahrhunderts.* Politik kreist dann um Probleme des Datenschutzes, der Privatsphäre, des Geheimnisses und des freien öffentlichen Zugangs zu Daten – insofern hat die verkorkste Debatte über den Großen Lauschangriff weit über den Anlaß hinaus symptomatische Bedeutung.

Politik als Kontrolle des Wissens – das ist ein ganz neues Feature. Die Spione der Zukunft arbeiten an Computerterminals, die Piraten des 21. Jahrhunderts navigieren in der virtuellen Realität der Software. Es ist deshalb klar, daß man die neue Politik der Wissenskontrolle nicht zentralisieren kann – sie bestimmt ja fast alle modernen Arbeitsplätze. Das bekommt schon heute jeder zu spüren, der in einem großen Computernetzwerk arbeitet. Haben Sie oberste Kommunikationspriorität, oder hängen Sie meist in der Warteschleife? Ist das Systemdesign auf Ihre Arbeit zugeschnitten? Alvin Toffler hat in seinem Buch »Power-Shift« die entscheidenden Fragen an die telematische Macht des 21. Jahrhunderts gestellt: »Who gets what kind of information? Who has access to the main data bases? Who can *add* to that data base? What assumptions are built into the accounting? Which department or division ›owns‹ what data? And even more important, who dictates the assumptions or models built into the software?« Wer bekommt welche Informationen? Wer hat Zugang zu den Datenbanken, und wer darf dort neue Daten einschreiben? Solche Fragen machen deutlich, daß der politische Gehalt einer Botschaft die Geschichte ihrer Prozessierung ist. Und man könnte weiter fragen: Wem gehören die Daten? Wer designt die Software?

Wenn es in Zukunft überhaupt noch kritisches Bewußtsein geben soll, dann müssen sie solche Fragen stellen. Macht zirkuliert schon heute in kybernetischen und telematischen Maschinen, die gerne vergessen machen, daß hinter ihnen Softwaredesigner stehen, die sich ihrerseits Standards der Datenstruktur unterwerfen müssen. Das heißt im Klartext, *daß die Politik der Wissenskontrolle vor allem über Betriebssysteme und Telekommunikationsstandards vermittelt wird.* Ein Betriebssystem ist ja ein Stück Software, das dem Anwender keine Wahl läßt. Der Streit um MS-DOS oder UNIX ist deshalb so esoterisch wie hochpolitisch. IBM-Kompatibilität war jahrzehntelang der Name für die Vormacht in der Welt der Datenflüsse. So beginnen heute einige, die alte Hobbessche Frage nach dem Kern des Politischen, »Quis iudicabit?«, Wer entscheidet?, neu zu stellen – und zwar in der schon von Carl Schmitt präzisierten Fassung, »Quis interrogabit?« – »Das ist die Frage, wer die Frage stellt und den in sich entscheidungsfremden Apparat programmiert.«

Wie Sie sehen, *gehen die Fragen nach der Macht als Medium und nach der Macht der Medien ständig ineinander über.* Als der Buchdruck die Gutenberg-Galaxis entstehen ließ, zerbrach die Allmacht Roms; als der Computer die Turing-Galaxis entstehen ließ, zerfiel die Hegemonie Moskaus. Der Schah von Persien versuchte seine Herrschaft mit den zentralisierten Massenmedien des Broadcasting zu retten. Khomeini dagegen operierte mit Kassettenrecordern – die in Paris besprochenen Audiokassetten des Ayatollah entzündeten die fundamentalistische Revolution. Alvin Toffler hat sehr schön gezeigt, wie erfolgreiche Revolutionäre ursprüngliche Medien (face to face) und neueste Medien (Tonband und Video) im Kampf gegen die von Massenmedien (Fernsehen, Presse) getragenen Zentralmächte kombinieren. Deshalb war das neue Kunstwort berechtigt, das die New York Times für die Tyrannenmörder Rumäniens prägte: Videokratie. Denn souverän ist, wer über das elektromagnetische Spektrum entscheidet.

6. Leben nach dem Ende der Geschichte

Postmoderne, Posthistoire, postindustrielle Gesellschaft, post-
materielle Werte, Postfeminismus, posthumane Kunst – die Kom-
posita mit »post« haben Konjunktur. Welcher Wunsch meldet sich
hier? Und wie sieht die Zeit aus, die sich selbst als »post«, das
heißt ja als »danach«, erfährt? Hier lohnt es sich, einen Blick zurück
auf die Soziologie des 19. Jahrhunderts zu werfen. Antoine Cournot hat erstmals das Bild einer zivilisatorischen Phase entworfen,
die man dann Posthistoire, also Nachgeschichte, nennen wird: die
Zeit nach dem Ende der Geschichte. Die Leidenschaften des politischen Lebens haben sich beruhigt; alle Interessen haben als gemeinsamen Nenner die Aufrechterhaltung des Status quo. Das
Gesellschaftssystem stellt sich auf Dauer, indem es alle politischen
Kräfte neutralisiert; dadurch werden alle Lebensenergien abge-
spannt. Und das bedeutet eben schon für Antoine Cournot: Die
Geschichte löst sich auf wie ein Strom, der in tausend Bewässerungskanäle einfließt.

*Blickt man vom Posthistoire zurück auf die Geschichte, so erscheint
sie nur noch als ein flüchtiges Zwischenspiel.* Und dieses kurze Zwischenspiel, das wir Geschichte genannt haben, endet, sobald sich
die Gesellschaft wissenschaftlich fixiert hat. Die neue, nachgeschichtliche Welt stabilisiert sich im Faktenwissen. Das Organische wird vom Organisatorischen aufgesaugt. Absehbar wird ein
Endzustand absoluter Kristallisation, in dem die Menschen wie
Termiten ein Gehäuse endloser Routinen und Ereignisfolgen be-
wohnen. Dieses statische Zeitalter der Nachgeschichte hat dann
wieder die Stabilität der Vorgeschichte erreicht. Es entwickelt sich

ohne Krise, ohne Bewußtsein und ohne Freiheit. Und das heißt letztlich: ohne den humanistischen Menschen. So das düstere Bild von Cournot.

Dieses Bild zeichnet in dramatischer Verkürzung einen wesentlichen gesellschaftlichen Prozeß der letzten 200 Jahre nach, aber es ist nicht facettenreich genug. Denn unsere Zeit des »Post« ist Entlastung und Verlust zugleich. Was wir Moderne nennen – also die Zeit zwischen der europäischen Aufklärung und dem Ersten Weltkrieg –, hat uns mit idealistischen Zumutungen überlastet und mit humanistischen Idealen geködert. Deshalb haben wir heute eine *ambivalente Einstellung zur Moderne: Sie ist Utopie und Alptraum zugleich.* Deshalb fällt es uns so schwer, souverän in eine neue Zeit einzutreten. Wir haben ein Entwöhnungstrauma der beendeten Moderne.

Was immer Postmoderne heißen mag – das ist in jedem Fall ein Name, der für ein ganz bestimmtes, wichtiges Gefühl steht. Dieses untrügliche Gefühl sagt uns, daß unser Leben die Moderne überholt hat. Und ganz deutlich ist auch, daß es ein befreiendes Gefühl ist, »danach« zu sein. Wir sind den Alpdruck los, den man Moderne genannt hat. Die Moderne war eine Zeit avantgardistischer Projekte, die uns zu unserem Glück zwingen wollten: Wir sollten aufgeklärte Menschen, selbstdenkende Wesen, autonome Subjekte und mündige Bürger werden. Und wer hätte es gewagt, all das nicht sein zu wollen? Doch 100 Jahre Moderne haben gezeigt: Das waren Überforderungen und Glückszwangsangebote. Deshalb die Erleichterung des »Post« – endlich haben wir das hinter uns! Erstes Zwischenergebnis: Das Wort »Postmoderne« ist die neueste Formulierung der alten Frage: Was nun?

Geschichte als Placebo

Wir leben in einer neuen Zeit. Aber diese neue Zeit behauptet sich nicht als neu. Sie zwingt uns keine epochalen Projekte auf. Die Postmoderne weiß nicht, was kommt. Gerade das aber – nämlich nicht zu wissen, was kommt – erscheint nun als eigenster, höchster Reiz des Lebens. Wir wissen heute, daß es unmöglich ist, sich die Zukunft vorzustellen. Die Kultur der Postmoderne ist das ironische Arrangement mit dieser Unmöglichkeit. Und so wie auf die Aushöhlung der historischen Form ein Heimweh nach Geschichte antwortet, so weckt die Unmöglichkeit, sich ein Bild von der Zukunft zu machen, einen gewaltigen Bedarf an Futurologie. Deshalb wird es immer mehr Zukunfts-Workshops und Future-Summits geben, die Trends abtasten. Es gibt aber kein Wissen von der Zukunft – nur das Risiko des Trendsetting.

Die Wissenschaften des 20. Jahrhunderts haben gezeigt, daß unsere Welt der Herrschaft des Unbestimmten ausgeliefert ist. Ich nenne hier nur zwei wissenschaftsgeschichtliche Eckdaten: Heisenbergs Unschärferelation und Gödels Unvollständigkeitstheorem. Den Kernbestand dieser Überlegungen kann man auch als Laie gut verstehen:

– Werner Heisenberg hatte gezeigt, daß es unmöglich ist, zugleich Ort und Impuls eines Elementarteilchens zu bestimmen. Je genauer die Messung des Impulses ist, desto unschärfer wird die Bestimmung des Ortes. Und umgekehrt. Für das ganze Phänomen gibt es also keine Exaktheit, sondern nur Statistik.
– Kurt Gödel hatte bewiesen, daß jedes widerspruchsfreie, vernünftige System mindestens einen auf dieses System bezüglichen Satz enthält, dessen Wahrheit sich nicht beweisen läßt. Also sind alle Systeme notwendigerweise unvollständig. Diese wissenschaftlich erwiesene neue Unbestimmtheit gibt nun unserer postmodernen Welt zwei charakteristische Auszeichnungen: Zufälligkeit und Pluralität.

Es handelt sich beim Posthistoire also nicht um den Untergang des Abendlandes, also eine Verfallsphase, sondern um den Austritt aus der Geschichte. Sie endet wie eine Schachpartie in Pattstellung. Die nachgeschichtliche Welt läßt das Leben erstarren und herrscht mit der mythischen Macht der alten Naturordnung.

Im nüchternen Rückblick auf die Kulturentwicklung der Menschheit verliert sich die Phase »Geschichte« als winziges Intervall zwischen Prähistorie und Posthistoire. Was sind schon 2500 Jahre auf dem Bildschirm der Evolution! Ich möchte hier ein naheliegendes Mißverständnis gar nicht erst aufkommen lassen: Posthistoire heißt nicht, daß nichts mehr geschieht. Im Gegenteil! Ereignisse, Sensationen, Katastrophen allerorten! Aber es ändert sich nichts Wesentliches mehr in der Grundstruktur der westlichen Gesellschaft. Und der Rest der Welt hat kaum eine andere Option als die, sich an diese westliche Grundstruktur anzupassen.

Wie gesagt: Nachgeschichte heißt nicht etwa, daß nichts mehr geschieht! Im Gegenteil. Aber *im Chaos der Ereignisse zeigen sich keine eigentlich historischen Strukturen mehr* – denken Sie nur an den Bürgerkrieg im ehemaligen Jugoslawien oder an die kriegerischen Zerfallsprozesse am Rande der ehemaligen Sowjetunion. Der Unterschied, um den es hier geht, läßt sich ganz einfach an einem Vergleich von Vietnamkrieg und Golfkrieg ablesen. Der Golfkrieg war ein Videokrieg, der auf den Bildschirmen des elektronischen Weltdorfes inszeniert worden ist – die äußerste Zuspitzung der Simulationskultur einer High-Tech-Gesellschaft. Der Vietnamkrieg war das Hintergrundrauschen der Generation X – eine häßliche Zeit, aber, wie Douglas Coupland sehr schön bemerkt, »genuine capital H history times, before history was turned into a press release, a marketing strategy, and a cynical campaign tool.« Zum letztenmal wurde Geschichte mit großen Buchstaben geschrieben; seither ist das »historische Ereignis« zum Markenartikel der Politik geschrumpft. Als die Generation X, also die heute Dreißig- bis Fünfunddreißigjährigen, den Schauplatz der Geschichte betrat, endete gerade der letzte Aufzug.

Die Zeit, da Geschichte mit Großbuchstaben geschrieben wurde, ist nun endgültig vorbei. *Geschichte ist heute nur noch ein Farbspektrum der Modepalette.* Man könnte von einer Placebo-Version der Geschichte sprechen. Was sich in der Welt ereignet, erscheint als kaleidoskopischer Bilderwechsel, und Hollywood ist die Schule dieser »imagification« der Geschichte. Stuart Ewen, Professor für Medientheorie am New Yorker Hunter College, bemerkt hierzu: »Postmodernism is about the rubble of history, rather than history itself. It's about the reduction of history to a set of images and surfaces. This isn't true just of postmodernism, of course, it was pioneered by Hollywood.« Ich übersetze: Die Postmoderne hat mit dem Schotter der Geschichte zu tun; sie wird auf eine Staffage von Bildern und Oberflächen reduziert. Und das gilt nicht nur für die Postmoderne – Hollywood war hier natürlich der Vorreiter.

Der Pariser Modephilosoph Jean Baudrillard charakterisiert das Posthistoire so: »Die Hysterie der Geschehnisse ist selbst ein Erzeugnis des Endes der Geschichte. Weil es keine Geschichte mehr gibt, dürfen die Ereignisse nie aufhören. Weil es keine Ursachen mehr gibt, muß man Effekte ohne Unterbrechung herstellen. Weil nichts mehr Sinn hat, muß alles reibungslos funktionieren.« Vielleicht werden Sie sagen: Das ist schwarz in schwarz gemalt. Doch auch wenn diese Theorie vom Posthistoire übertrieben sein sollte, so trifft sie doch etwas Entscheidendes: Wir können unser Leben und unsere Welt nicht mehr aus der Geschichte heraus verstehen. Die historische Form ist ausgehöhlt. Gerade deshalb aber gibt es Heimweh nach Geschichte. Pilgerscharen ziehen ins Museum, um die Geschichte der Staufer und Etrusker zu erleben. Und im Recycling der Mode kehren die Jahrzehnte wieder, in denen wir geboren wurden.

Kein Mißverständnis bitte: All das ist nicht das Zeichen eines historischen Bewußtseins. Wir sind dabei, ein ironisches Verhältnis zur Geschichte zu entwickeln. *Im Karneval der Zeiten bedienen wir uns ungezwungen aus der Requisitenkammer der Vergangenheit.* Man benutzt postmodern die vergangenen Zeiten wie Modefarben, die man neu kombinieren kann. »Decade-Blending«, Verschnitt der Epochen, nennen das die Designer der Generation X. Wer noch einen Sinn für historische Zeit hat, könnte sagen: Das Recycling der Mode ist eine Farce auf die zyklische Geschichtsauffassung.

Museum Europa

Nirgendwo war Geschichte so sehr Geschichte im eigentlichen Sinne wie in Europa. Gerade deshalb verwandelt sich Europa heute, nach dem Ende der Geschichte, in ein Museum. Die amerikanischen und japanischen Touristen haben das schon sehr früh bemerkt. Man könnte sagen: Die Europa-Touristen aus Japan und Amerika sind die postmodernen Beobachter der Moderne. Der Philosoph Hermann Lübbe bemerkt hierzu grundsätzlich: »Postmodern existiert, wer die Hinterlassenschaften der Moderne als Denkmäler wahrnimmt.« Was die mit Videokameras bewaffneten Menschen aus Seattle und Osaka in Europa suchen, sind die romantischen Ruinen einer vergangenen Epoche. Mit großem Recht hat man deshalb das Museum als Gesamtkunstwerk des 20. Jahrhunderts bezeichnet. Denn das Museum ist die Institution eines *Eklektizismus mit gutem Gewissen.*

Das Urteil »Eklektizismus« war bisher ja fast immer nur kritisch gemeint – daß ein Denken aus verschiedenen Theorien zusammengestückelt ist oder daß ein Künstler wahllos auf Stilmittel vergangener Epochen zurückgreift. Jemand war eklektizistisch, weil er nicht in der Lage war, aus sich selbst heraus »schöpferisch« zu sein. Dieser Vorwurf setzt aber stillschweigend als oberste Werte voraus: Originalität, Kreativität aus Intuition, Fortschritt und Systematik. Von ebendiesen obersten Werten nehmen wir heute Abschied. Und deshalb gibt es in der Postmoderne einen Eklektizismus mit gutem Gewissen.

Bei allem Spott über das »Museale« sollte man also nicht vergessen: *Im Museum ist die Kultur von der Zwangsneurose des Avantgardismus befreit.* Erinnern Sie sich nur an das Losungswort des Lyrikers Arthur Rimbaud: »Il faut être absolument moderne!« Das Museum Europa befreit uns von diesem spezifisch modernen Zwang, immer absolut modern sein zu müssen. Es zitiert die Moderne ironisch und denkt sie neu – als etwas Vergangenes.

Der Verlust der »Negativität«

Um besser zu verstehen, was hier geschieht, ist es sinnvoll, das moderne Denken dort zu befragen, wo es ausdrücklich ein Denken der Moderne ist. Das wird traditionell unter dem Titel »Geschichtsphilosophie« abgehandelt. Doch keine Angst vor großen Begriffen! Der sachliche Kern dieser Geschichtsphilosophie der Moderne läßt sich klar und einfach herauspräparieren.

Der bedeutendste deutsche Philosoph, Georg Wilhelm Friedrich Hegel, hat sein großartiges Gedankensystem am Anfang des 19. Jahrhunderts wie eine Ellipse um zwei Brennpunkte der Geschichte herum konstruiert. Den einen Brennpunkt markiert der Einbruch des Christentums in die heidnische Welt. Den zweiten Brennpunkt der Geschichte bildet die Französische Revolution. Der christliche Gott befreit den Geist im Menschen. Und die Französische Revolution stellt den Menschen »auf den Kopf«, die Menschen beginnen damit, ihr Leben nach Ideen zu organisieren und für diese Ideen einzustehen. Freiheit, Gleichheit und Brüderlichkeit – heute würde man sagen: Solidarität – stand ja auf den Fahnen. Von diesem Augenblick an hält das Weltgeschehen Schritt mit der Philosophie. Hegel hat in der Geschichte einen Fortschritt im Bewußtsein der Freiheit gesehen. Diese Fortschrittsgeschichte ist mit Napoleon am Ziel angelangt. Die Zeit der menschlichen Irrtümer ist zu Ende, und die Geschichte hebt sich in Wissenschaft auf. Das ist Hegels großer Grundgedanke.

150 Jahre später hat ein in Paris lehrender Philosoph russischer Abstammung, Alexandre Kojève, diesen Grundgedanken Hegels noch radikalisiert. Um seine Schlüsselthese zu verstehen, muß man wissen, daß der Hegelsche Mensch als ein geistiges Wesen gedacht wurde, das durch »Negativität« und einen ständigen Prestigekampf um Anerkennung charakterisiert ist.

– Negativität heißt bei Hegel das Gegenteil dessen, was man vermuten würde. Die negative Energie ist nämlich das »Positivste« am Menschen. Hegel meint damit die Arbeit, auch die begriffliche Arbeit, und alle Weisen des »Formens«. Dadurch macht sich der Mensch frei von den Fesseln des Materials und der Natur; er wird Geistmensch.

– Prestigekampf meint den Kampf um Anerkennung. Hegel entwickelt ihn in seiner Urform, als Kampf zwischen Herr und Knecht auf Leben und Tod. Wichtig daran ist, daß der Mensch hier nicht aus Bedürftigkeit und Not, sondern wegen eines ideellen Werts sein Leben riskiert.

Kurzum: Der Kampf um Anerkennung und die Arbeit des Negativen machen für Hegel den Menschen erst zum Menschen. Und dieser Mensch stirbt am Ende der Geschichte im napoleonischen Endstaat. Denn jetzt ist der Prestigekampf um Anerkennung ja gewonnen, die Knechte sind seit der Französischen Revolution gleiche Bürger, von denen die Macht ausgeht. Es gibt keinen Grund und Ansatzpunkt mehr für »Negativität«. Nun beginnt das Posthistoire; der nachgeschichtliche Mensch betritt die Weltbühne. »Was verschwindet, ist der Mensch im eigentlichen Sinn. Das Ende der menschlichen Zeit oder der Geschichte bedeutet ja ganz einfach das Aufhören des Handelns im eigentlichen Sinn des Wortes. Das heißt praktisch: das Verschwinden der Kriege und blutigen Revolutionen. Und auch das Verschwinden der Philosophie; denn da der Mensch sich nicht mehr wesentlich selbst ändert, gibt es keinen Grund mehr, die Grundsätze zu verändern, die die Basis der Welterkenntnis und Selbsterkenntnis bilden. Aber alles übrige kann sich unbegrenzt erhalten: die Kunst, die Liebe, das Spiel.« So Alexandre Kojève. Er hat selbst radikale Konsequenzen aus dieser Diagnose gezogen und seine wissenschaftliche Karriere beendet. Denn wenn die Geschichte am Ende ist, endet auch die »große Politik« – und damit ist auch die Philosophie am Ende. Kojève wurde Beamter in der Europäischen Gemeinschaft. Die EG war für ihn »ein angemessenes Symbol für das Ende der Geschichte« (F. Fukuyama).

Der große Philosoph Hegel hat gedacht, was zu denken war.

Und der große Staatsmann Napoleon hat die revolutionären Energien zum Bestand der Welt universalisiert, mit dem nun zu rechnen ist. Von nun an, also um 1800, entleert sich das geschichtliche Geschehen bis zum reinen Als-ob. *Alles geschieht nur noch, als ob etwas geschehe. Die Fülle der Ereignisse gehorcht einem stabilen Pattern.* Man könnte sagen: Seither hört die Geschichte nicht auf zu enden. Und schon 1820 hat Hegel an den modernen Staaten Europas Züge posthistorischer Erstarrung beobachtet: »Europa ist bereits eine Art von Käficht geworden, in welchem nur zwei espècen von Menschen sich frei zu bewegen scheinen: der eine, der selbst mit Herz und Seele den Verschließern angehört, der andere, der unter dem großen Drahtgewölbe sich einen Fleck sucht, wo er weder für noch wider dessen Drähte zu agiren oder zu reagiren hat.«

Der letzte Mensch?

So nüchtern kann die Weltbeschreibung eines Idealisten ausfallen! Ich denke, es ist die großartigste Bestätigung für die zeitgeschichtliche Diagnose eines Denkers, wenn sein berühmtester Kritiker zum selben Ergebnis kommt. In seinem prophetischen Hauptwerk »Also sprach Zarathustra« läßt nämlich Friedrich Nietzsche eine Gestalt auftreten, die man als Antihelden des Posthistoire bezeichnen könnte. Nietzsche nennt ihn den letzten Menschen. »›Was ist Liebe? Was ist Schöpfung? Was ist Sehnsucht? Was ist Stern?‹ – so fragt der letzte Mensch und blinzelt. Die Erde ist dann klein geworden, und auf ihr hüpft der letzte Mensch, der alles klein macht. Sein Geschlecht ist unaustilgbar wie der Erdfloh; der letzte Mensch lebt am längsten. ›Wir haben das Glück erfunden‹ – sagen die letzten Menschen und blinzeln.«

Es lohnt sich, hier jedes Wort auf die Goldwaage zu legen. Dieser nachgeschichtliche »letzte Mensch« treibt nicht auf die Katastrophe zu, sondern ist »unaustilgbar«. Er wird das Gesicht der Erde länger bestimmen als jede andere Gestalt der Geschichte.

Seine Arbeit vollzieht eine große Nivellierung. Sie zielt auf den Insektentypus, den die großen Ameisenbauten der modernen Städte fordern. Diese totale Uniformierung, die Abschleifung zum Sand der Menschheit, hat Nietzsche dem Christentum und der Demokratie zur Last gelegt. Und so sieht er die Menschen einer drohenden Zukunft – also unserer Gegenwart: »Alle sehr gleich, sehr klein, sehr rund, sehr verträglich, sehr langweilig. Ein kleines, schwaches, dämmerndes Wohlgefühl über alle gleichmäßig verbreitet, ein verbessertes und auf die Spitze getriebenes Chinesentum.«

Wohlgemerkt: Nietzsche sagt nicht, daß die letzten Menschen das Glück gefunden haben. Er sagt, sie haben das Glück »erfunden«. Es handelt sich nämlich um die Narkose der kleinen Gifte und Rauschmittel. Diese Drogen betrügen den Menschen aber um seine letzten Kräfte – nämlich die Sehnsucht und die Verachtung. Das ist Nietzsches Urteil über den Grundvorgang der Moderne: *Die langsam fortschreitende Behaglichkeit des Wohlstands führt zur geistigen Versklavung.* Deshalb lehrt Zarathustra den Ekel am Glück und die Kraft der großen Verachtung. In einer grandiosen Nachlaßnotiz Nietzsches heißt es: »Unser Atheismus ist ein Suchen nach Unglück.«

Um 1900 verbreitete sich der Eindruck, daß die westliche Zivilisation in eine Endphase der Kristallisation eingetreten ist: Ein bloß noch biologisches Auf und Ab ersetzt die Geschichte, die Form des Lebens erstarrt zur Formel, und der Lebensstil versteinert zum Typus. So hat der Kulturtheoretiker Oswald Spengler in seinem berühmten Werk über den »Untergang des Abendlandes« Goethes Faust (II. Teil) als Führer in die traumlose Erstarrung begrüßt. Entsprechend werden dann auch neuere wissenschaftliche Erkenntnisse gedeutet: Die physikalische Lehre von der Entropie, dem Wärmetod, hat Spengler kurzerhand auf die Geschichtswelt übertragen und als eine Art Götterdämmerung verstanden.

Diese nihilistische Lesart der Formel »Ende der Geschichte« beleuchtet scharf das Verhältnis von erstarrter sozialer Ordnung und ursprünglichem gesellschaftlichen Chaos. Ich möchte das in der Gleichung ausdrücken:

$$\frac{\text{Ordnung}}{\text{Chaos}} = \frac{\text{Nihilismus}}{\text{Anarchie}}$$

In diesem Horizont bewegen sich die Spekulationen des »Waldgängers« Ernst Jünger. Chaos bleibt für Ernst Jünger auch dann noch der Ort der Freiheit und Maß wahrer Ordnung, wenn alle gesellschaftliche Ordnung posthistorisch erstarrt, ins Gravitationsfeld des Nihilismus geraten ist. Dann gilt es, Anarchie als dessen Gegenmacht zu mobilisieren – Chaos ist eben nicht Nichts. Der »Waldgänger« – wohlgemerkt in einer »Wildnis«, der zwei Weltkriege alle Romantik abgeschminkt haben – lebt von der Hoffnung, daß der »Leviathan«, also der Staat, den Zugang zum »Dickicht« des anarchischen Chaos nicht findet. Jünger nennt diesen Ort der Freiheit mit Solgers Wort das »Ungesonderte«: »Entscheidend bleibt, wieviel echte Anarchie im Chaos verborgen ist.«

Japanischer Snobismus

Ob man also die Soziologie Antoine Cournots, die Geschichtsphilosophe Hegels, die Prophetie Nietzsches oder die Kulturtheorie Oswald Spenglers befragt – der Grundgedanke dieser Erfahrung des »Posthistoire«, der Nachgeschichte, ist stets folgender: *Wenn die Zivilisation erst einmal in ihrem Grundriß fertig ist, dann gibt es keine Geschichte im eigentlichen Sinne mehr. Wir leben nun in einer Welt fortwährender Veränderungen, in der nichts anders wird.* So hat man es also schon im 19. Jahrhundert gesehen, und nach dem Zweiten Weltkrieg haben dann Alexandre Kojève, Arnold Gehlen und – zuletzt – Francis Fukuyama diese These wiederholt.

Doch wie können Menschen in einer Welt leben, deren zivilisatorischer Grundriß fertig ist und in der alles Wesentliche gedacht und getan ist? Um diese Frage zu beantworten, ist es hilfreich, sich an Max Webers Religionssoziologie des Kapitalismus zu erinnern. Seine zentrale These war ja die, daß der asketische Geist des Kapitalismus aus dem Gehäuse der modernen Wirtschaftsordnung geschwunden ist. Die Idee des »Berufs« im Sinne von Berufung ist verblaßt, und das Erwerbsstreben hat »rein agonale« Züge angenommen – als sei es ein Sport. Meine These lautet im Anschluß an Max Weber: *Der Ruf nach einer »Wirtschaftsethik« ist die verzweifelte Suche nach dem verlorenen Geist des Kapitalismus.* Wir brauchen einen neuen kapitalistischen Geist – aber was kann an die Stelle der christlichen Askese treten? Der reine Agon?

Der Vergleich der Wirtschaft mit dem Sport macht auch umgekehrt deutlich, wie wichtig der Sport geworden ist, seit wir in einem befriedeten Mitteleuropa leben, wo allgemeiner materieller Wohlstand herrscht und sich der Kampf um Anerkennung auch aus den Arenen von Öffentlichkeit und Berufsleben zurückgezogen hat. Im Sport gibt es noch Sieger und Verlierer ohne schlechtes Gewissen. Sport ist die ideale inhaltslose Aktivität, die Anerkennung einbringen kann – als olympischer Silbermedaillengewinner, Schützenkönig oder Triathlet. In der neuen Kultur des Immateriellen ist der Sport die Rettung des Körpers als Zone des Sinns. Sport ermöglicht es, in einem engen, leicht überschaubaren Sinnbereich, in dem also chaotische Überkomplexität reduziert ist, dennoch hohe Komplexität aufzubauen. Die Fußballfans und Aerobicdamen können dann ihr ganzes Leben in die Koordinaten ihres Sports pressen.

Diese überragende Bedeutung des Sports hat auch Francis Fukuyama, einer der wichtigsten außenpolitischen Berater der amerikanischen Regierung, der seine weltpolitische Standortbestimmung ganz in den Koordinaten von Kojèves Theorie des Posthistoire vorgenommen hat, klar erkannt: »Der alpine Bergsteiger hat alle Bedingungen des historischen Kampfes für sich neu geschaffen: Gefahr, körperliche Qual, harte Arbeit und schließlich das Risiko eines gewaltsamen Todes. Doch das Ziel ist kein historisches Ziel mehr, sondern ein rein formales: Man will der erste

Amerikaner oder der erste Deutsche sein, der den K 2 oder den Nanga Parbat besteigt, und wenn das geschafft ist, will man der erste sein, der den Aufstieg ohne Sauerstoff schafft, und so weiter. Für den größten Teil des posthistorischen Europa haben die Weltmeisterschaften den militärischen Wettstreit als wichtigstes Ventil für nationalistische Bestrebungen ersetzt. Kojève sagte einmal, sein Ziel sei es, das Römische Reich wiederaufzubauen, diesmal jedoch als multinationale Fußballmannschaft.«

Das Spiel des Sports ist also sehr viel mehr als nur ein Spiel. Um das zu verstehen, müssen wir uns noch einmal die zentrale These Alexandre Kojèves vergegenwärtigen: Zu Beginn des 19. Jahrhunderts hat die »Avantgarde der Menschheit *virtuell*« das Ende der Geschichte erreicht; in den nächsten 150 Jahren verfestigt sich dann der Weltlebensstil zum American Way of Life, zu dem es scheinbar keine Alternative gibt. Doch Kojève selbst hat 1959, nach einer Japanreise, einen faszinierenden Einwand gegen seine eigene Diagnose formuliert. Denn in Japan ist er auf eine Kultur gestoßen, die einen *radikal antiamerikanischen Weg ins Posthistoire* weist. Kojève spricht hier von einem japanischen Snobismus. Gemeint ist, daß die Japaner nach total formalisierten Werten leben – ihre zeremonialen Formen beziehen sich nur noch auf sich selbst, völlig abgelöst von jedem Inhalt. Es handelt sich also um eine Art Lebensartistik – denken Sie nur an die Samurai, das No-Spiel, die Tee-Zeremonien usw. Übrigens findet sich eine ganz ähnliche Konzeption des Formensnobismus auch in Thomas Manns Roman »Doktor Faustus«. Auch für die Kunst der Moderne gilt ja: Es gibt keine verpflichtend geltenden Konventionen mehr. Man kann das wissen und dennoch mit den leeren Formen »das Spiel potenzieren«.

Doch noch Weltgeschichte?

All die komplexen Überlegungen zur Zeit nach dem Ende der Geschichte haben also ein simples Fazit: Nichts geht mehr. Und gerade darum gilt: Anything goes! Im Westen nichts Neues. Seit der deutschen Wiedervereinigung und dem Zusammenbruch des »realen Sozialismus« verkünden aber einige Zeitgenossen: ... und sie bewegt sich doch! Es ereignet sich Weltgeschichte! Von hier und heute (nämlich 1989) geht eine neue Epoche der Weltgeschichte aus, und wir können sagen, daß wir dabeigewesen ...

Während sich der Westen immer komfortabler im Posthistoire, also in der Zeit nach dem Ende der Geschichte, einrichtete, schien sich im Osten noch einmal Geschichte zu ereignen. Man hat sogar von einer friedlichen Revolution gesprochen. Doch schnell ist auch wieder die Enttäuschung eingekehrt. Die Menschen im Osten haben sich beharrlich geweigert, den Intellektuellentraum vom »dritten Weg« eines »Sozialismus mit menschlichem Antlitz« zu erfüllen. Auch dieses philosophische Projekt der Moderne war ein Glückszwangsangebot, das wir endlich zurückweisen. Statt dessen wollen auch die Menschen des Ostens den Kapitalismus pur und ergeben sich der Magie der D-Mark. Sie sehnen sich nicht, wie einige unserer Linksintellektuellen flehentlich hofften, nach einem neuen Gesellschaftsvertrag, sondern nach dem, was Oscar Wilde so schön und böse die »Wonnen des Trivialen« genannt hat.

Ich meine also, daß gerade auch der große Wandel im Osten die von den Propheten des Posthistoire vorausgesagte Universalisierung des American Way of Life vorantreibt. *Der westliche Lebensstil ist heute – zumindest was die Bedürfnisse der zivilisierten Menschen betrifft – ohne Alternative.* Andy Warhol hatte recht: Die Welt ist schön, wo es McDonald's gibt. Jetzt ist auch Moskau schön.

Mit dieser Weltbeschreibung können sich Menschen arrangieren, die mit dem Liberalismus unserer formalen westlichen Demokratie zufrieden sind und die ihren Frieden mit dem Kapitalismus gemacht haben. Doch die Theorie des Posthistoire ist natürlich ein Skandal für alle Linksintellektuellen, die ihre Identität mit der Utopie des »dritten Wegs«, des »Sozialismus mit menschlichem Antlitz«, verknüpft haben. *Das Ende der Geschichte ist nämlich auch das Ende der politischen Linken.* Verzweifelt halten sie noch an ihren Träumen fest – und verwandeln sich unversehens in die Reaktionäre der postmodernen Welt. Gebetsmühlenhaft predigen sie über Aufklärung und philosophische Projekte der Moderne. Das alles ist aber nur ein Ausdruck der theoretischen Farbenblindheit unserer Linksintellektuellen. Meine These lautet: Die Linke erlischt wie die Philosophie der fortschreitenden Geschichte, an die sie seit der Aufklärung geglaubt hat. Und aus der Perspektive der Chaostheorie könnte man ergänzen: Die Theorie des Posthistoire verhält sich zur Geschichtsphilosophie wie die fraktale Geometrie zur Euklidischen Geometrie.

Der Kulturphilosoph Günther Anders hat das Geheimnis des Posthistoire schon 1956 auf eine Kampfformel gebracht, die den Zukunftspessimismus und die Technikangst der deutschen Intellektuellen sehr gut zum Ausdruck bringt – die Antiquiertheit des Menschen. Der Grundgedanke ist einfach: Angesichts der Perfektion der Technik schämt sich der Mensch, bloß geboren und nicht gemacht zu sein. Und in der Tat: Vergleicht man Menschen mit elektronischen Schaltkreisen, so erweisen sie sich zumeist als schlampig produzierte, dumme Netze. So stellt der Futurologe Stanislaw Lem schon in den späten fünfziger Jahren mit nüchternem Blick auf die Menschen fest, »daß einige von ihnen defekte Schaltkreise des logischen Denkens besitzen, daß anderen Einrichtungen zur Selbstkontrolle fehlen, während es dritten wiederum an der Stabilität ihrer Rückkopplungen mangelt, so daß sie, statt nach einem bestimmten Ziel zu streben, unschlüssig und gedankenlos im Dickicht des Lebens umherirren.« Hier verwandelt sich die Frage nach der Geschichte und ihrem Ende in die Frage nach dem Menschen und seiner Technik.

7. Abschied vom Humanismus

Apokalypsen haben Konjunktur. Aber ich meine, daß all diese Variationen über den Untergang des Abendlandes die Möglichkeit eines neuen Denkens verstellen. Ja, man kann sagen, daß der Humanismus heute ins Denkverbot übergeht. Täglich bombardieren uns die Medien mit wissenschaftlichen Hochrechnungen, die das Ende ankündigen. In 20, 40, 100 ... Jahren

- sind die fossilen Brennstoffe der Erde verbraucht,
- erstreckt sich das Ozonloch bis nach Sylt,
- wachsen wegen des Treibhauseffekts Palmen in Bottrop,
- steht Holland unter Wasser, weil die Polkappen schmelzen,
- sind die Deutschen ausgestorben,
-
-
-

(Ergänzen Sie weitere apokalyptische Prognosen!)

Die Konjunktur der Katastrophentheorien ist ein Zeichen für die Hilflosigkeit des humanistischen Denkens. *Weil der Humanismus selbst am Ende ist, sieht er die Wirklichkeit am Ende und kreist nun unaufhörlich ums Bild der Katastrophe.* Ich bin übrigens nicht der erste, der das bemerkt. Der Philosoph Ludwig Wittgenstein hat schon im Jahre 1946 alle Friedensbewegten als »Auswurf der Intelligenz« gebrandmarkt. Seine Formulierung ist an Klarheit und Schärfe nicht zu überbieten: »Die hysterische Angst, die die Öffentlichkeit jetzt vor der Atom-Bombe hat, oder doch ausdrückt, ist beinahe ein Zeichen, daß hier einmal wirklich eine heilsame Erfindung gemacht worden ist. Wenigstens macht die Furcht den Eindruck einer wirklich wirksamen bittern Medizin. Ich kann mich des Gedankens nicht erwehren: wenn hier nicht etwas Gutes vorläge, würden die Philister kein Geschrei anheben.«

Das Phantasma »Humanum«

Es ist heute schon zu einer interessanten Selbstverständlichkeit geworden, daß man Menschen nicht nur Pflichten gegen ihresgleichen, sondern gegen die ganze Menschheit zumutet. Genau das tut der Philosoph Hans Jonas in seinem Buch über das »Prinzip Verantwortung«. Er überlastet die Ethik mit dem größten aller möglichen Probleme: der Zukunft der Menschheit. Im Kern geht es Jonas um das Daß einer Zukunft überhaupt, also ums Überleben. Daß die Menschen eine kosmische Verantwortung für das Leben im ganzen haben, ist ein interessanter Mythos, der immer mehr Anhänger findet. Man kann bei Hans Jonas gut beobachten, wie dieser Mythos entstanden ist. Jonas stellt den technischen Stand der Dinge immer so dar, daß er einen unmittelbar theologischen Charakter bekommt: Nicht Gott, sondern die Technik hat den Menschen angeblich mit dem Amt bekleidet, der »Wächter der Schöpfung« zu sein. Das »Prinzip Verantwortung« entspringt also einem rein religiösen Bedürfnis: Mitten in der entzauberten Welt der Postmoderne soll das »Mysterium« des Humanen wieder zur Geltung gebracht werden.

Die religiöse Grundstruktur des Humanismus wird in dieser Ethik sehr schön deutlich. Die Schlüsselbegriffe von Hans Jonas' »Prinzip Verantwortung« lauten Furcht und Tabu, das Humanum und das Heilige. Die Gentechnik hat das Tabu über die menschliche Gestalt gebrochen – deshalb bläst Hans Jonas zum Generalangriff gegen die wissenschaftliche Entzauberung der Welt. Und dieser Humanismus ist stets bereit, in Fundamentalismus umzukippen. So fordert Jonas ausdrücklich: »Unsere so völlig enttabuisierte Welt muß angesichts ihrer neuen Machtarten freiwillig neue Tabus aufrichten.« Was ein »freiwilliges Tabu« sein soll, bleibt natürlich unklar.

Ich denke, Hans Jonas meint mit »freiwilligen Tabus« Praktiken, die uns das Fürchten lehren. Denn Angst ist der Kompaß seiner Ethik: Wir sollen uns fürchten vor dem, was wir können. Und das ist einer der entscheidenden rhetorischen Tricks des »Prinzips Verantwortung«: Jonas deutet die blinde Angst vor der Machbarkeit in die »sehende Furcht« vor dem Menschenmöglichen um. So erzählt der Humanismus wieder einmal die Geschichte von Dr. Jeckyll und Mr. Hyde: Der Mensch spaltet sich in einen bösen Demiurgen, der die Welt manipulieren will, und einen Therapeuten, der dagegen Sicherheitsvorkehrungen treffen muß. Mit anderen Worten: Der Mensch mit seinen ungeheuren technischen Möglichkeiten wird als letzter und eigentlicher Feind der Menschheit entlarvt. Ausdrücklich fordert Hans Jonas eine »Ethik der Furcht vor unserer eigenen Macht«. Eine Angstkultur soll das naturwissenschaftlich-technische Wissen der Gegenwart vermenschlichen. Damit wird Furcht zur ersten Bürgerpflicht.

Immer wieder spricht Hans Jonas vom gentechnischen Frevel am Bild des Menschen, vom Bruch mit seinem Wesen. Und deshalb stellt er der Philosophie die »kosmische Aufgabe«, dieses Bild und dieses Wesen wiederzugewinnen. Das humanistische Menschenbild soll also wieder als unüberschreitbares Tabu technischen Handelns aufgerichtet werden. *Es ist alte Philosophentradition, die in der Neuzeit freigewordene Stelle Gottes durch ein neues Phantasma umzubesetzen – eben das Humanum.* Der Mensch selbst wird zum letzten Garanten des Absoluten. »Humanum«, Lebenssinn, Menschenwürde und »Ebenbild Gottes« sind nur verschiedene Namen desselben Phantasmas.

Das »Humanum« wird bei Jonas zum Fetisch eines Gegenzaubers gegen die entzauberte Welt der Wissenschaften. Da ist es ganz konsequent, daß er die Neugier in den Lasterkatalog aufgenommen sehen möchte – so war es auch schon im Mittelalter. Wer entscheidet aber über die Unterscheidung, die Jonas innerhalb des Willens zum Wissen trifft? Wer soll Erkenntnis, die »zum Adel des Menschen gehört«, von »bloßer Neugierde« trennen? Das läuft direkt aufs Denkverbot hinaus. Humanisten und Ethiker wie Hans Jonas zeigen hier einen hartnäckigen Willen zum Nichtwissen – Ignoranz wird zum unverzichtbaren Grundrecht.

Die Erfindung des Menschen

In einem hochbedeutenden Vortrag über die Begründung des neuzeitlichen Weltbildes durch die Metaphysik hat Martin Heidegger schon 1938 gesagt: »Der Humanismus im engeren historischen Sinne ist nichts anderes als eine moralisch-ästhetische Anthropologie.« Es ist nun die Pointe von Heideggers These, daß diese Anthropologie gar nicht nach dem Wesen des Menschen fragen kann. Denn sie hat sich ja gebildet, um die Selbstbehauptung des Menschen als Mittelpunkt der Welt zu sichern – deshalb muß sie eigentlich schon wissen, was der Mensch ist. *So verstellt die Lehre vom Menschen die Frage nach ihm.* Die Geschichte der Humanwissenschaften zeigt, daß »der Mensch« erst sehr spät die Bühne des Wissens betritt. Er ist eine ganz junge Erfindung und wird vielleicht bald in einer neuen Form des Wissens verschwinden.

Um ein hier weitverbreitetes Mißverständnis gar nicht erst aufkommen zu lassen, will ich ausdrücklich betonen, daß eine solche Polemik gegen »den Menschen« des Humanismus natürlich nicht gegen die menschlichen Wesen zielt. Ich will damit vielmehr sagen, *daß menschliche Wesen erst dann frei leben können, wenn sie aus dem Schatten des Humanismus herausgetreten sind.* Meine These lautet also: Gerade durch die Explosion »des Menschen« wird eine neue Mannigfaltigkeit der Individuen und ihrer Lebensstile möglich. Wieso das? Nun, die humanistische Ideologie ist uns so selbstverständlich geworden, daß wir gar nicht mehr wahrnehmen, wie scharf sie diskriminiert. Man könnte geradezu von einer Geburt des »Unmenschen« aus dem Geist des Humanismus sprechen. Das hat wohl auch Proudhon mit seinem berühmten Diktum gemeint: Wer Menschheit sagt, will betrügen! Denn wer im Namen der Menschheit spricht, kann nicht mehr zwischen Freunden und Feinden unterscheiden – auch der Feind ist ja ein Mensch. Wenn nun also jemand gegen die humanistische Sache auftritt, kann er nur ein »Unmensch« sein. Es gibt deshalb nichts Gefährlicheres, als einen Radikalhumanisten, der ja keine Feinde kennt, zum Feind zu haben. Das hat der Staatsrechtler Carl Schmitt immer wieder betont: »Erst mit dem Menschen im Sinne der absoluten Humanität erscheint, als die andere Seite desselben Begriffs, sein spezifisch neuer Feind, der Unmensch.«

Mir ist klar, daß Sie hier leicht ins Stolpern geraten können – der Humanismus unserer kulturellen Überlieferungen ist zu selbstverständlich, als daß man ihn ohne Schmerzen in Frage stellen könnte. Aber die Einsicht ist unausweichlich: *Gerade derjenige, der die menschlichen Individuen ernst nehmen will, muß radikal antihumanistisch denken.* »Der Mensch« ist weder die Bezugsmitte der Welt noch der Garant der Erkenntnis. Hören Sie dazu noch einmal Carl Schmitt. In einer Tagebuchnotiz vom 31.5.1949 heißt es: »Woher die merkwürdige allgemeine Einigung auf das Wort: Humanismus? Es ist die Sorge um den letzten Rest der von der Technik noch nicht zerstörten und ersetzten Natur: die menschliche Physis, als letzter Rest; Angst davor, daß der Körper nun tatsächlich Maschine wird, Funktion; durch Drogen, Vitamine, Auswechslungen auswechselbar. Da schreien sie voll Angst: der Mensch! Aber dieser so beschworene Mensch ist längst verloren.«

Humanistischer Götzendienst

Vor dem Ende des 18. Jahrhunderts existiert »der Mensch« nicht. Von nun an erst gibt es ein erkenntnistheoretisches Bewußtsein vom Menschen. Frühere Menschenkenntnis wie etwa bei den Moralisten Montaigne und La Rochefoucault war nicht wissenschaftsförmig. Man kann also durchaus etwas aus der Geschichte lernen: daß nämlich bestimmte Grundbegriffe, die wir für selbstverständlich und ewig halten, noch gar nicht so alt sind und vermutlich wieder einmal vom Schauplatz des Denkens abtreten werden. *Der Gott, der Mensch, die Geschichte, die Natur – auch diese großen Begriffe haben eine Geburtsstunde, eine Halbwertzeit und ein Verfallsdatum.* »Der Mensch« ist so alt wie »die Moderne« – und von beiden müssen wir heute Abschied nehmen.

Es ist deshalb interessant zu sehen, wie einige unzeitgemäße Denker inmitten der Moderne dem Menschen den Prozeß gemacht haben. Wie einer der scharf geschliffenen Aphorismen aus Nietzsches »Fröhlicher Wissenschaft« klingt der Gedanke, mit dem der große Anarchist des 19. Jahrhunderts, Max Stirner, die zweite Abteilung seines Hauptwerks »Der Einzige und sein Eigentum« einleitet. Hier lohnt sich ein ausführliches Zitat und eine genaue Lektüre: »An dem Eingange der neuen Zeit steht der ›Gottmensch‹. Wird sich an ihrem Ausgange nur der Gott am Gottmenschen verflüchtigen, und kann der Gottmensch wirklich sterben, wenn nur der Gott an ihm stirbt? Man hat an diese Frage nicht gedacht und fertig zu sein gemeint, als man das Werk der Aufklärung, die Überwindung des Gottes, in unseren Tagen zu einem siegreichen Ende führte; man hat nicht gemerkt, daß der Mensch den Gott getötet hat, um nun – ›alleiniger Gott in der Höhe‹ zu werden. Das Jenseits außer Uns ist allerdings weggefegt, und das große Unternehmen der Aufklärer vollbracht; allein das Jenseits in Uns ist ein neuer Himmel geworden und ruft Uns zu erneutem Himmelsstürmen auf: Der Gott hat Platz machen müssen, aber nicht Uns, sondern – dem Menschen. Wie mögt Ihr glauben, daß der Gottmensch gestorben sei, ehe an ihm außer dem Gott auch der Mensch gestorben ist?«

Max Stirner nimmt hier Friedrich Nietzsches große Thesen vorweg:

– Wir werden Gott nicht los, solange wir noch an den Menschen glauben.
– Gerade das humanistische, aufgeklärte Denken wird uns endgültig ans Koordinatenkreuz des christlichen Zeitalters nageln.

Nietzsche bleibt dabei aber nicht stehen. Seine Frage lautet im Kern: Wie kann der Mensch des 19. Jahrhunderts umgedichtet werden? Die berühmte Forderung Nietzsches, »mit dem Hammer zu philosophieren«, heißt nämlich konkret: *Der Mensch ist der Götze des humanistischen Zeitalters.* Wir müssen diesen Götzen Mensch zertrümmern, um das in ihm verborgene Bild zu befreien – so wie der Bildhauer den Steinblock zertrümmert, um die in ihm schlummernde Plastik zu erwecken. Doch das Bild muß noch weiter kompliziert werden, denn der Bildhauer des Zukunftsmenschen ist ja selbst ein Mensch des 19. Jahrhunderts. Mit dem Hammer philosophieren heißt also: den Steinblock des alten Menschen, in den man selbst eingeschlossen ist, von innen zu zertrümmern. So ruft Zarathustra einmal: »Ach, ihr Menschen, im Steine schläft mir ein Bild, das Bild meiner Bilder! Ach, daß es im härtesten, häßlichsten Steine schlafen muß! Nun wütet mein Hammer grausam gegen sein Gefängnis.« Mit der Lehre vom Übermenschen beginnt die Austreibung des Menschen aus den Humanwissenschaften. Nietzsche hat deutlich gemacht, daß der Tod Gottes nur ein anderer Name für das Verschwinden des humanistisch vergötzten Menschen ist.

Computer-Kultur

Der Humanismus hat uns mit Namen geschmeichelt, auf die wir heute nur ungern verzichten möchten: Freiheit, Geist und Kultur. Aber man hat uns nie so recht klarmachen können, was hinter diesen schönen Namen eigentlich steckt. Die Welt der Computer bringt hier eine zunächst schockierende, dann aber heilsame Ernüchterung: *Die freien Gedanken sind die Software des Gehirns, Geist ist die Einheit aller möglichen Datenkombinationen, und Kultur heißt das Spiel auf der Tastatur des Gehirns.* Das sind natürlich Metaphern. Aber wir können uns immer nur metaphorisch selbst verstehen. Die Frage nach dem Geist ist nicht verstummt, im Gegenteil! Die künstliche Intelligenz zielt ja auf eine technische Implementierung von Geist. Und für das Management der Zukunft stehen heute Mind Designer bereit.

Chaostheorie, Computerwissenschaft und Systemtheorie bieten uns heute Denkfiguren an, mit denen wir jene stolzen Begriffe viel besser fassen können:

- Geist ist die Dynamik der Selbstorganisation.
- Sinn ist ein »strange loop«.
- Freiheit ist der Spielraum, den Bifurkation (Verzweigung) und Feedback (Rückkopplung) einräumen.

Dieses neue Verständnis der obersten Werte und Menschenvermögen fordert natürlich auch ein radikal verändertes Ausbildungssystem. *Erziehung muß heute Medien-Alphabetisierung sein.* Die Bildungsstrategien des Humanismus greifen nicht mehr. Die Kids des Computerzeitalters beugen sich nicht mehr über Bücher, sondern sitzen vor Bildschirmen. Auch diese Kinder sind neugierig und forschen. Aber sie tasten nicht mehr Zeile für Zeile nach der Weisheit überlieferter Schriften. Statt dessen trainieren sie ihr Vermögen der Gestalterkennung. Dieser Abkehr von der humanistischen Bildung entspricht ein völlig verändertes Bild von der Welt. Man glaubt nicht mehr an Substanzen, sondern denkt in Funktionen. An die Stelle von Ursache-Wirkungs-Zusammenhängen treten Schleifenprogramme und Rekursionen. Effekte werden wichtiger als »Bedeutungen«. Und man beschränkt sich auf ein Finetuning, weil man an Einheit und Synthese längst nicht mehr glaubt.

Humanistisch gebildete Menschen finden diese Entwicklung natürlich schrecklich und mahnen deshalb zur Besonnenheit und Nachdenklichkeit. Doch diese Mahnung ist illusionär. Das Leben in komplexen Gesellschaften stellt es uns gar nicht mehr frei, besonnen und nachdenklich zu sein. Besonnenheit in der Wirtschaft führt in den Ruin, Nachdenklichkeit im Straßenverkehr ist tödlich. Unser Denken und Handeln steht zunehmend unter der Anforderung, blitzschnell zu reagieren und sofort zu entscheiden. Auf solche Situationen kann man nicht mehr mit Abarbeitungsroutinen reagieren, die Schritt für Schritt verfahren. Deshalb sagt Marshall McLuhan kurz und treffend: »We return to the icon.« Wir kehren zum Bild zurück.

Der Mangel an Mythos

Zurück zum Ikonischen, Wiederkehr der Bilder – das ist uns mittlerweile so selbstverständlich geworden, daß wir kaum mehr nachempfinden können, mit welcher Härte sich die neue Medienwirklichkeit von der Tradition des Humanismus abgesprengt hat. Denn Bilder galten der abendländischen Vernunft immer als Bedrohung. Hier lohnt sich ein kurzer Rückblick auf die Geschichte der Philosophie. Platon erzählt von Menschen, die in einer Höhle gefesselt sind. Wie in einem primitiven Kino sehen sie immer nur Schattenbilder des Wirklichen, und sie bedrohen den, der ihnen von der Sonne der Wahrheit berichtet, mit dem Tode. Denn solange das Höhlenfeuer durch Schattenwurf bewegliche Bilder erzeugt, ist nicht zu erkennen, daß sie bloß Abbilder sind. Man kann eben in einer Höhle nicht klarmachen, was eine Höhle ist. Und wer immer nur in der Höhle war, kann von sich aus keine Unzufriedenheit mit den Schatten empfinden; er wird sich gegen jeden Versuch der Aufklärung, das heißt einer Entwertung seiner Scheinwelt, wehren. Wenn wir uns diese berühmte Geschichte heute noch einmal anhören, kommen wir zu dem Schluß: Was die Höhlenbewohner eigentlich fesselt, sind die bewegten Schatten ihrer Scheinwelt – also Kinematographie, Film, das Spiel auf dem Bildschirm! RTLs Thoma hat das erkannt: »Auf dem Schirm muß sich was bewegen, in Farbe!«

Wir können heute annehmen, daß die Regisseure solcher Schattenprozessionen keine Betrüger, sondern Funktionäre eines Publikums sind, dem sie die Wirklichkeit ästhetisch ersetzen sollen. Wenn es dabei zu einem Feedback zwischen den Medientechnikern am Regiepult und den Zuschauern kommt, kann von Täuschung natürlich nicht mehr die Rede sein.

Daß Bilder politisch in Funktion gesetzt werden, ist als Machttechnik altvertraut. Deshalb versteht die abendländische Philosophie ihren Aufklärungsauftrag als Entbilderungsunternehmen. Begriffszusammenhänge treten an die Stelle von Bildwelten, die von nun an immer im Verdacht stehen, Trugbildwelten zu sein. So vollzieht sich das philosophische Projekt einer Aufklärung und Entzauberung der Welt im Kampf der Begriffe mit Mythen und Metaphern.

Genau diesen Übergang von den Bildwelten zu den Begriffszusammenhängen hat dann die Kritik der Aufklärung im 19. und 20. Jahrhundert problematisiert. Man hat gefragt, wie groß der Preis des Fortschritts vom Mythos zum Logos, von der Metapher zur Metaphysik ist. Diese Kritik an der begrifflichen Aufklärung, wie sie in den letzten Jahren vor allem von Hans Blumenberg und Odo Marquard vorgebracht worden ist, macht deutlich: *Das Denken ist metaphernpflichtig, und der Mensch ist mythenpflichtig.* Wenn Metaphysik an ihrem griechischen Ursprung nichts als beim Wort genommene Metaphorik war, so führt heute der Untergang der Metaphysik zur Wiederkehr der Metaphorik.

Das ist eine schwache und deshalb zeitgemäße Variante der Mythenlehre Nietzsches. Er hat als erster die Austreibung des Mythos aus der Kultur kritisiert. Das Unbehagen in der Kultur der Moderne und ihr Historismus erscheinen in dieser Perspektive als Ausdruck des Mythosverlusts. *Dem mythenlosen Menschen der Moderne fehlt die Kraft der prägnanten Verkürzung, der Horizontbegrenzung, die der Mythos leistete.* Der Mythos ist für Nietzsche die Matrix des Weltbildes − er stellt ein Bild von der Welt dar und umstellt die Welt mit Bildern. Nietzsche sagt: »Die Bilder des Mythus müssen die unbemerkt allgegenwärtigen dämonischen Wächter sein: erst ein mit Mythen umstellter Horizont schliesst eine ganze Culturbewegung zur Einheit ab.«

Die Austreibung des Mythos durch die abendländischen Wissenschaften zerstört das Urdenken in Bildern. Die Aufklärung bestürmt den Mythenhorizont als Gefängniswand. Ganz unabhängig vom Inhalt erscheint ihr die Befangenheit in Bildern als tragische

Verblendung. Deshalb zielt die Aufklärung letztlich auf eine radikale Tilgung des Bildcharakters von Bewußtsein. Der Endpunkt dieses Entbilderungsprozesses ist das rechnende Denken. Darauf zielt Nietzsches Klage über die Abstraktheit der Moderne. Und deshalb lautet sein Programm, die Welt erneut mit Bildern zu umstellen.

Die Konjunktur des Bösen

Zurück zu den Bildern heißt also auch: zurück zu dem, was die humanistische Kultur mit einem Tabu belegt hat. Deshalb wollte Nietzsche in uns die Kräfte des Bösen entfesseln. Heute scheint man ihn zu verstehen. »I'm bad«, heißt ein schöner Song von Michael Jackson. Das ist keine Selbstbezichtigung, sondern – ähnlich wie die schon vertrautere Coolness – ein prägnantes Motiv des neuen Ich-Ideals. Und es ist der deutlichste Ausdruck einer rasanten Umwertung der humanistischen Werte.

Schon heute will ja jeder »cool« bleiben – vielleicht werden bald auch alle »bad« sein wollen. Humanistische Seelen, die an der Kälte der Postmoderne leiden, können darin natürlich nur einen weiteren Schritt der »Selbstentfremdung« sehen. Mit Recht geht die Popkultur über dieses Jammern zur Tagesordnung über.

Doch ich interessiere mich hier nicht nur für den antihumanistischen Affekt, der sich in dieser Lust, kalt und böse zu sein, natürlich auch meldet. Vielmehr verstehe ich das, was die Popkultur signalisiert, als Geschmacksverstärker dessen, was sich in uns allen zuträgt. *Genau in dem Maße, in dem Sex langweilig wird, lockt das Böse.* Und auf unsere alltägliche unausgesprochene Frage, was die Welt im Innersten zusammenhält, antwortet schon längst nicht mehr das Begehren, dem sich die Psychoanalytiker so gerne widmen, sondern der Horror aus dem Herzen der Finsternis – genauer gesagt: aus der Höhle des Kinos und der Kathodenstrahlröhre des Fernsehers. *Das wachsende Interesse am Monströsen, an der Untat, zeigt, daß sich die Menschen heute in ein Verhältnis zum*

Tabuierten, zum verfemten Teil ihrer Welt setzen wollen. Immer mehr Menschen folgen dem Leitfaden des Bösen, weil sie zu spüren glauben, daß es das Inkognito ihrer besten Kräfte ist.

Darüber kann man erschrecken – und erneut Tabus aufrichten oder nach einer neuen Moral rufen. Ich schlage statt dessen vor, einmal ganz unaufgeregt danach zu fragen, wie es zur Konjunktur des Monströsen kommen konnte. Die entscheidenden technischen und gesellschaftlichen Faktoren sind rasch benannt: Um 1800 beschleunigt sich die technische Entwicklung rapide. Das setzt Energien und Prozesse frei, die mit den Begriffen des Humanismus nicht mehr beschrieben werden können. Man könnte sagen: Von nun an wird Geschwindigkeit eigens hergestellt. Die Welt verfällt einem kinematischen Rausch. Der Stil wird von der Mode, die Kunst von der Reklame ersetzt.

Heute ist das alles selbstverständlich. Nicht mehr die Künstler, sondern die Designer sind die eigentlichen Antriebskräfte gesellschaftlicher Kreativität. Und diese Entwicklung verschärft und beschleunigt sich noch. Um zu begreifen, was hier geschieht, brauchen wir eine völlig neu orientierte Ästhetik – und zwar eine Ästhetik, die sich nicht mehr als Theorie der schönen Künste, sondern als Theorie der neuen Medienwirklichkeit versteht.

Der Prothesengott

Eine Erinnerung ist hier so trivial wie unverzichtbar: Die Maschine war die Form, in der sich die Produktion Anfang des 19. Jahrhunderts extrem beschleunigt hat. Aber nicht nur die Arbeit, sondern auch das gesamte Lebenstempo wurde dadurch ungeheuer intensiviert. Das war ein erster, schwerer Angriff auf das humanistische Bild des Menschen. Denn bisher haben ja die Körperorgane des Menschen die Zahl der Arbeitsinstrumente, mit denen er gleichzeitig operieren kann, drastisch beschränkt. Die Werkzeugmaschine sprengt nun diese organische Fessel des Menschenmaßes. Und seither muß man sagen: Der Mensch kann den gleichförmigen, kontinuierlichen Produktionsbewegungen der modernen Maschinenwelt nur noch störend dazwischenkommen.

Vor der Schwelle der Moderne waren die Menschen stolz auf ihre Erfahrungen. Da war der Schrecken natürlich groß, als man merkte, wie die angesammelten menschlichen Erfahrungen von der fieberhaften Produktionsgeschwindigkeit des Hochkapitalismus außer Kurs gesetzt wurden. In einer Welt, wo – um ein schönes Wort von Karl Marx zu zitieren – »zyklopische Maschinen« Maschinen produzieren, ist die Präzision von Auge und Hand nur noch ein Störfaktor. Das kränkt den Humanismus bis zum heutigen Tag. Und ich kann schon jetzt ankündigen: Weitere Kränkungen werden folgen!

Die literarische Kultur des Humanismus hat uns mit abgehobenen Begriffen von Wahrheit und Geschichte gefesselt – das hat den nüchternen Blick auf die technische Realität der neuen Medien verstellt. Dabei sind die Dinge ganz einfach. Das große telematische Netzwerk, das die Welt umspannt, ist aus der winzigen Urzelle einer Ja/Nein-Schaltung hervorgegangen. Bibliothek und Post, Archivar und Kurier, Broadcasting und Telekommunikation funktionieren alle nach dem einfachen Prinzip der Synapse oder des Relais. Auch Wahrheit und Geschichte sind nur Posten, Relais und Archive. Weil wir das nicht sehen wollen, überraschen uns die neuen Medien als nicht bestellte Erfindungen. Wir haben dann wunderbare neue technische Möglichkeiten und suchen verzweifelt nach einer sinnvollen Anwendung.

Es kommt heute darauf an, die elektronischen Extensionen des Menschen nicht als dem Menschen äußerliche Apparaturen zu begreifen. *Elektronik ist die globale Erweiterung unseres zentralen Nervensystems.* Das Zentralnervensystem kann ja selbst als ein elektronisches Netz verstanden werden, das unsere Sinne koordiniert. Der Mensch – und auch sein Stolz: Phantasie, Kunst – zerfällt heute in Physiologie und Datenverarbeitung. Nur eine Theorie der neuen Medien kann sie wieder integrieren.

So können wir die beiden Grundvorgänge bestimmen, die das Gesicht der postmodernen Welt prägen:

- die Entäußerung des Zentralnervensystems in den neuen Medien;
- der Transfer des Bewußtseins in den Computer durch elektronische Simulation.

Unsere Welt ist technisch ein Medienverbund, organisatorisch ein Risikoverbund. Diese Formen der Weltvernetzung greifen natürlich ineinander. Deshalb erscheinen die neuen technischen Medien als Gefahrenpotentiale – wir fühlen uns nicht als die Spinne im Netzwerk, sondern als deren Opfer. Doch Gefangene der modernen Technik sind wir nur, solange wir sie nicht als Gestalt unserer eigenen Frage anerkennen. Im kybernetischen Weltentwurf ist das humanistische Vorstellen am Ende, weil es dem Herstellen, also der technischen Machbarkeit, nicht mehr gewachsen ist. Wir sind aber, wie gesagt, nur so lange die Gefangenen der modernen Technik, solange wir nicht erkennen, daß die Frage nach dem »Wesen« des Menschen und die Frage nach der Technik dieselbe sind.

Die Organe des Menschen und die Apparaturen der Technik werden in Zukunft nicht nur in einem Funktionskontinuum stehen, sondern unauflöslich miteinander verkoppelt sein. Schon in den dreißiger Jahren hat der Philosoph Walter Benjamin von der Technik als Organ gesprochen. Und dasselbe meinte Ernst Jüngers Begriff der organischen Konstruktion oder Herbert Marshall McLuhans Definition der Medien als »extensions of man«, das heißt als technische Ausweitungen des Menschen. Es gibt keinen unüberbrückbaren Unterschied mehr zwischen der mechanischen und der organischen Welt. *Die Technik hat die Selbstverständlichkeit von Gliedmaßen.* Der Mensch ist widerspruchslos mit seinem Werkzeug verschmolzen, Totes wird reibungslos in Lebendiges eingebaut. Menschen mit physischen Handicaps, die auf Prothesen angewiesen sind und sie schon gar nicht mehr als Fremdkörper empfinden, weisen den Weg in die »posthumane« Welt.

Sexuelle Beziehungen sind heute nicht intimer als die Verschaltungen der Computerkids mit ihrem elektronischen Spielzeug. Der humanistische Mensch kann dieser reibungslosen Koexistenz von Menschenwesen und Automaten nur störend dazwischenkommen. Mit schwarzem Humor fordert uns der Pariser Medienphilosoph Jean Baudrillard auf, von den Behinderten die Kunst der Anpassung an das Mutantenmilieu der neuen Medien zu lernen. Und schon Sigmund Freud hat den Menschen im Blick auf die moderne Technik als »Prothesengott« bezeichnet. Cloning und Elektronik machen heute mit dieser Definition Ernst.

Der neue Text des Lebens

Unser Leben ist einem Befehlstext einbeschrieben. Chromosomen lassen sich ja als ein Gesetzbuch verstehen, das selbst Exekutivkraft hat. Der Informationsgehalt einer Erbsubstanz macht sie biologisch aktiv. So zirkulieren innerhalb eines Embryos Informationen, deren innere Rückkopplungen seine Entwicklung formieren. Die befruchtete Eizelle funktioniert also wie eine Bauanleitung, die als System von Rückkopplungen diesen Aufbau zugleich realisiert. Man hat deshalb die Zygote einmal als lernfähige Bauanleitung charakterisiert.

1953 ist es gelungen, diese Zusammenhänge in einem einfachen, klaren Modell darzustellen: der DNS-Struktur »Doppelhelix«. Das Modell stellt das Gen in seiner Fähigkeit zur Reproduktion, Rekombination und funktionellen Steuerung des Stoffwechsels dar. Es zeigt auch, wie das Gen seine Information als Funktionsbefehl an den Organismus weitergibt.

Auf dieser Basis kann die kybernetische Biologie das menschliche Verhalten vollständig formalisieren. Mit anderen Worten: *Die Genetik erfaßt in der Keimzelle den Punkt der Berechenbarkeit des Humanum.* So einfach wie die Welt des Rechnens heute auf das binäre System der EDV (0/1; on/off) reduziert ist, läßt sich bald auch die Welt des Lebendigen auf die vier Buchstaben der Erbinformation (Adenin, Cytosin, Guanin und Thymidin) reduzieren. Denn auch die organischen Erscheinungsformen folgen einer allgemeinen Logik des Austauschs, wie sie die Anthropologie von Claude Lévi-Strauss an den Heirats- und Verwandtschaftsregeln deutlich gemacht hat. Kurzum: Gene werden genauso wie Frauen, Güter und Informationen einem regelgeleiteten Tauschspiel unterworfen. Sie alle unterliegen gleichermaßen der bestimmenden Kraft einer Kombinatorik – und zwar *gegen den Strich der Natur*. Denn diese fundamentalen Tauschvorgänge sind der natürlichen Generierung entgegengesetzt.

Mit Recht hat der Philosoph Martin Heidegger den Einbruch in die Genstruktur mit der Atomzertrümmerung verglichen. *Ist der genetische Code erst einmal entziffert, so läßt sich der Text des Lebens neu schreiben.* Über diese ungeheure Möglichkeit der Selbstkonstruktion des Menschen sagt schon Friedrich Nietzsche am Ende des 19. Jahrhunderts: »Die Menschheit ist bloß das Versuchsmaterial, der ungeheure Überschuß des Mißratenen: ein Trümmerfeld.« Das heißt im Klartext: Nietzsche sieht sich schon in einem Zeitalter von Trial and error, wo in der Retorte Erde mit dem Menschenmaterial experimentiert wird.

Früher fabulierten Philosophen über das Wesen des Menschen. Heute bestimmt die Genetik dessen Inneres aus Sachzusammenhängen der Mutation. Die Prozeßfigur solcher Mutationen ist nicht historisch, sondern diskontinuierlich – das heißt, das Neue entsteht nicht allmählich, sondern explosiv. Neue Eigenschaften treten plötzlich, sprunghaft hervor. Wissenschaftler sprechen hier von einer Theorie des Durchbruchs.

Am Horizont der wissenschaftlichen Entwicklung zeichnet sich immer deutlicher die Möglichkeit ab, daß sich der Mensch durch biophysikalische Kalküle selbst herstellt. Damit stellt sich die alte philosophische Frage nach der Planbarkeit der Freiheit mit neuer Schärfe. 1924 haben Spemann und Mangold die Verpflanzungstechnik entwickelt. Seither müssen wir Abschied nehmen von der mechanistischen Vorstellung, die Lebensgesetze seien Variationen der allgemeinen physikalisch-chemischen Gesetze. Und seither reicht der Kampf zwischen Freiheit und Schicksal bis ins Innerste der Zelle. Die schmerzlose Gewalt der Gensteuerung operiert in der kritischen Zone zwischen Informationstheorie und Züchtung.

Martin Heidegger bemerkte dazu einmal sehr treffend: »Wir brauchen keine Naturphilosophie, sondern es genügt, wenn wir uns darüber klarwerden, woher die Kybernetik kommt und wohin sie führt.«

Wir sind es längst gewohnt, daß sich Utopien wissenschaftlich darstellen – Stichwort Science-fiction. Heute können wir umgekehrt auch feststellen, daß die Wissenschaft utopisch mobil macht – Stichwort Genetik. In der Genmanipulation und im Cloning – aber auch schon in der einfachen Schönheitschirurgie – verspricht uns eine neue, konstruktive Anthropologie, den Menschen von seinem veralteten Leib zu befreien. Die meisten von uns erschrecken noch über dieses Glücksangebot. Doch überlegen wir einmal ganz ruhig, was hier eigentlich geschieht. *Es geht um Formation durch Information.* Information ist ja etwas Wirkliches, das doch weder Materie noch Energie ist. Und: Information ist das Gegenteil von Entropie. Weil Menschen immer schon genetisch und kulturell »informiert« worden sind, verläuft ihre Evolution gegen den Strich der normalen Naturprozesse.

Die Philosophen haben den Leib des Menschen immer nur verschieden interpretiert – den Gentechnikern kommt es heute darauf an, ihn zu verändern. Darauf hat die deutsche Intelligenz von Anfang an mit panischem Entsetzen reagiert. Ausgangspunkt dieses Pessimismus ist die literarische Spiegelung der 1828 gelungenen Wöhlerschen Harnstoffsynthese im II. Teil von Goethes Faust: der Homunculus. Seither formiert sich eine unheilige Allianz von Bildungshumanismus und Schöpfungstheologie gegen alle wissenschaftlichen Anstrengungen, in die Evolution einzugreifen und dem Zufall der Natur Paroli zu bieten.

Doch der computergestützte, gentechnische Eingriff in die Evolution hat längst stattgefunden. Hier ein harmloses Beispiel: Die Enzyme, die in Waschmitteln wirken, sind von Pharmadesignern künstlich verbessert worden – Produkte eines computergestützten Spiels mit den zwanzig Aminosäuren, aus denen die Proteine zusammengesetzt sind. Technisch verfährt man beispielsweise so, daß die Proteine nach einem Zufallsmechanismus verändert werden – man ahmt also die Mutationen der Evolution nach. *Der Skandal liegt im Schritt von der Analyse zur Synthese.* Natürlich wagt heute niemand mehr einen Einspruch gegen die wissenschaftliche Erforschung der Geheimnisse des Lebens. Aber man soll doch aus den gewonnenen Einsichten keine konstruktiv-technischen Konsequenzen ziehen dürfen. Ich denke, hinter diesem Tabu steckt die Angst des humanistischen Menschen, als Maschine enttarnt zu werden.

Keine Angst vor Maschinen

Die Anthropologen haben die Natur des Menschen ja längst schon als Automatismus beschrieben: Herzschlag, Atmung, Rhythmen und die sogenannten Handlungskreise belegen das eindringlich. Auch das Verhalten des Menschen wird von Rückkopplungen gesteuert; er kann beispielsweise den Unterschied zwischen einem Muster und dem tatsächlichen Verhalten als neuen Input der Bewegungssteuerung gebrauchen. Man spricht hier von homöostatischen Mechanismen; sie halten die Funktionen eines Systems im Gleichgewicht. Ich unterscheide dabei nicht zwischen physiologischen und technologischen Rückkopplungen. Denn für lebendige Wesen wie für High-Tech gilt gleichermaßen: Diese Systeme werden nicht einfach durch Befehle von außen gesteuert, sondern sie verändern ihr Verhalten unter dem Einfluß ihrer Ergebnisse; sie wirken in einem Handlungs- oder Schaltkreis auf sich selbst zurück. Dabei wird ein Teil des Energieflusses, der das System aktiviert, abgezweigt, um ihn zu regeln.

Man kann diesen ganzen Zusammenhang auf eine einfache Formel bringen: Der Mensch ist eine Maschine, die Maschinen produziert, die Trägheit produzieren. Die Kultur, die Architektur und das Wissen sind solche Trägheitsmaschinen. Sie organisieren die Welt, indem sie die ursprünglichen Strukturen zerstören, die man einmal »Natur« genannt hat.

Einem deutschen Romantiker fällt es natürlich schwer, zu be-

greifen, daß eine Maschine freier ist als ein Tier. Das Tier ist nämlich radikal von der Umwelt bestimmt und als Typus festgestellt. Dagegen heißt Freiheit eben: Vielfalt von Optionen. Und genau das ist
maschinenmäßig. So kommen wir zu dem überraschenden Ergebnis: *Frei ist der Mensch nicht als Tier, sondern als Maschine.* Und umgekehrt ist jede Maschine an menschliche Funktionen geknüpft.

Das kann man gerade am höchsten Stolz des Menschen zeigen.
Denn was heißt Denken? Wir können ruhig zugeben, daß Maschinen nicht denken können – aber unter einer Bedingung! Wenn
Maschinen nicht denken, dann denken auch Menschen nicht, sobald sie eine der Operationen durchführen, die den Mechanismen
der Maschine entsprechen. Zum Beispiel Rechnen.

Maschinenmäßiges Rechnen bestimmt aber auch eine Vielzahl
sogenannter schöpferischer Prozesse. Menschen brauchen Bilder.
Man könnte sogar sagen: Sie sind bildersüchtig, weil sie die Welt
nur mit Hilfe von Projektionen erfahren können. Das produktive
Denken ist also im Grunde ein Bilderleben aus Entwürfen und Er-
innerungen. Unser Denken spielt mit Ähnlichkeiten und Kontra-
sten. Man kann es als einen Prozeß der Auswahl aus den Bilder-
reihen verstehen, die im Gehirn errechnet werden. Was geschieht
also, wenn wir einen Gegenstand sehen? Die Antwort verblüfft
zunächst: *Sehen ist vor allem ein Rechnen.* Genauer gesagt: Sehen
ist die Berechnung von Gestalten in biologischer Hardware. Wir
können aber nicht dabei zuschauen, wie das geschieht. Mit anderen Worten: Wir können nicht in uns hineinsehen, um zu sehen,
wie das Sehen funktioniert. Das Bilderverstehen ist eine Black
Box. Deshalb sind auch unsere besten Computer bis heute nicht
in der Lage, ein Bild zu verstehen.

Ich sage also nicht, daß Menschen Maschinen sind. Das zu behaupten, wäre albern. Sondern ich sage, daß sich die meisten Men-
schenfunktionen maschinenmäßig modellieren lassen. Das heißt
im Klartext: Die Computermetapher ist am besten geeignet, um
dem Menschen ein hinreichend komplexes Selbstverständnis zu
ermöglichen. Ein paar Zahlen:

- Bei der Wahrnehmung eines bewegten Objekts verschaltet das Gehirn dreieinhalb Milliarden Neuronen. Das Gehirn ist also nicht nur komplex, sondern »überkomplex«. Was soll das heißen? Wenn das Gehirn so einfach wäre, daß Menschen es verstehen könnten, dann wären Menschen so stupide, daß sie ihr Gehirn nicht verstehen könnten. Der Biologe Lyall Watson hat das, in Anlehnung an Joseph Hellers berühmten Roman, das Catch-22-Phänomen der Gehirnforschung genannt.
- Das Verhältnis Sensorik: neuronale Datenverarbeitung: Motorik = 1 : 100 000 : 1. *Aus einer »minimal abgetasteten Umwelt« errechnet das Gehirn eine stabile Wirklichkeit.* Es läßt sich also nicht von der Fülle der Umweltereignisse überfluten, sondern baut in seinem Weltinnenraum eigene Komplexität auf. Gerhard Roth bemerkt hierzu: »Die außerordentlich gesteigerte Selbstreferentialität des menschlichen Gehirns ist – in nur scheinbarer Paradoxie – die Grundlage der offenbaren Fähigkeit des Menschen, komplexe Situationen zu meistern.«

Der Schädel des Menschen ist die Black Box, in der das Gehirn von der Welt abgeschlossen bleibt; wir nehmen also nur Übersetzungen wahr. Derart hochkomplexe Leistungen des Datenprocessing lassen sich wirklich nur noch mit Computern vergleichen. Vorbei sind die Zeiten, in denen sich der Mensch als Mikrokosmos begreifen konnte, in dem sich die Gesetze des Makrokosmos spiegeln. Vorbei ist aber auch die Zeit, in der der Mensch vor dem aufgeschlagenen Weltbuch saß und die Naturgesetze studierte.

Die Welt der Algorithmen

In einem Drama des 19. Jahrhunderts von Henrik Ibsen vergleicht ein Peer Gynt sein Leben mit einer Zwiebel: Man kann Schale um Schale ablösen und wird doch nie auf einen harten Kern treffen. Ein knappes Jahrhundert später vergleicht der Erfinder des Computers, Alan Turing, das Gehirn mit einer Zwiebel: Man kann bestimmte Verstandesfunktionen rein mechanisch erklären – und es liegt dann nahe, diese mechanischen Funktionen wie Schalen vom eigentlichen »Geist« des Menschen abzulösen. Wie aber wäre es, so fragt nun Turing, wenn sich zeigen sollte, daß sich das, was sich an Menschengeist unter den Schalen der mechanischen Verstandesfunktionen zeigt, wiederum maschinisieren läßt? Löst sich dann das Gehirn des Menschen wie Peer Gynts Zwiebel auf, ohne je im Kern einen Geist zu enthüllen?

Es gibt hin und wieder wissenschaftliche Fragestellungen, die das Problem eines ganzen Zeitalters auf den Begriff bringen. Eine derartige Fragestellung ist das »Entscheidungsproblem«, das der große Mathematiker David Hilbert formuliert hat. Man kann dieses Entscheidungsproblem auf die Kurzformel einer Frage bringen: Gibt es eine allgemeine, mechanische, algorithmische Prozedur zur Lösung mathematischer Probleme?

Alan Turing hat diese Frage 1935 beantwortet, indem er den Begriff »Maschine« radikal formalisiert hat. Bei seiner berühmten Universal Turing Machine, dem Urmodell unserer Computer, zählt nämlich nur die logische Struktur. Wie diese logische Struktur physikalisch verkörpert wird, ist gleichgültig. Das heißt im Klartext: Die Hardware spielt für Turing keine Rolle. Seine Turing-Maschine definiert Berechenbarkeit als Schreibbarkeit durch eine Maschine. Damit wird ein alter Traum wahr: die Mechanisierung der Mathematik. Ich mache hier eine kleine Verbeugung vor den Mathematikern und räume ein, daß diese Mechanisierung unvollständig bleibt, weil die Prozeduren der Turing-Maschine endlich sind.

Der Schlüsselbegriff Algorithmus meint dabei die Einheit von Logik und Steuerung. *Algorithmen definieren eine logische Welt durch rein syntaktische Operationen, in der alle Probleme durch serielle Suchroutinen gelöst werden können. Der Algorithmus ist also das genaue Gegenteil einer Black Box.* Man könnte auch sagen: Der Algorithmus ist eine Gebrauchsanweisung, die unzweideutig angibt, wie eine Rechnung ausgeführt werden muß. Genau das kann man aber einer diskreten Maschine zumuten. Diskret ist diese Maschine natürlich nicht im Sinne von »vertraulich«. Gemeint ist: Sie operiert mit klar durch Intervalle getrennten Zuständen! Jeder Maschinenprozeß läßt sich als eine nach Faustregeln verfahrende Prozedur verstehen.

Alan Turings diskrete Maschine bewegt sich also nach einer endlichen Anzahl von Regeln in Sprüngen zwischen verschiedenen Zuständen. Man kann vermuten, daß dieses Design der Universal Turing Machine von der Quantenmechanik angeregt worden ist. Dabei gewinnt der Maschinenprozeß durch die Digitalität eine hohe Genauigkeit. Es genügen Mechanismen mit zwei stabilen Positionen, die 0 und 1 darstellen, um den Binarismus technisch nachzubauen. So einfach ist das.

Erinnern wir uns an die Schule. Wenn Kinder rechnen lernen, werden sie in Turingsche Papiermaschinen verwandelt. Ausgerüstet mit Papier, Bleistift, Radiergummi und eiserner Disziplin, müssen sie eine Liste von Anweisungen ausführen. Wenn nun aber die Disziplin »Rechnen« Menschen zu Maschinen macht, müßten auch Maschinen denkbar sein, die genau das leisten, was Menschen machen, wenn sie rechnen. Mit anderen Worten: Alle Rechenaufgaben lassen sich mit einem Programm angehen, das auf einer Maschine mit endlichen, diskreten Zuständen, einem Schreibband und binärem Code läuft. Es geht hier also um die allgemeinste Form einer Maschine, die Symbole manipuliert. Es ist eine Art Superschreibmaschine, die das jeweilige Feld scannen, beschreiben und löschen kann.

Alan Turing hat die Frage nach dem Verhältnis von Geist und Maschine durch zwei elegante Abstraktionen beantwortet:

- Er reduziert die Frage »Was heißt denken?« auf die Frage »Was heißt rechnen?«
- Er löst das Konzept Maschine von allen ingenieurstechnischen Problemen ab. An die Stelle der technischen Arbeit an konkreten Maschinen tritt die Schreibarbeit der Programmierung einer Universalmaschine.

Turings einfacher Digitalrechner kann ja deshalb jede andere diskrete Maschine nachahmen, weil sie algorithmisch, das heißt in

Faustregelprozessen operiert. Es ist also möglich, die Komplexität irgendeiner konkreten Maschine als Beschreibung ihrer Funktionsweise auf dem Band der Universalmaschine darzustellen. Das entspricht übrigens genau dem von Kurt Gödel geführten Beweis, daß sich Operationen mit Zahlen nicht von den Zahlen selbst unterscheiden.

Ich fasse zusammen: Der Computer ist eine plausible Metapher für den Menschengeist, solange Denken Kalkulieren heißt und solange Denken als Rechnen mit digitalen Symbolen begriffen wird. *Der Computer ist also genau insoweit ein sinnvolles Modell für den Geist des Menschen, als Denken Rechnen ist und Rechnen Schreiben ist.* Die künstliche Intelligenz manipuliert Geschriebenes – nichts weiter. Robert Sokolowski hat das auf die schöne Formel gebracht: »Writing comes between the brain and the computer.« Zwischen dem Gehirn und dem Rechner vermittelt das Schreiben.

Der Turing-Test

In Alan Turings berühmtem Imitationsspiel von 1950, dem Turing-Test, wird genau dieser Sachverhalt als Versuchsanordnung dargestellt. Die Testperson wird an zwei Fernschreiber gesetzt. Einer der Fernschreiber ist mit einem Computersystem verschaltet, der andere wird von einem Menschen bedient. Die Testperson soll nun in einer gewissen Zeit durch Fragen und Informationen herausfinden, welcher der Fernschreiber an den Computer angeschlossen ist. Natürlich: Man braucht keine allzu komplexe Strategie, um den Computer nach einigen Fragen zu entlarven. Aber überlegen Sie sich nur einmal eine Variante dieses Tests. Nehmen wir an, der Datenaustausch wird auf ein Schachspiel beschränkt. Durchschnittliche Spieler werden nicht herausfinden können, ob sie gegen einen Menschen oder einen Computer spielen!

Der Turing-Test ersetzt die sinnlose Frage »Können Maschinen denken?« durch die aufregende Frage, wie sich ein Digitalrechner im Imitationsspiel bewährt. Entscheidend ist, daß Turings Maschine

Fortschritte in der Simulation des Menschlichen macht. Sie kann nämlich ihr eigenes Scheitern verarbeiten. Und das hat nun prinzipielle Bedeutung für unsere Frage nach dem Verhältnis von menschlichem Geist und Computer. Denn zugegeben: Es gibt viele gute Einwände gegen die utopischen Thesen der künstlichen Intelligenz. Aber wenn man diese Einwände klar formuliert, dann kann man sie dem Programm des Computers integrieren.

Dabei ist nun eines entscheidend: *Der Computer kann das Programm durch die Beobachtung seines eigenen Outputs verändern – Menschen nennen das Autonomie.* Insofern könnte man sagen: Menschwerdung ist Programmierung. Turings Imitationsspiel perfektioniert sich also von Fehlschlag zu Fehlschlag: Der Computer ahmt den Menschen nach – und scheitert. Nun analysiert man das Scheitern, ergänzt das Programm um die Analyse und läßt den Computer wieder spielen – bis zum nächsten Scheitern. Und so fort. Damit löst sich aber eine Zwiebelschale des Geistes nach der anderen ab. Man muß sich den Peer Gynt des Computerzeitalters als einen glücklichen Menschen vorstellen.

Und noch etwas anderes können wir aus Turings Test lernen: *Der Menschengeist ist eine Black Box.* Man kann nur Input und Output beobachten. Und genau das tun wir, wenn wir anderen Menschen Bewußtsein unterstellen. Daß der Alltag reibungslos verläuft, setzt voraus, daß wir den Turing-Test vergessen, den wir immer schon vollzogen haben, wenn wir auf die Black Boxes, die wir auf der Straße treffen, Intelligenz projizieren. Und das ist ganz in Ordnung. Denn wenn der Geist des Menschen eine Black Box ist, können wir von dem, was Intelligenz ist, immer nur Modelle entwerfen.

Zauberwort »Emergenz«

Wenn Computer in Konkurrenz mit dem menschlichen Geist treten, stellt sich für die Techniker und Mathematiker die Frage: Sollen wir versuchen, einen »Geist aus der Maschine« zu schaffen –

oder das Gehirn in seinem physiologischen Funktionieren nach-zubilden? Alan Turing und John von Neumann haben dem Computer eine Architektur verpaßt, die zwar mit den Leistungen des Menschengeistes erfolgreich konkurriert, mit dem wirklichen Funktionieren des Gehirns aber nichts zu tun hat. Gerade die Computer, die man noch Elektronengehirne nannte, waren keine Gehirne! Seit einigen Jahren gibt es aber tatsächlich erfolgversprechende Ansätze für ein neues Computerdesign, das Licht in die Black Box des Gehirns bringen könnte. Diese Versuche haben viele wohlklingende Namen: connectionism, parallel distributed processing, neural networks.

Der Schritt vom Geist zum Gehirn ist ein Schritt von der Reinheit symbolischer Logik zur Empirie menschlicher Hardware. Man kann sich diese Neuorientierung in einer Reihe von Gegensätzen verdeutlichen:

- Der klassische Turing-Computer ist ein verkörperter Algorithmus; dagegen rechnen konnektionistische Maschinen mit Wahrscheinlichkeiten.
- Der traditionelle Computer verfährt rein *logisch* als sogenanntes »symbolic processing«; dagegen signalisiert der Name »neural networks« ein *biologisches* Verfahren, das stark an der Hardware orientiert ist.
- Die Universal Turing Machine operiert *deduktiv* und seriell; dagegen arbeitet das »parallel distributed processing« *assoziativ* und eben parallel.
- Die alten Rechner folgen Regeln; die neuen folgen der Statistik.

Die künstliche Intelligenz orientiert sich also völlig neu – nämlich am Zentralnervensystem, das ja nicht Schritt für Schritt, sondern simultan und parallel prozessiert und seine Daten auf einem vergleichsweise geringen Präzisionsniveau statistisch verarbeitet.

Wir betreten hier die Welt der »emergenten« künstlichen Intelligenz. Emergenz ist ein Schlüsselwort unserer Zeit. Gemeint ist die Bildung von Ordnungen höherer Stufe, die aus dem, was ihnen zugrunde liegt, nicht logisch abgeleitet werden können. Emergente Phänomene kann man also auf einer höheren Ebene gut erklären, während sie auf einer tieferen Ebene unerklärbar bleiben. Ein gutes Beispiel sind unsere Gedanken. Sie entstehen aus einem chaotischen Feuern der Nervenzellen im Gehirn, können aber rational analysiert werden. Man muß sich also stets vor Augen halten, daß solche emergenten Phänomene in ihrer Eigenkomplexität unabhängig von ihrem Unterbau sind.

Ein zweites, eng mit Emergenz verknüpftes Zauberwort lautet Konnektionismus. Das ist der Name für das Operieren in Netzwerken unterhalb der Schwelle symbolischer Logik. In solchen Netzwerken stellt sich Bedeutung als Funktion eines Systemzustandes dar. Entsprechend erfolgt die Speicherung nicht in einzelnen, genau adressierten Speicherplätzen, sondern in Netzwerken. Alle Regelmäßigkeiten in diesem Netzwerk sind emergente Qualitäten vor dem Hintergrund eines Chaos von Verknüpfungen. Damit gibt es im Netzwerk konnektionistischer Maschinen eine genaue Entsprechung zum Rauschen im Gehirn, das heißt zum zufälligen Feuern der Nervenzellen.

Ich gehe deshalb so ausführlich auf die Entwicklung der Rechnerarchitekturen ein, weil sich darin sehr deutlich zeigt, daß die Wissenschaften über den menschlichen Geist umzudenken beginnen. *Wer wissen will, was Intelligenz ist, studiert heute nicht mehr den Experten oder die Software, die ihn ersetzt, sondern das lernende Kind.* Die Kulturgeschichte wie die Erziehung eines Menschen ist im wesentlichen eine Geschichte der Veränderungen im Gehirn. Diese hirnphysiologischen Veränderungen werden durch Verknüpfungen von Neuronen verursacht. Wie das im einzelnen zugeht, ist in der Hebbschen Regel des Lernens festgehalten.

Donald Hebb hat gezeigt, wie das Neuronen-Netzwerk lernt, Muster zu unterscheiden. Auf der Grundlage einer ständigen Rückmeldung von Irrtümern verfährt das Neuronen-Netzwerk also nach einem »probabilistic learning algorithm«, das heißt nach einer Faustregel des Lernens im Medium von Wahrscheinlichkeiten. So baut sich die Dimension der Bedeutung auf. Die Hebbsche Regel der synaptischen Entwicklung demonstriert also eine erstaunliche Formbarkeit des Nervensystems. Man kann hier sehr sinnvoll zwischen Geist und physischer Realität des Gehirns unterscheiden. Mihai Nadin hat das auf die prägnante Formel gebracht: »Minds drive the brain and body.« Indem sie lernen, Muster zu unterscheiden, machen Neuronen Fortschritte in der Selbstorganisation. Entscheidend ist die dynamische Verknüpfung elementarer Bestandteile in einem nichtlinearen Netzwerk. Jedes sich selbst organisierende System stabilisiert eine Art »Eigenverhalten«.

Geist gibt es nur in Beziehungen, Interaktionen, Situationen und Kontexten. Mihai Nadin versteht den Geist als offenes Universum der Antizipation. Dieses Konzept von Geist orientiert sich nicht mehr an Turings universaler Maschine und ihren endlichen Zuständen, sondern an Modellen der Chaosforschung wie der Brownschen Bewegung. Solche Modelle haben den Vorteil, daß sie die unverwechselbare Persönlichkeit des Menschen genauso berücksichtigen wie den Anspruch der totalen Berechenbarkeit. Man könnte sagen: Persönlichkeit ist nichts als die Selbstähnlichkeit eines Geistes, dessen Dimension ein berechenbarer Parameter ist.

Computer-Rhythmus

Philosophen haben früher über die Stellung des Menschen im Kosmos gerätselt. Mir scheint es zweifelhaft, ob man hier überhaupt noch von einer »Stellung« reden kann, wenn man erfährt, daß Naturwissenschaftler die Gesamtinformation des Universums auf 10^{93} Bits veranschlagen. Diese Zahl ist nicht nur für Laien unvorstellbar groß. Und aus dieser Zahl können wir im Grunde nur lernen, *daß es keinen gemeinsamen Maßstab zwischen dem Menschengeist und der Welt gibt.* Wir machen längst keine Welterfahrungen mehr. Eher könnte man sagen: Wir werden ständig mit Daten aus aller Welt bombardiert. Es fehlt uns an handlungsorientierendem Wissen, weil wir zu viele Informationen bekommen.

Es ist für unsere postmoderne Welt charakteristisch, daß wir die meisten Entscheidungen in Situationen treffen müssen, über die wir nicht ausreichend informiert sind. Man könnte sagen: Die Gegenwart hat keine Zeit für »Vernunft«. Unter solchen Bedingungen knapper Zeit müssen wir versuchen, den Mangel an Information durch die Schnelligkeit der Argumentation auszugleichen. Das ist natürlich mit großen Risiken verbunden. Aber wir können einen derartigen Lebens- und Entscheidungsstil riskieren, weil wir in schon bestehende Kommunikationszusammenhänge einrasten können. Wir müssen also nicht immer wieder bei Adam und Eva anfangen.

Die Theorie gesellschaftlicher Kommunikation formuliert das so: Man kann Zeit sparen, indem man an informationsbildende Selektionen anschließt, statt sie zu wiederholen. Ich überprüfe nicht jede einzelne Information, sondern baue auf ihr auf. Fast alles, was wir von der Welt wissen, ist »taken for granted«. Man könnte ja nicht handeln, wenn man immer fragen würde: Stimmt das auch? Hier gewinnt der Computer eine überragende Bedeutung. Er ist nämlich eine exakt zeitprozessierende Maschine. Doch *die Zeit, die der Computer verarbeitet, ist nicht die Zeit des Menschen.* Deshalb empfinden viele Menschen den Rhythmus des Computers als Bedrohung.

Dieser Rhythmus des Computers läßt sich in klaren, beeindruckenden Zahlen angeben: Intels Mikroprozessor des Jahres 2000 wird 100 Millionen Transistoren haben und mit 250 MHz getaktet sein! Computerfreaks sind natürlich begierig nach solchen Zahlen, die von einem Rechnen jenseits des Menschen berichten. Und umgekehrt sind die humanistisch gestimmten Gemüter begierig zu erfahren, was Computer *nicht* können. Allen Computeranalphabeten zum Trost sei es gesagt:

- Computer können nicht zwischen Information und Mitteilung unterscheiden.
- Computer können nicht vergessen.

Weil Computer nicht vergessen können, können sie sich auch nicht er-
innern. Statt dessen haben sie ein untrügliches Gedächtnis. Wenn man
begreift, daß das Vergessen ein Vermögen des Menschen ist und
nicht etwa ein Defekt, dann wird auch klar, warum das Compu-
ter-Memory oft selbst die Probleme schafft, zu deren Lösung es
gebaut wurde. Das Vergessen ist nämlich eine ganz besondere,
komplexe Leistung des Menschen:

– Es hält Zeitspielräume offen.
– Es entlastet von Information Overload.
– Es hält die menschliche Datenverarbeitung flexibel.

Tagtäglich stoßen wir auf eine Menge von Dingen, die man besser
vergißt oder gar nicht erst zur Kenntnis nimmt. Das können Computer nicht. Sie sollen uns ja durch ihr perfektes Information-Re-
trieval Zeit sparen. Doch gerade dadurch lasten sie uns immer
wieder und immer mehr fixierte Vergangenheit auf. Natürlich: Man
kann »löschen«. Das heißt aber nicht: vergessen!

Synergie von Mensch und Maschine

Computer sind unschlagbar im Rechnen, Speichern und Suchen –
hier können Menschen nicht mehr konkurrieren. *Die Menschen sind*
aber immer noch unersetzbar im Bewerten, in der Gestalterkennung und
im Kontextbewußtsein. So heißt es im Editorial der neuen kaliforni-
schen Medienzeitschrift »Wired« sehr schön: »In the age of information overload, the ultimate luxury is meaning and context« – die
Sintflut von Daten, die sich tagtäglich über uns ergießt, bietet eben
keinen Sinn; denn der Sinn von Daten ergibt sich erst aus dem Kontext. Rechner sind aber kontextunbewußt. Die Utopien der sogenannten »strong AI«, der amerikanischen Hardliner im Geschäft
der künstlichen Intelligenz, entpuppen sich also bei näherem Hinsehen als Propaganda, die Forschungsgelder des Pentagon einbringen soll – Computer sind nicht die besseren Menschen.

Aber genauso illusorisch ist der humanistische Glaube, der Mensch müsse seinen Geist vor der Versuchung durch die Schlange der Informatik bewahren. Die Zukunft unserer postmodernen Gesellschaft fordert statt dessen eine neue Synergie von Mensch und Maschine. Ich behaupte: Gerade weil wir noch nicht bereit sind, in synergetische Beziehungen zu unseren neuen Medien zu treten, werden immer mehr Menschen aus den entscheidenden Kommunikationsprozessen verdrängt. Entweder wagen wir das große Spiel mit unseren »Rechenknechten«, oder die Knechte werden zu Herren der Datenflüsse und geben der gesellschaftlichen Kommunikation einen Bypass, der am »Menschen« vorbeiführt.

Unaufhaltsam wächst schon heute der Anteil der Kommunikation, der nicht mehr an Menschen gerichtet ist. Wenn ich mit dem Computer arbeite, handelt es sich um eine Mensch-Maschine-Kommunikation. Wenn die Flugbahn einer Rakete oder eines Raumschiffs gesteuert wird, handelt es sich um eine Kommunikation zwischen Maschinen. Auch der sogenannte »dynamische Datenaustausch« ist Kommunikation ohne Menschen. Wenn Menschen also auf dem Bildschirm der Weltkommunikation überhaupt noch vorkommen wollen, müssen sie in synergetische Beziehungen zu den neuen Medien treten.

8. Medienwirklichkeit

Die Antennen und Satellitenschüsseln auf den Dächern, die Sendemasten und Überlandleitungen in der Landschaft zeigen an, daß die dünne Hülle des Lebens auf der Erdoberfläche ihrerseits von einer Hülle elektromagnetischer Wellen umgeben ist: Es wird von 500 Satelliten, auf 3000 Fernsehkanälen und zehnmal so vielen Hörfunkkanälen gesendet. Selbstverständlich erst, seit die Welt elektrifiziert ist. Wenn man versucht, Verständnis für ein erstaunliches Phänomen zu wecken, das durch seine Selbstverständlichkeit fast unsichtbar geworden ist, greift man oft auf die Geschichte zurück. Und in der Tat ist ja aus der Herkunft vieler Phänomene Entscheidendes über ihre gegenwärtige Gestalt zu erfahren. So liegt es nahe, unser Zeitalter der Elektrizität mit einer Vorgeschichte zu versehen, die über den Faradayschen Käfig, die Lichtenbergschen Entladungsfiguren und Galvanis Froschschenkel zurückreicht bis zu den eigentümlichen Erfahrungen, die die alten Griechen mit dem Bernstein, griechisch »elektron«, gemacht haben – daß dieser sich nämlich durch Reiben (eben: elektrisch!) auflädt. Ich werde diesen historischen Weg nicht gehen, denn man kann das entscheidende technische Apriori, das heißt die Bedingung der Möglichkeit unserer modernen Existenz, nicht durch Geschichten verdeutlichen. Statt dessen will ich versuchen zu zeigen, wie unser Lebensstil und unsere Weltwahrnehmung durch die allgegenwärtige Elektrizität geprägt werden.

Die Elektrifizierung der Welt

In seinen Grundlinien einer Philosophie der Technik nimmt Ernst Kapp schon 1877 eine »durchgängige Parallelisierung von Telegrafensystem und Nervensystem« vor. Auf die Telegrafie komme ich gleich noch einmal zurück. Entscheidend ist zunächst, daß Kapp das Zentralnervensystem als elektrisches Netz begreift, das unsere Sinnesorgane koordiniert. Und umgekehrt erscheint unsere moderne Elektrizitätstechnik nicht mehr als mechanisch, sondern als organisch – man könnte sagen: Sie stülpt das menschliche Nervensystem nach außen, das heißt, sie erweitert das Zentralnervensystem zu einem weltweiten Netzwerk. Nun gilt tatsächlich: Die Nerven liegen blank!

Frida Strindbergs Erinnerung, die Nerven ihres Mannes seien für die atmosphärische Elektrizität so empfindlich gewesen, daß sie ein Gewitter wie Drähte aufgenommen hätten, zeigt sehr schön, wie seit dem Fin de siècle Leitungen als Nerven der Landschaft gesehen werden, weil Nervenbahnen von Telegrafendrähten implementiert werden. Die Jugendstillinie ist nichts als eine phantastische Montage von Nerv und Leitungsdraht. Entscheidend ist hierbei, daß *das vegetative Nervensystem als Grenzform zwischen der Welt des Organismus und der Technik vermittelt.* Wir können deshalb schon an dieser Stelle festhalten: Es gibt kein »Subjekt-Objekt-Verhältnis« zwischen Mensch und Medien. *Radio, Telefon und Fernsehen funktionieren nicht außerhalb unserer selbst; deshalb können wir sie auch nicht kritisch distanzieren.*

Ganz im Sinne von Ernst Kapp hat dann der Theologe Pierre Teilhard de Chardin die Entdeckung des Elektromagnetismus als »grandioses biologisches Ereignis« gefeiert. Wir können also einerseits natürliche Organismen als elektrische Kommunikationsnetze interpretieren; andererseits scheinen elektrotechnische Medien die Institutionen einer Gesellschaft organisch miteinander zu verknüpfen. Schon immer haben Anthropologen die Techniken des Menschen als Ausweitungen seiner Sinne und Körperfunktionen gedeutet. Neu ist nun an den elektrischen Medien, daß sie alle älteren Einzeltechniken in ein integrales Kommunikationsnetz hineinverlagern – das Gehirn ist aus der Black Box des Menschenschädels herausgetreten. Durch die Elektrifizierung unseres Lebens ist die Geschwindigkeit von Impulsen im Zentralnervensystem zum Maß für die gesellschaftlichen Informationsprozesse geworden. Und *so wie das Zentralnervensystem die Glieder und Sinne eines Organismus koordiniert, so steuern die elektrotechnischen Medien den Selbstvollzug der Weltgesellschaft.*

Man könnte etwas emphatischer sagen: *Erst seit es die neuen Medien gibt, gibt es »Menschheit« – was dem einzelnen widerfährt, betrifft einen jeden.* Daß das, was in Somalia oder Bangladesh geschieht, uns »etwas angeht«, ist ja nur möglich, weil die Elektrizität Weltkommunikation technisch implementierbar gemacht hat. Elektrische Medien überwinden die unbeteiligte Distanziertheit des modernen Menschen; er war stolz auf seine Freiheit und hat seine Autonomie mit dem Pathos der Distanz markiert. Diese Haltung ist in der elektrifizierten Welt sinnlos geworden. Heute fühlen wir uns gerade dann am freiesten, wenn wir am intensivsten in die Prozesse der Weltkommunikation einbezogen sind – schon deshalb ist es durchaus sinnvoll, unsere Gegenwart als »postmodern« zu charakterisieren.

In der elektrifizierten Welt gibt es die Spannungen zwischen Oberfläche und Tiefe, Schein und Wahrheit nicht mehr. Reine Datenflüsse kann man nicht mehr kritisch distanzieren. Deshalb spricht der Pariser Medienphilosoph Jean Baudrillard vom »Kupplerhaften der Information und der ganzen Elektronik, die die absolute Promiskuität aller Orte, aller menschlichen Wesen, von Fragen und Antworten, Problemen und Lösungen mit sich bringt«. Der postmoderne Lebensstil orientiert sich nicht mehr an den Phantasmen des literarischen Humanismus, sondern an den Wellen des elektromagnetischen Spektrums. Man tritt nicht mehr in einen Bildungsroman, sondern in ein hoch interdependentes Ereignisfeld ein. In der immer noch maßgebenden Medientheorie Herbert Marshall McLuhans heißt es hierzu sehr passend: »Im Zeitalter der Elektrizität wird die ganze Menschheit zu unserer eigenen Haut.«

Neue Grundbegriffe

McLuhan hat schon in den fünfziger Jahren deutlicher als andere gesehen, wie die elektrischen Medien unsere Welt und Weltwahrnehmung revolutionieren. Ich nenne hier nur die wichtigsten Stichworte (keine Angst vor Fremdwörtern!):

- *Taktilität.* Wir dürfen uns vom Lärm und der Bilderflut der Massenmedien nicht verwirren lassen. Die Elektrizität begünstigt nicht in erster Linie Auge oder Ohr; sie ermöglicht uns vielmehr in ganz neuer Weise, mit allen Weltdingen »in Berührung zu kommen«, sie abzutasten. Das Modewort »Touch« meint nicht in erster Linie den Hautkontakt mit Dingen, sondern das Leben selbst der Dinge im menschlichen Geist. Der Tastsinn ist die beziehungsstiftende Realität. Aber man kann ja gerade auch die Elektrizität als das schlechthin Beziehungsstiftende und deshalb als taktil charakterisieren. Elektrizität schafft eine extreme Interdependenz, eine Welt der Allgegenwart und der gleichzeitigen Ereignisse. So markiert sie die Schwelle zwischen der visuellen Buchkultur und der taktilen Welt der neuen Medien.
- *Synästhesie.* Die Beschleunigung durch Elektrizität stellt Beziehungen her, die man sich gar nicht mehr bildlich vorstellen kann. Damit endet die Vorherrschaft des Gesichtssinns in der abendländischen Kultur. Die Elektrizität unterstützt das Zusammenspiel der Sinne und Medien.
- *Instantaneität.* In elektrifizierten Verhältnissen gibt es keine sich in der Zeit erstreckenden Ursache-Wirkungs-Abfolgen mehr. Alles ist mit einem Schlage da – wie das Licht, wenn ich auf den Schalter drücke. Instantkaffee ist dafür eine schöne Metapher; man bereitet ihn ja nicht mehr zu – einmal umrühren, und schon fertig! Elektrizität legt eine Art Bypass an Raum und Zeit.
- *Nichtlinearität.* Alphabetisierte Menschen neigen ganz »natürlich« zu einer linearen Logik des Denkens. Auch davon hat uns die Elektrizität befreit. An die Stelle des kausalen Denkens tritt

das Modell eines Dialogs zwischen System und Umwelt. Rückkopplungen beenden die Linearität. Das neue Denken setzt bei
den gewünschten Effekten ein, nicht mehr bei den »Ursachen«.
- *Dezentralisierung*. Wie schon gesagt, die elektrischen Medien
umgehen Raum und Zeit wie durch einen Bypass. Dadurch verliert die Unterscheidung von Zentrum und Peripherie ihre Bedeutung. Telefon, Fax und Fernsehen machen es heute gleichgültig, ob ich in der Großstadt oder in der Provinz lebe. Elektrizität entmarginalisiert. Es gibt im Grunde gar keine Peripherie
mehr; jeder Ort kann zum Zentrum werden. So ermöglicht
die Elektrifizierung der Welt eine wohltuende Mannigfaltigkeit
der Raumordnung.
- *Implosion*. Die Neuzeit hat sich explosiv entwickelt; das war ihr
Stolz. Die elektrische Beschleunigung bis an die Grenze der
Lichtgeschwindigkeit kehrt dieses Entwicklungsmuster aber
um. Durch die Instantaneität aller elektrifizierten Prozesse
zieht sich die Welt zusammen. Ihre extreme Dynamik schlägt
in eine »mosaikartige« Statik um. Und wir können heute beobachten: Die postmoderne Produktion zielt nicht mehr auf
Expansion, sondern auf Kompaktheit. Das war auch der Sinn
der berühmten, aber meist mißverstandenen Formel Marshall
McLuhans: Global Village. »Elektrisch zusammengezogen ist die
Welt nur mehr ein Dorf.«

Gespensterverkehr

Alles Neue tut weh. Und auch der Siegeszug der Elektrizität wurde
natürlich von Menetekelsprüchen begleitet. Es gibt wohl kein denk-
würdigeres Dokument der kultivierten Angst vor der elektrifizierten Welt als den Vortrag über »Bilder aus dem Gebiet der
Pueblo-Indianer«, die der bedeutende Kunsthistoriker Aby Warburg am 21. April 1923 in der Kreuzlinger Heilanstalt Bellevue
hielt. Dieser Reisebericht über ein Schlangenritual, das eine Ur-
erfahrung der Menschheit festhält, endet mit einem verzweifelten

Blick auf die »Kupferschlange Edisons«: den elektrischen Strahl. Die letzten Sätze von Warburgs Vortrag lauten: »Der im Draht eingefangene Blitz, die gefangene Elektrizität, hat eine Kultur erzeugt, die mit dem Heidentum aufräumt. Was setzt sie an dessen Stelle? Die Naturgewalten werden nicht mehr im anthropomorphen oder biomorphen Umgang gesehen, sondern als unendliche Wellen, die unter dem Handdruck dem Menschen gehorchen. Durch sie zerstört die Kultur des Maschinenzeitalters das, was sich die aus dem Mythos erwachsene Naturwissenschaft mühsam errang, den Andachtsraum, der sich in den Denkraum verwandelte. Der moderne Prometheus und der moderne Ikarus, Franklin und die Gebrüder Wright, die das lenkbare Luftschiff erfunden haben, sind eben jene verhängnisvollen Ferngefühlzerstörer, die den Erdball wieder ins Chaos zurückzuführen drohen. Telegramm und Telefon zerstören den Kosmos.«

Natürlich vertritt Aby Warburg hier eine extreme Position, aber er steht mit seinem Urteil, zumindest in seiner Zeit, nicht einmal isoliert da. Auch der Dichter Franz Kafka beschreibt in einem seiner Briefe an Milena die technische Medialität von Post, Telegrafie und Telefon als »Gespensterverkehr«. Und ganz offenbar steht das »Kafkaeske« in engem Zusammenhang mit der Elektrifizierung der Welt. »Gespensterverkehr« ist schon deshalb ein interessanter Begriff, weil Kafka damit sehr genau das Unheimliche des entscheidenden Sachverhalts zum Ausdruck bringt, *daß sich nämlich die Kommunikation im Zeitalter der Elektrizität vom Verkehr abgelöst hat.*

Erst seit es den Telegrafen gibt, sind Botschaften schneller als Botschafter und Transportmittel. Samuel Finley Breese Morse hat als erster mit Hilfe der Elektrizität die lästigen Probleme des Raums und der großen Entfernungen gelöst. Seither sind ganze Kontinente zu Informationsnetzen implodiert. Und seither gibt es das moderne, aktuelle Nachrichtenwesen, das von Presseagenturen rund um den Erdball gespeist wird: Nachrichten aus dem Nirgendwo, adressiert an niemanden und ohne Bedeutung für den einzelnen überziehen die Welt mit einer Datenhülle. Neil Postman hat in diesem Zusammenhang die sehr treffende Beobachtung gemacht, »daß sich das Kreuzworträtsel in Amerika genau um die Zeit zu einem populären Zeitvertreib entwickelte, als der Telegraf und die Fotografie die Nachrichten verwandelt und aus funktionalen Informationen dekontextualisierte Fakten gemacht hatten«.

Elektronische Kommunikation ist nicht mehr an das geschriebene Wort gebunden – das kränkt die Literaten. Und auch die Fetischisten des zwischenmenschlichen Gesprächs können in den Codes und Relais der elektronischen Kommunikation natürlich nur eine Zerstörung des Menschlichen sehen. Doch wer so jammert, wird der Aufforderung nicht gerecht, die Herbert Marshall McLuhan schon vor 40 Jahren an uns alle gerichtet hat: Understanding Media – die Medien zu verstehen! In unserem Zusammenhang gilt es zunächst, zweierlei zu verstehen:

- *Postmoderne Waren haben Informationscharakter.* Firmen, die Consulting, Design und System-Management anbieten, handeln rein mit Informationen. Und auch traditionelle Waren lassen sich heute nur noch verkaufen, wenn sie einen »kommunikativen Index« haben.
- *Postmoderne Arbeit ist Informations-Processing.* Programmieren und Kommunikationsenvironments zu entwerfen ist längst produktiver als jeder mechanische Job.

Lichtarchitektur

Doch schon lange bevor es die Medien der elektronischen Kommunikation gab, hat die Elektrizität eine Hülle um die Welt gelegt: die Hülle aus künstlichem Licht. Seit Paris am Ende des 17. Jahrhunderts Beleuchtungsinspektoren einsetzte, die den Großstädtern die Sicherheit der Nacht gewährleisten sollten, entwickelt sich die Metropole zur Lichtstadt. Mit dem Gaslicht der Pariser Passagen beginnt die Verdrängung des Sternenhimmels aus dem

Wahrnehmungsfeld des Großstädters. Für diesen ist nur noch schwer zu beurteilen, ob und wann der Mond aufgegangen ist und die goldnen Sternlein prangen, denn die künstliche Beleuchtung hebt ja die Erfahrung des Übergangs von Tag zu Dämmerung und Nacht auf. Triumphal deckt das Eigenlicht, der endogene Glanz der Großstadt, den Himmel ab. Dabei soll die totale Beleuchtung nicht etwa die Orientierung erleichtern, sondern den Blick der Massen ködern: Das künstliche Licht ist selbst die frohe Botschaft, die als Schauspiel allen dargebotene Stadtbeleuchtung.

Daß die Großstadt im Gaslicht des 19. Jahrhunderts heute eher sentimentale Gefühle wachruft und nicht als blasphemische Abrüstung des Himmelszelts erscheint, hängt vor allem damit zusammen, daß uns längst ein viel mächtigerer Lichtschock zur Selbstverständlichkeit geworden ist: die total elektrifizierte, in gleißendes Neonlicht getauchte Großstadt. So konnte sich der Sinn einer Oktoberwoche 1928 unter dem Titel »Berlin im Licht« darin erschöpfen, die Weltstadt nun noch heller zu fluten. Seither nimmt die Architektur kinematographische Züge an. Und längst ist das Fest der totalen Beleuchtung zur Norm der elektrifizierten Welt geworden. Deshalb gibt es für die großen Lichtstädte des 20. Jahrhunderts nur noch ein Ereignis: den großen Blackout wie etwa in New York am 14. Juli 1977. »What a happy time that was, when all the electricity went away«, heißt es in Donald Barthelmes Roman City Life.

Die neuen Medien sind also das technische Apriori des neuen Bauens. Diesen Zusammenhang hat Le Corbusiers »Elektronisches Gedicht« für die Philips-Werke auf der Weltausstellung 1958 erstmals deutlich gemacht. *Architektur wird zur Programmierung einer ästhetischen Konfiguration elektrischer, akustischer und optischer Ereignisse.* Der Vater der Lichtarchitektur ist aber Albert Speer, der zunächst den deutschen Pavillon auf der Weltausstellung in Paris mit Scheinwerferlicht überflutete und so aus der Nacht herausschnitt. Von hier war es nur noch ein Schritt zum völligen Verzicht auf gebaute Architektur: Der Lichtdom des Reichsparteitags entstand aus den scharf umrissenen Strahlen von 130 Flakscheinwerfern, die Speer im Abstand von 12 Metern um das Feld stellen ließ; die senkrecht zum Nachthimmel gerichteten Flakscheinwerfer, deren Strahlen wie Pfeiler bis in 8 Kilometer Höhe aufragten und dort zu einer leuchtenden Fläche verschwammen, bildeten ein Rechteck aus Licht, in dessen Innern das Ritual des Parteitags stattfand. Damit hat die faschistische Ästhetik den Traum von Villiers de l'Isle-Adam wahr gemacht, den Himmel als Reklamefläche zu nutzen.

Illumination, Lichteffekt und Lichtregie zeigen deutlich, daß es bei der »kinematographischen« Architektur der Weltstädte nicht um Fragen der Beleuchtung des Gebauten, sondern um eine rein konstruktive Verwendung des Lichts geht. Die Sichtbarkeit der Großstädte unterliegt einer totalen elektrotechnischen Manipulation. Architektur ist nicht mehr aus soliden Materialien gemacht; sie entsteht jetzt aus Neon und Elektrizität. Man könnte sagen: Architektur hat keine stoffliche Substanz mehr. Städte wie Las Vegas und Tokio zeigen heute schon, wie Häuserfassaden nur noch als Rahmen für überdimensionale Bildschirme fungieren; man könnte von einer Bildschirmarchitektur sprechen. So hat Jean Nouvel vorgeschlagen, den leeren Raum in der Mitte des wiedervereinten Berlin als Informationsenvironment aus Neonbändern und elektronischen Laufschriften zu gestalten.

Die Elektrifizierung der Welt stellt einen dreifachen architektonischen Einschnitt dar:

— Der Fahrstuhl macht Hochhäuser, also prinzipiell vertikales Bauen, sinnvoll möglich.
— Elektrische Beleuchtung tilgt die Differenz von Tag und Nacht, innen und außen, oberirdisch und unterirdisch. Wie damit dem 19. Jahrhundert der Garaus gemacht wird, hat Benjamin sehr schön am Schicksal seines Urphänomens, der Pariser Passage, festgehalten: »Der innere Glanz der Passagen erlosch mit dem Aufflammen der elektrischen Lichter.«
— Der Anschluß ans elektrische Netz führt zur totalen »Konurbation« (Patrick Geddes). *Kraftwerkvernetzung und Verkabelung*

verwirklichen das elektrische Weltdorf. Dieses Verbundnetz für Ener-
gie und Information ist das unsichtbare Gerüst aller neuen Bauten.
Seine postmoderne Formel lautet ISDN: Integrated services digital
network – die dezentralisierte Vernetzung des elektronischen Welt-
dorfes.

Der Gedanke, man sollte aus dieser Simulationshöhle der Metropole heraus ans Licht der Sonne treten, wird deshalb auch metaphorisch immer schwerer vollziehbar. Der freie Blick, der sich
am Aufblick zum Himmel bildete, wird in der Metropole gegen-
standslos. Die Faszinationskonkurrenz des gestirnten Himmels, in
dessen Studium sich das freie Sehen einmal bildete, wird von der
Lichtarchitektur der Großstadt ausgeschaltet. Der große Lyriker
der elektrifizierten Welt, Gottfried Benn, konnte deshalb über-
zeugend fragen: »Gestirne, wo?«

Die Sensation als neuer Maßstab

Postmoderne Existenzen richten ihren Blick nicht mehr auf den
Bildschirm des Himmels, sondern auf den Computermonitor. Weit
davon entfernt, die Verkabelung der Welt nach George Orwells
Formular als bösen Zauber der absoluten Kontrolle zu verab-
scheuen, frönen die Kids der Lust des Angeschlossenseins. Totale
Verkabelung, die Connection im elektronischen Netz wird der un-
befangene Blick aber als profane Variante von »religio« erkennen:
Die Vernetzung zum integralen Medienverbund gelingt als Umbe-
setzung der Transzendenz. *Das Göttliche ist das Netzwerk.*
  Die Elektrifizierung der Welt ist die schlichte und, wie schon
gesagt, in ihrer Selbstverständlichkeit gerne übersehene techni-
sche Bedingung der modernen Welt. Das neue Lebenstempo der
Moderne hat nur einen einzigen Maßstab: die Sensation. Sie ist das
Selektionsprinzip, das aus Daten Ereignisse mit News value macht.
Mit Sensationen können Bücher aber nicht mehr Schritt halten.
Seither werden die großen Städte der westlichen Welt von Pla-

katen überzogen, von Tageszeitungen überflutet. Die Textenvironments dieser Plakatwelt wechseln unaufhörlich. Wir werden hier nicht mehr benachrichtigt, sondern von Sensationen geschüttelt. Die eigentliche Botschaft einer Nachricht ist also die unmenschliche Geschwindigkeit ihrer Übermittlung.

Beobachtet man diese hochgeschwinde Welt der Sensationen aus der Distanz, so fällt etwas ganz Erstaunliches auf: *Die Reizwirkung einer Information ist um so stärker, je unverwertbarer sie für den Leser oder Zuschauer ist.* Kurzum: Wir können die Nachrichten aus aller Welt gar nicht »brauchen«, sie sind für uns unverwertbar – und deshalb reizvoll! So bestätigt sich wieder die berühmte, vielgeschmähte These des ersten großen Medientheoretikers Herbert Marshall McLuhan: Das Medium ist selbst die Botschaft.

Das zeigt sich besonders eindrucksvoll in der Geschichte der Mitteilungsformen: *Die Kommunikation wird von der Information verdrängt; und die Information wird von der Sensation verdrängt.* Dabei setzen sich die Sendeprinzipien der Massenmedien unwiderstehlich durch: Die Nachrichten müssen neu, kurz, sofort verständlich und zusammenhanglos sein. Deshalb haben die Weltnachrichten nichts mit unserer Erfahrung zu tun. Man könnte sagen: Die Informationen der Massenmedien sind »erfahrungsdicht«.

Die Nachrichtenübermittlung, die am Maß der Sensation gemessen wird, prägt unserem Leben einen neuen Rhythmus der Zeitwahrnehmung auf. Seither gibt es so etwas wie »Werden« eigentlich nicht mehr. Die erste große Schule dieser neuen Zeitwahrnehmung war natürlich das Kino mit dem stoßweisen Rhythmus seiner Bilderfolge, seinen Überblendungen und Montagen. Heute setzen die elektronischen Massenmedien endgültig neue ästhetische Maßstäbe: Niemand kommt zu spät, man kann jederzeit ins Programm einsteigen – und man kann jederzeit abschalten. Jede Episode des Fernsehprogramms beruht auf sich selbst, das heißt auf nichts anderem als dem Senderahmen und dem Medium.

Die Mobilmachung der Bilder

Der Ausgangspunkt dieser Mobilmachung der Bilder liegt weit in der Vorgeschichte der Moderne. Aby Warburg hat seine große Studie über heidnisch-antike Weissagung in Wort und Bild zu Luthers Zeiten Aug in Aug mit dem Ersten Weltkrieg verfaßt. Sie berichtet über die Geburt der illustrierten Sensationspresse aus der Sündflutpanik von 1524. Die Angst vor der Sündflut provozierte eine Bilderflut astrologischer und monstrologischer Warnungsbilder, mit denen Pressepolitik getrieben wurde. Dabei wirkten die »Holzschnittillustrationen als mächtiges neues Agitationsmittel für die Bearbeitung der Ungelehrten«. Deutlich wird Warburgs Darstellung jener »Zeit leidenschaftlicher Schlagbilderpolitik« als Palimpsest seiner Gegenwart lesbar, wo er von einem »Bilderpressefeldzug« spricht, der klar konturierte Feindbilder in »Extrablättern« von Naturgreuel und Monstrositäten aufgerichtet habe – Sensationspresse im Dienst der Tagespolitik. »War schon durch den Druck mit beweglichen Lettern der gelehrte Gedanke aviatisch geworden, so gewann jetzt durch die Bilderdruckkunst auch die bildliche Vorstellung, deren Sprache noch dazu international verständlich war, Schwingen, und zwischen Norden und Süden jagten nun diese aufregenden ominösen Sturmvögel hin und her, während jede Partei versuchte, diese ›Schlagbilder‹ der kosmologischen Sensation in den Dienst ihrer Sache zu stellen.«

Warburgs These von der Geburt der Sensationspresse aus der Bilderagitation durch Holzschnittillustrationen, die dem Monströsen im »Extrablatt« einen tagespolitischen Index verliehen, gesteht also schon der Gutenberg-Technik der Lutherzeit die Möglichkeit zu, den Alltag mit grafischen Illustrationen zu begleiten. Das ist der Startpunkt einer ungeheuren Beschleunigung bildlicher Reproduktion: einer totalen Mobilmachung der Bilder. Als vorläufigen Endpunkt dieses Prozesses hat Virilio die von der Luftaufklärung im Ersten Weltkrieg produzierte Bilderflut kenntlich gemacht. Von der Geburt der Sensationspresse aus der Sündflutpanik 1524 bis zur Geburt des Dokumentierens aus der Kriegsphotographie von 1917 erstreckt sich die Epoche der Mobilmachung der Bilder.

Oberst Edward Streichen – ein Kronzeuge von Paul Virilios Logistik der Wahrnehmung – organisiert 1917 mit über 50 Offizieren und über 1000 Freiwilligen die fotografische Luftaufklärung in Frankreich. Hier kulminiert eine Bilderflut, die der erste militärisch-industrielle Krieg provozierte. Sie bekundet, daß von nun an die Entscheidung über Sieg oder Niederlage von Statistik, Stochastik und »Predictive capability« abhängt. Das Bild ist nicht mehr Einzelbild, sondern verschwindendes Moment im Datenstrom. Diese Predictive capability ist meist nichts als das Vermögen, die unzähligen Militärfotografien richtig auszuwerten. Und im Krieg der Bilder schwindet die Differenz zwischen heiß und kalt. *Den neuen kalten Krieg vollstrecken Datenprozesse und Bilderfluten.* Und heute implementieren computergesteuerte Videokameras eine automatisierte Wahrnehmung, ein blickloses Sehen, in dem die Maschine selbst die Analyse des Realen leistet. Die Systeme automatischer Überwachung machen den Menschen hinter der Kamera überflüssig. Virilio spricht in diesem Zusammenhang von permanentem Pan-Kino.

Das Schema der Massenmedien

Seit es elektronische Massenmedien gibt, kann die Weltgesellschaft praktisch »auf einen Schlag«, »im Augenblick« koordiniert werden. Seither ist es viel wichtiger, rechtzeitig zu sein, als einig zu sein. *Geschwindigkeit zählt mehr als Argumente.* Unsere kulturelle und intellektuelle Herkunft ist fast gleichgültig angesichts einer Zukunft, die weltweit im Zeichen der neuen Medien stehen wird.

Die Massenmedien leisten durch ihre Kommunikationen eine augenblickliche Integration der Weltgesellschaft. Und darüber hinaus gibt es längst eine Weltkommunikation, die Sprache überhaupt nicht mehr braucht. *Die weltweite Verbreitung elektronischer Gebrauchsgegenstände, der alles durchdringende Sound der Popmusik und der kultische Konsum von Markenartikeln sind das wahre Esperanto der Postmoderne.* Zu dieser sprachlosen Weltkommunikation gehört natürlich auch der Sport im Fernsehen. Denn warum lassen wir uns von Fußball, Eishockey oder Basketball faszinieren? Faszinierend daran ist die Beobachtung einer komplexen Koordination von Handlungen, die rein durch Wahrnehmung erfolgt. Sprache ist überflüssig! Man kann also bei der Beobachtung der Fußballbundesliga oder der National Hockey League etwas Prinzipielles über die moderne Welt lernen: Ihre Systeme können auch ohne Lebenswelt funktionieren, ohne Sprache kommunizieren und ohne Verständigung koordinieren.

Wer am kulturellen Geschehen unserer westlichen Welt teilnimmt, kann beobachten, daß die vertrauten Zeithorizonte zusammenbrechen. Überall setzen sich die Formen von Spektakel und Happening durch. Das entspricht ganz genau den technologischen Vorgaben der Massenmedien. Sie prägen unsere Umwelt ganz und gar. Das elektronische Netzwerk taktet die Welt: 600 Millionen Telefonanschlüsse und eine Million Computer im »Internet«. Die vertrauten Zeithorizonte werden durch Übertragungszeiten ersetzt. Man kann also nicht einfach aus der Medienwirklichkeit aussteigen. Ich bringe das auf die Formel: *Es gibt kein Jenseits der neuen Medien.*

Die Massenmedien erhalten sich selbst, indem sie unsere Gesellschaft beobachten. Das ist natürlich eine Beobachtung ohne Begriffe. *Massenmedien lösen alle politischen und sozialen Beziehungen in Ereignisse mit News value auf.* Die Drastik dieser Darstellungstechnik stellt sicher, daß alles rasch aufgefaßt – und genauso rasch vergessen werden kann. Die Informationen werden von den Massenmedien so ausgewählt, daß nur eine flache, »abstrakte« Aufmerksamkeit zum Verständnis nötig ist.

Bevor es moderne Massenmedien gab, wurden Kommunikationsprozesse noch *sozial* unterschieden. Die Mitteilungen zirkulierten in bestimmten gesellschaftlichen Schichten – es gab Geheimnisse, lateinisch verfaßte Texte, Kommunikationsbeschränkungen aller Art. Anstelle dessen gibt es heute unter Bedingungen der Massenmedien eine rein *zeitliche* Unterscheidung der Information: Etwas ist angesagt oder Schnee von gestern; etwas ist »in« oder »mega-out«.

Was ist eigentlich das Kriterium, nach dem man Informationen aus der Datenflut auswählt? Ich meine, die Selektion einer Information läuft heute meistens über ihre Unterhaltungsqualität. Keine Bildung ohne Entertainment! Darauf reagieren Wissensdesigner mit dem Konzept des Infotainment. Die Sensation einer Information hängt viel weniger von ihrer Bedeutung als von ihrer Prozessierung ab. Die Massenmedien informieren also weniger, als daß sie erregen. Und zwar erregen sie weitere Massenkommunikation. Ich will es noch genauer sagen: *Massenmedien informieren, ohne zu orientieren.* Der Anthropologe Arnold Gehlen hat das sehr schön eine »reich unterrichtete Weltfremdheit« genannt.

Früher wurde das Wissen durch Generationen hindurch überliefert. Heute hat es eine ganz andere Entwicklungsform: Es breitet sich »instantan« und »horizontal« aus. Instantan soll heißen: ohne Zeitverzug, im Augenblick; so wie eben Instantkaffee – einmal rühren und schon fertig! Horizontal breitet sich das Wissen aus, seit alle alles gleichzeitig wissen können. Auch in der Südsee kann ich den neuen »Spiegel« lesen. Auch auf Teneriffa sehe ich die Live-Übertragung von RTL. Die Weltwahrnehmung befreit sich also zunehmend von der körperlichen Anwesenheit. *Die Aufnahme von Nachrichten wird so anonym und rollenunspezifisch wie die Nahrungsaufnahme.*

Wir haben also auf der einen Seite Menschen, deren Erfahrungen immer unwichtiger werden, und auf der anderen Seite eine Welt, deren Ordnung immer wieder ins Chaos umschlägt. Dazwischen operieren die Massenmedien als eine Art Schematismus. *Die Medien treffen für uns eine Vorauswahl dessen, was der Fall ist.* Dabei suggerieren sie uns, wir seien alle weltweit an einer gemeinsamen Realität beteiligt. Seither ist die eigentümliche Passivität des Fernsehzuschauers zur grundlegenden Form sozialen Verhaltens geworden.

Was wir Wirklichkeit nennen, ist ein Produkt von Selektionen. Sie hat ihr Maß an der Publizität. Man könnte sagen: Ereignisse werden durch ihre Veröffentlichung »wirklicher«, denn die Publizität eines Ereignisses erweitert seine Kommunikativität. Jedes Ereignis spiegelt sich in den Massenmedien. Das hat aber zur Folge, daß das Handeln immer schon im Blick auf seine Berichterstattung erfolgt. Die Nachrichten des Tages können deshalb eher auf Weltbegebenheiten als auf die Nachrichten des vorigen Tages verzichten. Massenmedien steigern also die Realität durch Publizität.

Es gibt aber noch einen anderen, wichtigen Rückkopplungseffekt. Die revolutionären Ereignisse der jüngsten Vergangenheit in Osteuropa haben uns deutlich gezeigt, wie die neuen Medien und die emanzipatorische Gewalt ineinanderspielen können. Die körperliche Präsenz frustrierter Massen ist ja erst durch die Massenmedien in jene »Telepräsenz« verwandelt worden, die die Fassade des Kommunismus zum Einsturz gebracht hat. Für die westlichen Beobachter war die gesendete Revolution eine willkommene Unterhaltung. Sie hat dem Fernsehen einen idealen Anlaß zu der Art von Überdramatisierung geboten, die für alle neuen Medien charakteristisch ist.

Und das sind die für unsere Massenmedien entscheidenden Kriterien der Auswahl aus der Datenflut:

- Neuigkeit,
- Unzusammenhängendes; im amerikanischen Fernsehen heißt es dann immer: »And now for something completely different ...«
- Konflikt, weil er den Protest als Anschlußkommunikation erregt.

Die Sendungen der Massenmedien stabilisieren also die Erwartung des Unerwarteten. *Das einzig Sichere ist, daß nichts auf der Welt sicher ist.* Gerade weil die Sendeprinzipien der Massenmedien zum Stereotyp und zur Erstarrung neigen, setzen sie voraus, daß ständig etwas geschieht.

229

Die eigentliche Botschaft

Die digitale Revolution hat unsere Wahrnehmung der Welt total kontrollierbar und manipulierbar gemacht. Erinnern Sie sich nur an die Sendungen vom Golfkrieg. Stammten die Bilder ölverschmierter Kormorane aus Saudi-Arabien oder aus dem Archiv? Zeigten die CNN-Bilder eine zerbombte Fabrik für Babynahrung oder für bakteriologische Kampfstoffe? Ähnliche Fragen hat man auch nach der Revolution in Rumänien gestellt: Waren die Leichen, die das rumänische Fernsehen zeigte, echt? War der Umsturz eine Fernsehinszenierung? Solche Fragen unterstellen, daß man zwischen einem wirklichen Geschehen und den gesendeten Bildern unterscheiden kann. Doch seit es elektronische Massenmedien gibt, hat diese Unterscheidung ihren Sinn verloren.

Durch Digitalisierung der Daten können Rechner alle Bilder und Geräusche der Welt speichern, ordnen und für beliebige Transformationen (Kopie, Analyse, Resynthese) abrufbereit halten. So ermöglicht es die Technik der Blue Box, vor einem blauen Hintergrund aufgenommene Einzelfiguren in andere Bilder hineinzukopieren; entsprechend können Backgrounds isoliert und auf Vorrat gedreht werden, um dann im Archiv auf beliebigen Abruf zu warten. Die Figuren emanzipieren sich von ihrem Schauplatz. Es wäre sinnlos, hier noch von Spezialeffekten zu reden; denn im digitalen Video liegen alle Bildelemente phänomenologisch auf der gleichen Ebene. Digitale Bilder sind virtuell unendlich transformierbar.

Das Ereignis ist rein im Bild, nicht dahinter. So entsteht eine Art synthetischer Geschichte, die ich »Posthistoire« nenne. Wir überfordern also die Massenmedien, wenn wir von ihnen eine authentische Berichterstattung erwarten. Denn die Wirklichkeit, über die das Fernsehen berichtet, ist längst eine gelebte Unwirklichkeit geworden. Der Philosoph Friedrich Nietzsche hat sie schon vor 100 Jahren präzise als eine Stufung von Scheinbarkeiten beschrieben.

Lassen wir uns von den Sendeprogrammen nicht täuschen: Die Mitteilungen der neuen Massenmedien sind nur Abfallprodukte

ihrer Selbstreproduktion. Daß überhaupt Kommunikationen stattfinden, ist viel wichtiger als das, was mitgeteilt wird. Aber gerade
deshalb ist sichergestellt, daß Kommunikationen laufen, auch wenn
man sich nichts zu sagen hat. *Die Effekte eines Mediums sind also
völlig unabhängig vom Programm.* Eine »Inhaltsanalyse« kann von
diesem entscheidenden Sachverhalt nur ablenken.

Bei der Entwicklung neuer Medien ist immer zu beobachten,
daß sie sich zunächst an älteren Medien orientieren. Erst allmählich messen sie sich am Maßstab der eigenen technologischen Möglichkeiten. Schließlich nehmen die neuen Medien dieses ursprüngliche Abhängigkeitsverhältnis in eigene Regie und funktionieren als Medien von Medien. Deshalb ist der Inhalt eines
Mediums immer ein anderes Medium. Der Inhalt des Mediums
Schrift ist die Rede. Der Inhalt des Mediums Fernsehen ist der
Film. Die Benutzeroberfläche des Mediums Computer ist ein
»Desktop« – und so weiter. Wenn wir dieses Geflecht von Medien unbefangen beobachten, können wir feststellen, daß es einer
der wichtigsten Effekte des Inhalts ist, vom Medium abzulenken.

Herbert Marshall McLuhan hat schon vor über 30 Jahren zwei
Thesen formuliert, die auch heute noch Gültigkeit haben:

– Der Inhalt eines Mediums ist immer ein anderes Medium.
– Das Medium ist selbst seine eigentliche Botschaft.

Deshalb sind die Effekte der elektronischen Massenmedien völlig unabhängig vom Programminhalt. McLuhan sagt dazu sehr
richtig: »Electric technology is directly related to our central
nervous systems, so it is ridiculous to talk of ›what the public
wants‹ played over its own nerves.« Es gibt eine direkte Verbindung zwischen Elektrizitätstechnik und menschlichem Zentralnervensystem. Deshalb ist es im Zusammenhang mit modernen Massenmedien lächerlich, nach den Wünschen des Publikums zu fragen. Denn *die neuen Medien senden direkt auf den
Nervenbahnen des Menschen.* So kann man auch das von den
Fernsehgesellschaften gefürchtete Flipping, Zapping und Chan-

nel-hopping gut erklären. Natürlich: Man spielt auf der Klaviatur der Programmtasten, weil das Programmangebot langweilig ist. Es gibt aber ein noch viel wichtigeres Motiv: Das Zapping ist ein Spiel im bunten Raum leerer Sinnformen. Man benutzt den Fernseher wie ein Kaleidoskop.

Ich will hier ein häufiges und natürlich naheliegendes Mißverständnis gar nicht erst aufkommen lassen: *Elektronische Massenkommunikation ist keine Übertragung von Bedeutungen und Informationen.* Deshalb sind alle Übertragungsmetaphern für eine aktuelle Kommunikationstheorie unbrauchbar. Es gibt in der elektronischen Massenkommunikation weder einen Absender noch eine Gabe oder einen Empfänger. Diese sogenannten Verbreitungsmedien verbreiten eher Redundanz als Information.

Testen Sie sich nur selbst. Wenn Sie einer deutschen Nachrichtensendung folgen, werden Sie am Ende durchaus das Gefühl haben, gut unterrichtet worden zu sein. Und doch werden Sie kaum eine der Informationen »behalten« haben. Das ist ganz in Ordnung. Ob »Tagesschau« oder »U.S.A. Today« – Massenmedien tasten den Horizont der Welt ab, häufen Ereignisse auf Ereignisse, Katastrophen auf Katastrophen. Aber die eigentliche Botschaft lautet: Das Pattern der Wahrnehmung bleibt stabil. Überprüfen Sie es an sich selbst! Auch die Nachrichten eines stürmisch bewegten Welttages beunruhigen uns eigentlich nicht – im Gegenteil. Ob »Heute«, »SAT.1-Blick« oder »RTL-Aktuell« – *die Ereignisse wechseln, der Senderahmen bleibt konstant.* Auch morgen wird eine »Tagesschau« folgen, die die Welt in nicht mehr als 15 Minuten abtastet. All systems go.

Urmensch und Spätprogramm

Alle starren auf die Einschaltquoten – und das ist gut so. Denn im Bereich der Massenmedien sind Qualitätskriterien nicht definierbar. Sie werden durch Einschaltquoten ersetzt. Demnach sind alle erfolgreichen Sendungen berechtigt – wir mögen noch so sehr die

Nase rümpfen. Statt sich darüber zu ärgern, sollten Kritiker besser über das Geheimnis des massenmedialen Erfolgs nachdenken. Die Lust an der verbalen Aggressivität ist ein genaues Seitenstück zur Faszination durch Sex und Crime.

Das ist überhaupt nur zu verstehen, wenn man sich klarmacht, daß gesellschaftliches Leben, wie wir es kennen, ein Tabu über Destruktivität voraussetzt. Mit anderen Worten: *Unsere Kultur lehrt uns nicht, mit dem Bösen umzugehen.* Seit Freud kann man wissen, welche Folgen das hat: Die verdrängte Zerstörungslust kehrt in entstellter Form wieder – häßlich, schrill, geschmacklos. Das wachsende Interesse am Monströsen, an der Untat, zeigt, daß sich die Menschen heute in ein Verhältnis zum verfemten Teil ihrer Welt setzen wollen. Und dieser verfemte Teil steckt im Stolz des Menschen selbst, seinem Gehirn. Das Gehirn ist nämlich nicht nur überkomplex in seinen unnachvollziehbar vielen neuronalen Verschaltungen; es ist nicht nur in die zwei Hemisphären des abstrakt-analytischen und des konkret-ganzheitlichen Denkens aufgeteilt. Der Skandal des Gehirns ist das, was Paul MacLean seine »Dreieinigkeit« genannt hat. Das Menschenhirn besteht aus drei Gehirnen unterschiedlichster evolutionärer Entwicklung. Und das heißt konkret: Unser Gehirn besteht nicht nur aus dem Neo-Cortex, dem Sitz der begrifflichen Intelligenz. Ein Säugetiergehirn sorgt für unsere Emotionen. Und unsere Aggressionen haben ihren physiologischen Ort in einem Reptiliengehirn.

Schon vor 100 Jahren hat der Soziologe Thorstein Veblen daran erinnert, daß das Ehrenvolle ursprünglich das Furchtbare war und daß Würde allein dem Übermächtigen zugestanden worden war. Es handelt sich also ursprünglich um ein Lob der erfolgreichen Aggression. Gewaltanwendung wurde in archaischen Gesellschaften verherrlicht. Veblen spricht sogar vom »hohen Amt des Mordens«. Statt darüber nur zu erschrecken, sollten wir daraus lernen: *Aggression ist kein Ausnahmezustand, sondern der Normalfall unseres gesellschaftlichen Lebens.* Das gilt für Politik, Beruf und Sexualität gleichermaßen. Darüber hat der Kulturprozeß ein Gespinst von Konventionen ausgebreitet, das heute zu zerreißen beginnt.

Die freigesetzte Aggressionslust muß wenigstens ersatzweise befriedigt werden – und eben das leisten die Massenmedien. Wir sollen ja Kosmopoliten in der einen Welt sein, deren Kernländer schon im ewigen Frieden zu leben scheinen. Nur im Spielfilm darf man noch zwischen Freund und Feind unterscheiden. Nur im Sport darf man noch siegen. Der Kulturbewußte freut sich auf Reich-Ranicki, der Bildungsrhetorik als Form der Gewalt praktiziert, indem er die »Gesprächspartner« niederbügelt – und wir genießen das. Und auch der »mündige Bürger«, der sich täglich durch Nachrichtensendungen über die Übel der Welt informiert – und nur das Üble, Böse hat News value –, ist fasziniert vom Erhabenheitseffekt des Fernsehens: *Man kann durch einen Schirm geschützt Katastrophen betrachten.* Technische Medien schützen ja vor der Direktheit der Sinneswahrnehmung. Und so bieten uns die Massenmedien in ihren Nachrichtensendungen eine geschützte Weltwahrnehmung. Hinter diesem Schirm geborgen, wird uns der Schrecken zur Lust.

Ganz folgerichtig geht es heute der öffentlich-rechtlichen Langeweile politischer Öffentlichkeit an den Kragen. Die berüchtigten Berichte aus Bonn waren bisher ängstliche Hofberichterstattung, der die rituellen, nichtssagenden Statements der Politiker genau entsprechen. Nur aggressive Befragung kann die Worthülsen der Bonzen und Beamten sprengen. Denn die vertrauten Formen von Kritik lassen sich nicht mit den Sendeprinzipien der Massenmedien vereinbaren. Alles Gesendete muß nämlich kurz, neu, überraschend und unmittelbar verständlich sein.

Wenn Sie den Satz, den Sie gerade gelesen haben, nicht verstehen, können Sie einhalten und ihn noch einmal lesen, darüber nachdenken. All das geht beim Fernsehen nicht. Argumente setzen nämlich Besonnenheit und Denkzeit voraus – vor laufenden Kameras eine schlichte Unmöglichkeit. *An die Stelle von Argumentation tritt im Fernsehen die Diffusion von Formeln, mit denen man ein Thema besetzt und prägt.* Formeln provozieren Gegenformeln und bieten damit ein Differenzschema zur Weltwahrnehmung. Hinter der Lust am Streit steckt also auch ein tiefes

Bedürfnis nach Unterscheidungen, die uns eine unübersichtliche Welt ordnen.

Aus der Perspektive des Bildungshumanismus sind das natürlich Warnzeichen für einen Niedergang der Kultur, des Gesprächs, der geistigen Differenziertheit. In dieses Jammern will ich nicht einstimmen. Vielmehr vermute ich, daß das Moralisieren eine klare Analyse der Sachverhalte gerade verhindert. Deshalb hat der Soziologe Niklas Luhmann wohl recht, wenn er sagt, es sei die wichtigste Aufgabe der Ethik, vor der Moral zu warnen. Nüchtern betrachtet, entpuppt sich die Frage nach einer Ethik der Informationsgesellschaft nämlich als Frage nach den ökologischen Nischen des Nicht-Informationellen: Gibt es einen Rest des »Menschlichen«, der nicht in der technischen Wirklichkeit der neuen Medien aufgeht beziehungsweise untergeht?

Meine Antwort lautet: *Die neuen Medien bleiben stumm gegenüber der Endlichkeit, Kreatürlichkeit, Fehlbarkeit des Menschen.* Der humanistische Mensch ist antiquiert – aber sein Körper und seine »Seele« werden in der Medienlandschaft hartnäckige Anachronismen. Ein Anachronismus ist eine Zeitwidrigkeit. Meine These lautet also: Der Menschenkörper und die Menschenseele sind unaufhebbare Zeitwidrigkeiten in der modernen Zeit. Wir müssen uns also damit arrangieren, daß »wir selbst« quer zu den Beschleunigungsprozessen stehen, die wir technologisch in Gang gesetzt haben. Mit anderen Worten: Wir brauchen ein Management unserer eigenen Antiquiertheit. Denn auch jenseits des Humanismus bleiben die Menschen endliche, hinfällige Wesen, die mit der Perfektion ihrer Technik nicht konkurrieren können. Wir werden deshalb trotz der Möglichkeit von Telekonferenzen immer wieder das »persönliche Gespräch« suchen; wir werden trotz firmeneigener Expertensysteme dem »Rat« des erfahrenen Kollegen folgen; und wir werden, statt ein Video oder eine Diskette zu schicken, höchstselbst in fernste Städte fliegen, um einen »Vortrag« zu halten.

Eintritt in den Medienverbund

Die technischen Medien sind zwar als Erweiterungen unserer Sinne und Vermögen entstanden, aber sie haben sich mittlerweile so weit raffiniert und ausdifferenziert, daß man die Welt der Medien nicht mehr am Maß des Menschen messen kann. Der Medienverbund, der unsere Wirklichkeit bestimmt, ist nicht einfach nur die Fortsetzung der menschlichen Datenprozesse mit anderen Mitteln. Vielmehr müssen wir umgekehrt von den neuen Medien lernen, daß die Organisation der menschlichen Sinnlichkeit ein zufälliges Produkt der Evolution ist. Die Zahl unserer Sinne ist zufällig – versteifen wir uns nicht auf die fünf! Wir müssen damit rechnen, daß immer wieder neue Sinnlichkeiten in Form neuer Medien zwischen Mensch und Welt geschaltet werden. Diese neuen Medien wirken nicht nur als Filter, sondern auch als ästhetische Produktivkräfte. Die Aufnahmeapparaturen der Massenmedien dringen sehr tief in die Wirklichkeit ein und machen dadurch Raum- und Zeitstrukturen wahrnehmbar, die sich der Erfahrung des Menschen bisher entzogen haben.

Es ist die Grundfunktion jedes Mediums, Informationen zu speichern und zu fördern. Die Speicherung sichert den Zugang. So versorgen uns Medien mit künstlichen Wahrnehmungen. Jedes Medium formt das menschliche Handeln, indem es Erfahrungen transformiert. Medien wirken also wie Metaphern. *Die Welt, die wir wahrnehmen, wird von den Medien vorstrukturiert.* Zunächst haben sich die modernen Medien als Erweiterungen unseres Wahrnehmungssystems entwickelt: Radio, Zeitung und Film besetzten das Hören, Lesen und Sehen. Diese ausdifferenzierte, arbeitsteilige Wahrnehmungsstruktur entspricht aber nicht mehr der Komplexität der postindustriellen Gesellschaft. Auf die Kooperationsanforderungen der neuesten Technologien kann man nicht mehr mit der Arbeitsteilung der Sinne antworten.

Alexander Kluge und Oskar Negt haben das sehr schön am Fluglotsenstreik verdeutlicht: Der Zusammenbruch der Flugbewegungsorganisation im Go-slow der Radar- und Fluglotsen wird

einfach dadurch ausgelöst, daß sie die Momente ihrer Arbeit isolieren. Das heißt, im Go-slow bringen die Fluglotsen ihre Sinne zu
einem spezialisierten Einzeleinsatz – nach Vorschrift. Das normale
Funktionieren dieser hochkomplexen Kontrollvorgänge setzt
nämlich ein Zusammenspiel der Sinne und eine ganzheitliche Aufmerksamkeit voraus. Jede Arbeitsteilung der Sinne muß hier zum
Zusammenbruch des Systems führen.

*Das Zusammenspiel der Sinne in einer ganzheitlichen Aufmerk-
samkeit entspricht der Vernetzung von Einzelmedien zum Medienverbund.* Wenn man den Begriff »Medienverbund« ernst nimmt, dann
besagt er: Es gibt keine Einzelmedien mehr. Die Bedeutung eines
Mediums wird nur aus seinem Zusammenspiel mit anderen Medien verständlich – der Medienverbund ist also die primäre Ge-
gebenheit. Heute sind ja alle technischen Medien digitalisierbar.
Alle Daten der Welt können deshalb im selben Speicher abgelegt
werden. Der Medienverbund funktioniert dann als computergesteuertes Algorithmensystem. Das ist das Betriebsgeheimnis einer
Kultur, die sich heute anschickt, ihre alte, humanistische Identität
wie eine Schlangenhaut abzustreifen.

Am Ende der Gutenberg-Galaxis

In der neueren Geschichte der Medien lassen sich die drei wichtigsten Etappen deutlich unterscheiden:

- Das Buch verliert seine Funktion als Archiv des Weltwissens.
- Das Papier ist nicht mehr die wichtigste Schreibfläche; es wird
  zunehmend vom Bildschirm verdrängt.
- Das Alphabetisch-Literarische ist nicht mehr das Leitmedium
  der gesellschaftlichen Kommunikation; ein Bild sagt jetzt
  tatsächlich mehr als tausend Worte.

Das Buch war das Leitmedium der Neuzeit. Heute ist das Buch nicht
mehr der Schlüssel zur Welt. Wir leben in neuen Kommunika-

tionsverhältnissen, die von Computern und elektronischen Medien bestimmt sind. Damit treten wir aus einem Kulturraum aus, den Herbert Marshall McLuhan einmal die Gutenberg-Galaxis genannt hat. Und es macht in der Tat einen guten Sinn, die humanistische Kultur nach dem Erfinder ihres Leitmediums »Buchdruck« zu benennen.

Heute stößt der literarische Humanismus brutal mit der neuen Medienwelt zusammen. Und wenn zwei Welten aufeinanderprallen, scheiden sich die Geister. Wir können schon sagen, wie sie sich scheiden, nämlich in Programmierer und Programmierte – hier die Designer, dort die User. Die humanistischen Geister klammern sich noch verzweifelt ans Buchstäbliche der Literatur, an die Autorschaft und das Copyright. Und nach wie vor verehren sie Fetische wie das Schöpferische. Währenddessen operieren aber die anderen Geister, nämlich die Medienfreaks, Designer und Programmierer, längst auf der Basis von Algorithmen, also maschinenmäßig präzisen Verarbeitungsvorschriften.

Der Untergang des literarischen Humanismus bedeutet aber nicht, daß es weniger »Text« gäbe und wir weniger lesen würden. Im Gegenteil! Wir schreiben und lesen mehr denn je. Und auch die Qualität der Lektüre wird nicht schwächer werden. Schon Herbert Marshall McLuhan, der ja als erster das Ende des Buchzeitalters ankündigte, hat sehr deutlich ausgesprochen, daß das Ende des Leitmediums Buch nicht mit dem Ende des Lesens verwechselt werden darf. Im Gegenteil! »Die alte Gewohnheit in Schriftkulturen, entlang der gedruckten Zeilen zu rasen, hat plötzlich dem gründlichen Lesen Platz gemacht. Gründliches, in die Tiefe gehendes Lesen ist natürlich dem gedruckten Wort nicht arteigen. Sondieren der Wörter und der Sprache ist eher eine Angelegenheit der oralen oder handschriftlichen Kulturen als des Buchdrucks.«

Am Ende der Gutenberg-Galaxis steht also nicht die Unfähigkeit zu lesen. Aber der Status der Texte ändert sich. Sie verlieren ihre »Heiligkeit«, die sie vom Buch der Bücher geerbt haben. *Die neuen Texte befreien sich vom Korsett der Buchform und der Autorität des Autors; sie verzweigen und vernetzen sich unbegrenzt,* um endlich zu werden, was das lateinische Wort »textum« meint: ein Gewebe. Diese sogenannten Hypertexte brauchen keinen Autor, sondern einen Software-Designer. Und im Fluß der Daten wird das Genie überflüssig. Auch wer das für übertrieben hält, kann doch nicht leugnen, daß Bücher von Bildschirmen verdrängt werden. Niemand kann mehr übersehen, daß immer häufiger ein elektronisches Interface an die Stelle des *»face to face«* tritt. Schnittflächen ersetzen das »Von Angesicht zu Angesicht«.

Was bedeutet das? Welche Absicht steckt dahinter? Was soll hier dargestellt werden? Solche Fragen gleiten an einem elektronischen Datenfluß ab, der Effekte inszeniert – sonst nichts. Wir müssen heute Abschied nehmen von einer Welt, die durch Repräsentationen geordnet war. Und das heißt natürlich auch: Wir müssen Abschied nehmen von einem Denken, das sich selbst als Repräsentation der Außenwelt verstanden hat. Es gibt keinen Weg zurück hinter die elektronischen Gadgets, die Geräte und Apparate der Informationsgesellschaft – sie bestimmen unser Weltverhalten. Programme treten an die Stelle »natürlicher« Erfahrungsmöglichkeiten. Und jedes Kind weiß heute, daß die Videowelt, die unser Alltag ist, nicht mehr die Welt Newtons ist. Das Maß des Wirklichen hat sich verändert. Überall leuchten Bildschirme, und was sich als »wirklich« behaupten will, muß auf Monitoren erscheinen. In diesem Zusammenhang ist Manipulation nur noch ein beschreibender Begriff. Man kann nicht mehr in kritischer Absicht von Manipulation sprechen. Denn *in der elektronischen Bilderwelt gibt es nichts mehr, was nicht manipuliert wäre.*

Wahrheitsbegriff und Weltgeschichte haben uns bisher den Blick auf die technische Realität des großen telematischen Netzes verstellt – das Integrated Services Digital Network (ISDN), das die Welt umspannt und doch aus der winzigen Urzelle einer Synapse, eines Relais, einer Ja/Nein-Schaltung hervorgegangen ist: Bibliothek und Post, Archivar und Kurier, Schickung und Telekommunikation. Und weil wir immer auf Wahrheit und Geschichte starren, statt in ihnen auch nur Posten, Relais und Archive zu sehen, überraschen uns die neuen Medien als nicht bestellte Erfindungen. Bert Brecht hat das sehr schön am Rundfunk verdeutlicht. Plötzlich war es technisch möglich, allen alles zu sagen, nur hatte man nichts zu sagen, weil man die Entstehung des Mediums Radio nicht verstand. Deshalb ist es vom Kommunikationsapparat, der es eigentlich sein müßte, zum »akustischen Warenhaus« verkommen. Brecht hat das sehr klar gesehen: »Der Rundfunk wäre der denkbar großartigste Kommunikationsapparat des öffentlichen Lebens, ein ungeheures Kanalsystem, wenn er es verstünde, nicht nur auszusenden, sondern auch zu empfangen, also den Zuhörer nicht nur hören, sondern auch sprechen zu machen und ihn nicht zu isolieren, sondern ihn in Beziehung zu setzen.« Doch auch die primitivsten Radiosendungen zeitigen neue entscheidende Medieneffekte. Radio schafft erstmals ein Arsenal der Simulation von Welt, die uns von der mühsamen Wirklichkeit entlastet; authentisches Sendematerial erspart die Welterfahrung.

So zerbrechen die Horizonte der humanistisch aufgeklärten Welt unter den neuen Medienbedingungen. Und das wird nicht einmal als Verlust erfahren. Die Computerfreaks genießen es offenbar, vom Bewußtseinszwang der Aufklärung verschont zu bleiben. *»Gadgeteering«,* das reibungslose Zusammenspiel von Mensch und Maschine, bringt die Befreiung von der humanistischen Zumutung der Freiheit. Diese neuen »posthumanen« Menschen verstehen den Schrecken nicht mehr, den George Orwell in seinem schwarzen Roman »1984« beschworen hat. Die weltweite Verkabelung erscheint ihnen nicht als Terror einer absoluten Kontrolle, sondern als Chance der kommunikativen Lust.

Die Zahl der Menschen wächst, die, nach einer meist mühsamen Reise an Meeresstrand oder Alpengletscher, dort nicht dem Rauschen der Natur, sondern dem Walkman lauschen. Sie verzichten nicht auf das Rauschen und den Rausch, sondern stellen ihn technisch und störungssicher auf Dauer. So liegen auch die fernsten Orte noch im elektronischen Mutterbauch. Jene sonderbaren Wesen, die man in die Welt wirft, indem man die Nabelschnur durchtrennt, greifen begierig nach der Kabelschnur, die sie ans weltweite elektronische Netz ankoppelt. Sehen Sie sich nur einmal an, wie fasziniert sich Babys ins Flimmern der Bildschirme verlieren, obwohl sie die gesendeten Bilder noch gar nicht »lesen« können.

Von solchen fernsehsüchtigen Babys ist mehr über das neue Zusammenspiel von Mensch und Elektronik zu erfahren als von jenen Staatspädagogen und Universitätsprofessoren, die über eine elektronische Vergewaltigung zarter Kinderseelen phantasieren. *Nicht die Kindheit verschwindet, sondern der Humanismus, der sie erfunden hat.* Und hier müßten mutige anthropologische Untersuchungen ansetzen. Wer immer noch Programminhalte analysiert oder das Fernsehen als Bildungsanstalt mißversteht, hat natürlich keinen Sinn für kühne Gedanken zur Zukunft des Menschen und seiner Medien. Wir sollten statt dessen den Gedanken riskieren, daß die abendliche Versammlung vor dem magisch flackernden Bildschirm eine postmoderne Neuausgabe der Urhorde vor dem Lagerfeuer ist. Auch die elektronische Urhorde will sich von der Außenwelt abwenden. Auch die Nachrichten aus aller Welt dienen nur einer totalen Faszination, die in völlige Zerstreuung umschlägt.

Die Technik der Information

Eines der neuen Zauberwörter heißt »Telematik«. Es ist aus den Wörtern *Tele*kommunikation und Infor*matik* zusammengesetzt und soll zum Ausdruck bringen, daß die Kommunikationstechniken der postmodernen Kultur durch eine neue Einheit von Fernmelden und Rechnen geprägt sind. Seit die Bell Laboratories den genialen Claude Shannon beauftragten, die amerikanischen Telefonleitungen zu optimieren, heißt das ganz einfach: Möglichst viele Kommunikationen sollen über möglichst wenige Drähte laufen. Was gesagt wird, ist unwichtig. Es genügt, daß wir beim Telefonieren die Modulation einer Menschenstimme wiedererkennen und der Anschein von Verstehen erzeugt wird. Hören Sie doch nur einmal zu, wie andere telefonieren – was da ausgetauscht wird, ist zum allergrößten Teil barer Nonsens. »Ruf doch mal an! Phone home – it feels good!«

Daraus kann man etwas Grundsätzliches lernen: Bei der Technik der Information geht es nicht um Sinn und Bedeutung, sondern einzig und allein um quantifizierte Kommunikation. Seit die neuen Medien unsere Welt einrahmen, kann man die gesellschaftlichen Kommunikationen nicht mehr durch den Sinn definieren, den sie scheinbar übermitteln. Im Gegenteil: Technische, medienvermittelte Kommunikation kann man nur noch durch Jam definieren. Das ist schnell erklärt. Beim Telefonieren zum Beispiel ist Jam die Schwelle, jenseits derer nichts mehr durch die Drähte läuft, was man als Anruf verstehen könnte – wo also die Modulation der Stimme des anderen nicht mehr zu erkennen ist und im akustischen Chaos untergeht. Der nachrichtentechnische Begriff Jam bringt also sehr schön zum Ausdruck, *daß Kommunikation am Rande des Chaos operiert.* Man kann diesen fundamentalen Sachverhalt auf eine ganz einfache Formel bringen: Information ist das Gegenteil von Entropie, und Jam ist die Entropie der Information.

Philosophen machen oft den Einwand, für den Computer hätten die codierten und gespeicherten Daten gar nicht den Charakter von Information. Information sei erst durch menschliche Interpretation der Daten zu gewinnen; der Computer reduziere eingegebene Informationen immer wieder auf den Datenkern zu prozessierender Symbolketten. So hat etwa der bedeutende Sprachphilosoph John Searle auf die Zweideutigkeit des Datenbegriffs hingewiesen, der darin begründet sei, daß der Computer zwar eine Syntax, aber keine Semantik habe und Intentionalität nicht kenne. Gerade deshalb aber klammert Claude Shannons kybernetische Informationstheorie die Bedeutungsdimension des Kommunizierten systematisch aus. *Die Bedeutung der Kommunikation ist für die Technik der Datenverarbeitung unwichtig; es kommt also darauf an, Information nicht mit Bedeutung zu verwechseln* – ein Bit zeigt ja lediglich an, welche der gleich wahrscheinlichen Alternativen gewählt wurde. Datenverarbeitung ist kein Kapitel der Sprachtheorie; sie operiert mit Algorithmen. Und in der Tat geht es bei Computern – wie bei allen neuen Medien – nicht um die imaginäre Welt von Intentionalität und Bedeutung, sondern um die Verarbeitung der Welt in ihrer Zufallsstreuung. So eröffnet ihre digitale Signalverarbeitung einen neuen, nie zuvor betretenen Raum: eine Ästhetik, die erstmals den stochastischen Elementen, dem Zufall der Welt, gewachsen ist. Hier enden die Funktionen des Fiktiven, und Simulation wird zum Königsweg des Wirklichkeitssinns.

Alle reden von der Informationsgesellschaft – wir auch. Denn dieser Begriff hat einen guten Sinn: *Was dem Menschen der Postmoderne als undurchschaubare Komplexität der Welt entgegentritt, ist das Resultat einer gigantischen Vernetzung von Kommunikationsprozessen.* Intelligente Soziologen wie Niklas Luhmann beschreiben unsere Gesellschaft als autonome Kommunikationsmaschine. Mit der Bezeichnung »autonom« soll zum Ausdruck gebracht werden, daß die sozialen Prozesse zwar auf Menschen und deren jeweiliges Bewußtsein angewiesen sind – das ist trivial. Entscheidend ist aber, daß Gesellschaft nicht auf Menschen reduziert werden kann und daß Kommunikation nicht auf das Bewußtsein der Menschen zurückgeführt werden kann.

Man hat diese neue Welt schon vielfach als Informationsgesellschaft beschrieben. Betrachtet man sie aus einer technischen Perspektive, so kann man, wie schon erwähnt, die Bildung einer neuen Einheit von Fernmelden und Rechnen beobachten: Die Technologien von Computer und Telekommunikation verschmelzen. Alle Daten der Welt lassen sich heute auf einer einzigen Darstellungsoberfläche auftragen – Stichwort: Digitalisierung. *Die wichtigste geistige Gestaltungsaufgabe der Zukunft ist deshalb das Design integrierter Datenprozesse.*

Eine aktuelle Theorie der Kommunikation darf sich nicht vorrangig auf die Evolution von Einzelmedien konzentrieren. Viel wichtiger sind heute deren Schnittstellen und Hybridisierungen, also Medienbastarde, die aus Datenprozessen unterschiedlichster Art gemischt sind – man spricht auch von Medienmix. Aus solchen Kopplungen entstehen die neuen Hypermedia-Technologien.

Eine erfolgreiche Mischung der verschiedensten Arten von Datenmengen wie Text, Bild, Ton und Animation ist nur digital möglich. Sie wird über die Benutzeroberfläche eines Computers gesteuert. Nicht nur Apple macht das heute selbst für kleine Rechner möglich: Die Digital-Video-Interactive-Technologie integriert Text, Foto, Mehrspurton, 3-D-Computergrafik und Echtzeitvideo. Da alle Medien digitalisiert sind, können ihre Daten alle im selben Speicher abgelegt werden. Damit ist auch interaktives Fernsehen technisch möglich.

Wie Kommunikation funktioniert

Daß Menschen weltoffen sind, heißt im Grunde, daß sie sich einer ständigen Datenüberflutung aussetzen. Und sie schaffen sich ihre Lebenswelt, indem sie sich durch Sprache und Handeln von dieser Sinnesüberlastung entlasten. Denn was heißt eigentlich sprechen? Wer spricht, sendet Laute in die Welt, die entweder rückgekoppelt werden oder im Nichts verhallen. Dieser strenge Selektionsprozeß bildet dann allmählich Kommunikationsstrukturen aus. So erfahren Menschen ihre Außenwelt nicht instinktgeleitet, sondern kommunikativ.

Die Evolution ist eine Züchtung von Information. Und seit es technisch möglich ist, das Zentralnervensystem nachzubauen, können wir das Leben als Informationsfluß verstehen. Die Sinne des Menschen funktionieren demnach als Nachrichtentechniken, die im Lauf der Zeit stabile Mitteilungsformen ausbilden. Das, was man Bewußtsein nennt, muß sich diesen Kommunikationsstrukturen immer wieder aufs neue anpassen. Marvin Minsky hat einmal sehr schön gesagt: Das Bewußtsein ist nichts anderes als eine Suchroutine beim *Debugging* unserer Lebensprogramme.

Technische Medien erleichtern es uns, zu beobachten, wie andere diese Welt beobachten. Dabei wird klar, daß es unmöglich ist, die Wirklichkeit der Kommunikation auf zwischenmenschliche Beziehungen zu reduzieren. Das heißt aber auch, daß uns die

Kommunikation keinen Weg zeigen kann, der es ermöglichen würde, den anderen zu verstehen. *Wie das Kommunikationssystem im ganzen ist der andere eine Black Box, der mich ebenfalls als Black Box erfährt. Diese gegenseitige Undurchsichtigkeit deuten wir dann als Freiheit.*

Die neuen technischen Medien werden immer perfekter. Dafür müssen wir aber einen Preis zahlen. Kommunikationen funktionieren nämlich um so besser, je unpersönlicher sie sind. Wir vergessen ja leicht, wie unwahrscheinlich es im Grunde ist, daß Kommunikationen zustande kommen. Wenn ich etwas sage, muß ich aus vielen möglichen Daten und Themen auswählen. Warum sollte der andere an dieser Auswahl Interesse haben und auf mein Angebot eingehen? Warum sollte er gar meine Datenauswahl zur Grundlage eigener Sprechhandlungen machen? Daß dies trotzdem geschieht, ist von sozialen Rollen eher zu erwarten als von Personen in ihrer Eigenart. Man kommuniziert mit Ministerialdirigenten, Verkäuferinnen, Büroangestellten oder Moderatorinnen – und das gelingt, gerade weil man sie nicht als Personen verstehen muß. Deshalb können wir mit Kollegen auch besser kommunizieren als mit der eigenen Frau. Gerade wenn die Seele des anderen für mich eine Black Box bleibt, kann ich »sozial« verstehen, was er mir sagt. Dagegen haben Personen die Neigung, »persönlich« zu werden. Sie wollen ihre inneren Werte mitteilen – das muß schiefgehen. Deshalb sitzen solche Personen nach einigen Jahren gescheiterter Seelenkommunikation nur noch zusammen vor dem Fernseher.

Wer nach zehn Stunden Büroarbeit nach Hause kommt, schaltet den Fernseher ein, um abzuschalten. Man will sich nicht bilden, sondern in lustvollem oder gelangweiltem Zapping und Channel-hopping durchs Kaleidoskop der Bilder reisen. Das ist keine Kommunikationsverweigerung – allenfalls gegenüber der Familie. Wer einschaltet, um abzuschalten, schließt sich an den Datenfluß der elektronischen Gemeinschaft an. Das unausgesetzte kalte, blaue Licht des Fernsehers, die reine Vergängnis seiner Bilder und die Dimensionslosigkeit des Bildschirms sind die bestimmenden

Faktoren einer neuen sozialen Existenz. *Die Massenmedien schützen uns so vor der Nacht, dem Dunkel der Bildlosigkeit und der datenlosen Stille –* also vor dem, was man *»Sensory deprivation«* nennt. »Wir sind wie Katzen«, schreibt Jean Baudrillard, »von heimtückischem Parasitentum und gleichgültiger Häuslichkeit. Warm im Sozialen eingebettet, haben sich unsere historischen Leidenschaften im Licht einer künstlichen Intimität gekrümmt, und unsere halbgeschlossenen Augen erspähen nur mehr das friedliche Defilee der Fernsehbilder.«

Faszination statt Mitteilung

Die Fernsehgesellschaft wird nicht mehr durch Ideologien, sondern durch technische Standards bestimmt. Die gesellschaftliche Kommunikation definiert sich heute durch die Selektionstechniken der neuen Medien, die Standards der Filmformate und die Parameter des Fernsehbildaufbaus. Schon diese einfache Überlegung genügt, um zu verstehen, worum es in einer PR-Parole wie »Virtual Reality« tatsächlich geht. *Alle elektronischen Medien der Massenkommunikation erschaffen eine virtuelle Realität von Gemeinschaften ganz einfach durch Frequenzen und Reichweiten.* Diese virtuelle Realität der elektronischen Gemeinschaft zerstört alle vertrauten Formen bürgerlicher Öffentlichkeit. Wo Glasfaserkabel liegen, gibt es kein Forum mehr. Wer sich aktuell informieren will, muß an den Kanalausgängen sitzen, also zu Hause. Wer statt dessen eine Form bürgerlicher Öffentlichkeit herstellen will, verpaßt die neuesten Nachrichten.

Marshall McLuhans vielbelächelte These vom *Global Village*, dem elektronischen Weltdorf, meint etwas ganz Einfaches: *Die Elektronik schafft Existenzbedingungen, die eine gewisse Ähnlichkeit mit mythischen Lebensformen aufweisen.* In der Tat bedienen gerade die neuesten Medien archaische Haltungen des Menschen. So wie sich die archaischen Horden von der Tages- und Außenwelt abgewendet haben, um sich vom Lagerfeuer faszinieren zu lassen, so sitzen wir heute vor den Fernsehschirmen. In seinem schönen, witzigen Essay »Televisionen« schreibt Hansjörg Schertenleib über die Wiederkehr des Neandertalers in unserer Siliziumzeit: »Beide kauern wir, selbstvergessen Nahrung schaufelnd, und starren in das magische Flackern. Hypnotisiert. Geborgen. Geschichten nehmen ihren Anfang.«

Eine dieser Geschichten erzählt Stanley Kubricks Kultfilm »2001 – Odyssee im Weltraum«. Der Film beginnt ja mit einem genialen Kurzschluß zwischen High-Tech und Urhorde. Im Zentrum stehen Medien wie das Bildtelefon, Video und Satellitenfernsehen – und vor allem natürlich: ein Supercomputer. Dieser Supercomputer hört im Film übrigens auf den Namen HAL – ein Name, den Sie leicht decodieren können, indem Sie jeden der drei Buchstaben mit dem vertauschen, der ihm im Alphabet vorausgeht, also: IBM.

Kubricks Film führt beispielhaft vor Augen, daß der Inhalt eines Mediums immer ein anderes Medium ist. Aber noch wichtiger ist, daß es keine Einzelmedien mehr gibt. Man trifft immer auf einen Medienverbund, auf Schaltungen und Vernetzungen verschiedener Medien. Die Störanfälligkeit an den Kopplungsstellen, also das Rauschen, gibt Stoff für Geschichten. So erzählt Stanley Kubricks »2001 – Odyssee im Weltraum« von der Schnittstelle Mensch – Computer: *Die Menschen der Zukunft sind in computergesteuerte Rückkopplungsschleifen eingebaut. Und das Ganze hat die Gewalt eines elektronischen Mythos.*

Ohne Unterschied transportieren die Medien Sinn, Unsinn und Gegensinn. Diesen Datenprozeß können wir nicht mehr »kritisch« oder mit Qualitätsmaßstäben kontrollieren. Die Medieneffekte bilden einen geschlossenen Regelkreis, der nichts mehr mit den alten Vorstellungen von Kommunikation zu tun hat. Von diesen Datenprozessen geht eine Faszination jenseits des Sinns aus: Wir genießen uns selbst, indem wir unsere Sinne in der Medienwirklichkeit baden. Daß es zum Faszinationsgenuß kommt, setzt aber voraus, daß unsere Aufmerksamkeit abgelenkt wird. *Die neuen Medien funktionieren hier ganz ähnlich wie die Hypnose oder die Telepa-*

thie. Unsere Aufmerksamkeit wird zunächst total fokussiert und dann ebenso total abgelenkt – wir sind in Trance. Wenn Menschen fernsehen oder telefonieren, geht es ihnen also nicht vorrangig darum, Informationen aufzunehmen oder auszutauschen. Sie wollen gerade in der Redundanz der Botschaft »mitschwingen«. Es geht nicht um Kommunikation, sondern um Faszination.

Von den neuen Medien lernen wir, der jeweiligen Mode gemäß zu konsumieren. Aber sie sind auch Fluchthelfer aus der Langeweile der Klein-, Schlaf- und Trabantenstädte. *So gibt es schon heute reine Terminalexistenzen, die sich nur noch im Netzwerk elektronischer Zeichenprozesse bewegen.* Ihr Körper ist völlig statisch, während ihr Denken total mobil macht. Bis auf den eigenen Körper und seine lästigen Bedürfnisse haben diese postmodernen Computerfreaks ihre simulierte Umwelt so optimiert, daß sie gar nicht mehr aus der Medienwirklichkeit heraustreten wollen.

Gewiß, das sind extreme Existenzen. Aber sie senden uns doch schon erste Botschaften aus einer nahen Zukunft, in der sich das Leben in einen telekommunikativen Datenprozeß verwandeln wird. Vielleicht finden Sie solche Perspektiven bedrohlich, vielleicht phantastisch. In jedem Fall sind sie realistisch. Sehen Sie sich nur an, was heute mit der Immobilie schlechthin, der Wohnung, auf den Displays des computergestützten Designs geschieht. Die Immobilie wird elektronisch mobil gemacht. Die Häuser der Zukunft haben eine eingebaute Intelligenz, ihre Funktionen werden von einem Terminal aus gesteuert. Auch das Wohnen der Zukunft ist ein Prozessieren von Informationen.

Kriegsspiele

Herbert Marshall McLuhan hat einmal sehr kalt und nüchtern festgestellt: *Krieg ist beschleunigter technologischer Wandel.* Aber auch in Friedenszeiten tobt eine unaufhörliche Schlacht – es ist eine elektronische Schlacht mit Informationen und Bildern. Seit es die neuen Medien gibt, muß man beides zusammensehen. Auch auf dem Schauplatz der heißen Kriege erweisen sich Medien als Waffen.

Kriegsentscheidend ist die Eroberung der Wahrnehmungsfelder. Schon der Erste Weltkrieg war in diesem Sinne ein Medienkrieg. Fotografie, Film und Luftfahrt haben neue Formen des Sehens entwickelt. Man kann also durchaus sagen, daß die Luftaufklärung zum Wahrnehmungsorgan des Oberkommandos geworden ist. Hier beginnt der große Gestaltwandel vertrauter Wahrnehmungsfelder, der sich heute in den War Games, den Kriegsspielen, den Computersimulationen vollendet.

Polemologen – so nennt man die Analytiker des Krieges – operieren nicht mit Wörtern, sondern mit Graphen, Diagrammen und Modellen. Es geht hier um eine Datenverarbeitung auf der Basis von Algorithmen, die sich nicht auf Rede reduzieren läßt. Bei diesen Entwürfen imaginärer Kriegsschauplätze ist es zunächst schwer, zwischen Spiel, Modell und Simulation zu unterscheiden. Es läßt sich nur feststellen, daß der Gebrauch des Wortes Simulation in den frühen achtziger Jahren das Wort Spiel in den polemologischen Analysen verdrängt hat.

Amerikanische Militärs und NASA geben jährlich Milliardenbeträge für Flugsimulatoren und Missile Trainers aus. Trainingsflüge können eine Stunde nach der Landung auf einem fünf Quadratmeter großen Bildschirm wiederholt werden. Die Instrumente der Bodenkontrolle registrieren die automatisch vom Flugzeug übermittelten Daten von Flug, Manöver und Waffen. Es werden dabei keine wirklichen Raketen abgefeuert. Sobald der Pilot den Auslöser drückt, errechnet ein Computer sofort, ob eine wirkliche Sidewinder ihr Ziel getroffen hätte. Bei den Übungen und Manövern der Armee werden Lasersysteme benutzt; die Amerikaner nennen das »mock combat«. Jeder Soldat hat an Helm und Brust Detektoren; hört er zwei kurze Töne, so bedeutet das, daß man auf ihn geschossen und ihn nur knapp verfehlt hat. Ein kontinuierlicher Ton bedeutet »getroffen und getötet«. Der Soldat schließt sich dann selbst vom weiteren Manöver aus, indem er einen Schlüssel aus seinem Waffen-Transmitter zieht und in den Detektor steckt; damit ist die Waffe unbrauchbar und der Detektor ausgeschaltet. Dasselbe System benutzt die Marine, wobei allerdings die Indirektheit der Kampfhandlungen – ähnlich wie bei der Luftwaffe – den Verdichtungsgrad der Scheinrealität so weit steigert, daß zwischen Übung und Ernstfall kaum mehr Unterschiede bestehen.

Weil die Entscheidungsträger in Kampfflugzeugen, U-Booten und Flugzeugträgern ohnehin nur elektronische Bilder der Außenwelt zu sehen bekommen, wird es sinnlos, den Unterschied zwischen wirklicher Kampfhandlung und Simulation im Moment menschlicher Entscheidung zu suchen. Gegenwärtig kann man davon ausgehen, daß 80 Prozent aller militärischen Entscheidungen computerisiert sind. Es ist fraglich, ob man in diesem Zusammenhang überhaupt noch von realen Daten sprechen kann. Kriegsspiele operieren mit Daten, die sich zumeist nur den unvalidierten Outputs anderer Modelle verdanken. Damit aber werden die Datenprozesse in Krisenfällen selbst zum zentralen Gegenstand polemologischer Analysen; *so simulieren politische Wissenschaftler die Bahnungen, in denen Entscheidungsträger der Geschichte inmitten internationaler Krisen Informationen prozessierten.* Denn in polemologischer Perspektive bestehen Kriege nicht primär aus Stahlgewittern, Feuer und Bewegung, sondern aus Datenprozessen. Sie sind so umfangreich, daß das zentrale Problem darin besteht, zu wissen, was man weiß. Die kalifornische Firma Science Applications International Corporation hat zu diesem Zweck ein »People-in-the-loop-Spiel« entwickelt, das den menschlichen Intellekt als integralen Bestandteil der Kriegsarchitektur begreift. Die Schleife besteht dabei aus Computern, die Datenbasen und grafische Veranschaulichungen liefern. So wird menschliches Urteil beständig durch computergestützte Modelle und Buchhaltungsroutinen vermittelt. Eine ständig aktualisierte Simulationsbibliothek versorgt die Kriegsspieler mit Informationen über frühere Kriegsspiele und die Lage der wirklichen Welt.

Im Spektrum der Simulation tritt neben den Schein *des* Ernstfalls die militärische Steuerung durch den Schein *im* Ernstfall. Es geht nicht mehr vorrangig darum, den Feind aufzuspüren und zu

250

töten, sondern ihn durch elektronische Täuschungsmanöver zu frustrieren. Störsender gibt es schon lange; aber man kann heute auch Radiokommunikation auf Phantomschiffen simulieren und durch akustische Transmitter verwirrende Unterwassergeräusche zirkulieren lassen. *Zunehmend ersetzt die Täuschung die Abschreckung im Kriegsspiel*; kriegsentscheidend wird die technische Implementierung des militärischen Täuschungsvermögens. Simulation und Dissimulation: Waffen, als ob es sie nicht gäbe, wie das Kampfflugzeug Stealth, und das Als-ob von Waffen, die es gar nicht gibt.

Ganz konsequent haben dann die meisten Staaten nach dem Krieg ihre Rüstungsausgaben im Bereich der klassischen Waffensysteme zugunsten einer systematischen Logistik der Wahrnehmung reduziert; man investierte in Überwachungsanlagen, Beobachtungsstationen und computergestützte Kriegsspiele. *Es geht nun einmal darum, Wahrnehmungsfelder zu erobern und das Gesetz ihrer Metamorphose zu fassen. Zum anderen wird die Welt zur Bühne einer Inszenierung der militärischen Kräfte.* Denn je stärker die Waffensysteme vom Simulationsprinzip bestimmt sind, desto nötiger wird es, mit Theaterwaffen die Präsenz der Streitkraft zu manifestieren. Amerikanische Polemologen nennen das »perception management«.

Auch hier liegt der Schein des Ernstfalls dicht neben dem Ernstfall des Scheins. Die Logistik der Wahrnehmung umfaßt nämlich nicht nur die Inszenierungstechniken der Macht, sondern auch die Manipulation der Datenprozesse als Waffe. Der Schutz Englands vor den deutschen Luftangriffen erforderte Flakgeschütze mit Flugzeugpeilung durch Radar oder Ultrakurzwellen. Die deutschen Flugzeuge waren so schnell, daß in das Flakrechengerät Kommunikationsfunktionen eingebaut werden mußten. Bei der Feuerleitung geht es also erstmals um Kommunikation, die an Maschinen und nicht an Menschen gerichtet ist. Um hochbeschleunigte Ziele zu treffen, gilt es, den Irrtum zwischen der Position der Waffe und der antizipierten Position des Ziels zu minimieren. Dazu bedarf es eines vorlaufenden Feedbacks: Weil die Geschwindigkeit des zu treffenden Flugzeugs einen bedeutsamen Teil der Geschwindigkeit des Projektils ausmacht, darf man nicht einfach das wahrgenommene Ziel visieren; man muß so feuern, daß Projektil und Ziel irgendwann in der Zukunft zusammentreffen. Also mußte man eine Methode entwickeln, die es erlaubt, die zukünftige Position des Flugzeugs vorherzusagen.

Prinzipiell geht es also um ein Interface von Realität und Simulation. Diese Technik wird schon von den preußischen Erfindern des neuen Kriegsspiels Ende des 18. Jahrhunderts vorbereitet – davon zeugen heute noch die Zinnsoldaten. Jedes preußische Regiment wurde zum strengen Kriegsspiel angehalten, das nicht nur von wissenschaftlichen Anleitungen und Regelbüchern, sondern auch – schon im 19. Jahrhundert – von einer Datenflut auf Karten und Tabellen bestimmt wurde. Kriegsspiele bildeten das Vorspiel des Ersten Weltkriegs: Während Graf von Schlieffen den gleichnamigen Plan entwickelte, spielten britische Offiziere die deutsche Invasion Belgiens vor – so können Simulationen kriegsentscheidend werden. Aber, so bemerkt Thomas B. Allen richtig: »German faith in gaming did not wane through the war or even after defeat. Wargaming became the secret weapon of a Germany whose war machine had been dismantled by the Treaty of Versailles. Confronted by the restrictions that the Allies had imposed on the German Army, senior staff officers used war games, sometimes blandly called map maneuvers, to train a new generation of officers, issuing orders to phantom troops.« Zu deutsch: Der deutsche Glaube ans Kriegsspiel hat während des Krieges und auch nach der Niederlage nicht abgenommen. Angesichts der alliierten Restriktionen nutzten die älteren Offiziere Kriegsspiele, die auch Landkartenmanöver genannt wurden, um eine neue Generation von Offizieren heranzubilden, indem sie Befehle an Phantomtruppen ausgaben.

Vor diesem Hintergrund können dann die Invasion Frankreichs und der Rußlandfeldzug verstanden werden. Generaloberst Heinz Guderian, der Erfinder des Blitzkriegs, mußte bei der Planung der Frankreich-Invasion 1940 lediglich die Daten und Zeiten des entsprechenden Kriegsspiels austauschen. Echtzeitsimulation wurde aber erst im November 1944 in den Ardennen erzwungen: Die Leitung der Fünften Panzerdivision spielte gerade Defensivstrategien gegen einen möglichen amerikanischen Angriff durch, als tatsächlich ein starker amerikanischer Angriff im Bereich Hürtgen-Gemeter gemeldet wurde – genau da, wo man das Kriegsspiel inszenierte. Generalfeldmarschall Walther Model ließ nun weiterspielen und gebrauchte die Daten von der wirklichen Front als Input. So spiegelte das Kriegsspiel die wirkliche Bedrohung, und die Offiziere gaben, parallel zu den Spielbefehlen, reale Befehle an die Front aus. Was so aus der Not geboren wurde, macht heute die Bedeutung der Kriegsspiele aus: *Es geht um Spiele parallel zur Wirklichkeit; das Interface von aktueller Krise und Simulation soll Echtzeitalternativen bereitstellen; Simulation ermöglicht die Differenzierung zwischen Optionen.*

Was jenes Kriegsspiel des Zweiten Weltkriegs noch von reinen Echtzeitsimulationen trennt, ist sein ikonischer Rest. Bis zur Schwelle des Computerzeitalters bleiben militärische Simulationen dem Prototyp von Sandkasten und Zinnsoldaten verhaftet: ikonische Darstellungen der wirklichen Welt. Erst Computerelektronik liquidiert die Differenz zwischen den Datenprozessen des Kriegsspiels und der Kommandozentrale – und natürlich auch der Hobbyspiele am Heimcomputer. Denn der berühmte Film War Games zieht nur spektakuläre Konsequenzen aus der für Amerika ganz alltäglichen Verflechtung der kommerziellen und militärischen Nutzung von Videokriegsspielen. Thomas B. Allen resümiert: »In today's computerized games, players look at video displays whose artificial images often are exactly the same images that would appear on a real video display during a real war. In the combat control centers of modern war, commanders see electronic symbols of distant targets, not the targets themselves. Electronic wargaming is preparing generals and admirals for warfare that, to its managers, will look like a video game.« Ich übersetze: In den heutigen Computerspielen schauen die Spieler auf Videomonitore, deren künstliche Bilder oft genau dieselben sind, die bei einem wirklichen Krieg auf den Monitoren der Militärs erscheinen würden. In den Gefechtskontrollzentren moderner Kriege sehen die Kommandanten elektronische Symbole weitentfernter Ziele, nicht die Ziele selbst. Das elektronische Kriegsspiel bereitet Generale und Admirale auf einen Waffengang vor, der den Führern wie ein Videospiel erscheinen wird. Und ich füge hinzu: siehe Golfkrieg! *Unter Computerbedingungen gibt es keinen Unterschied mehr zwischen der technischen Implementierung eines Spielbefehls und der eines realen Kommandos*; von den Schrecken des Kampfes sind sie beide gleich weit entfernt. Polemologische Simulation muß dem Tod nicht mehr ins Angesicht schauen, denn die Bilder auf den Monitoren verschleiern die tödliche Wirklichkeit der Schlacht, die sie aufzeichnen und steuern.

Das neue visuelle Zeitalter

Die modernen Kriege sind grausame Trainingslager für künftiges Weltverhalten. Wir können die Datenprozesse des elektronischen Zeitalters nicht mehr mit den alten Techniken der Klassifikation bewältigen. Immer wichtiger wird hier das menschliche Vermögen, Gestalten rasch zu erkennen: Pattern recognition. Denn man muß sich hier eines klarmachen: *Informationsüberlastung ist heute nicht mehr die krisenhafte Ausnahme, sondern der alltägliche Normalfall des Lebens.* Eine Kommunikationstheorie, die das verstanden hat, widmet sich deshalb den extremen Fällen von Datenverarbeitung.

Ich nenne hier nur ein besonders prägnantes Beispiel: Die Air Force hatte James Gibson während des Krieges beauftragt, die Informationsverarbeitung von Piloten beim Landeanflug zu untersuchen. Was Gibson dabei sehr schnell begriffen hat, ist, daß das Studium der Wahrnehmung nicht mehr vom Netzhautbild des ruhenden, unbewegten Auges ausgehen darf. In seinem großartigen Werk »Ecological Approach to Visual Perception« untersucht er deshalb die Strömung und rapide Verwandlung von optischen

Daten als entscheidende Bedingung einer geistesgegenwärtigen Orientierung.

Die Ergebnisse solcher Analysen dienen aber nicht nur der ergonomischen Optimierung von Flugzeugcockpits. Sie fördern heute vor allem auch eine revolutionäre neue Wissenschaft: Scientific Visualization. Gemeint ist die Verbildlichung komplexer wissenschaftlicher Daten in rechnergestützten Simulationen. Doch warum kann es hilfreich sein, Daten in Bilder zu verwandeln? Erstaunlich, aber wahr: Das menschliche Auge kann zwei Gigabyte pro Sekunde verarbeiten. Darin steckt eine Chance, mit der gigantischen Informationsflut des elektronischen Zeitalters fertig zu werden. Es wäre nämlich denkbar – und das ist konkrete Science-fiction –, *daß wir in naher Zukunft am grafikfähigen Computer wie ein Pilot am Flugsimulator durch Datenmassen steuern.*

75 Prozent aller Informationen gelangen durch die Augen ins Gehirn. Etwa 100 Millionen Sensoren in der Retina sind durch nur 5 Millionen Nervenbahnen mit dem Gehirn verbunden. Daraus läßt sich schließen, daß das Auge selbst ein Codierungsmechanismus ist; es gibt demnach eine Informationsverarbeitung im Auge, noch bevor die Daten zum Gehirn gelangen. Da liegt es nahe, die elektronische Datenverarbeitung durch Visualisierung der Daten zu optimieren. Um die zu kommunizierenden Informationsmengen noch weiter steigern und die in den Archiven abgelegten wissenschaftlichen Daten überhaupt auswerten zu können, müssen sie durch Visualisierung in ihrer Komplexität reduziert werden. Es geht also zunächst darum, die Datenflut in eine digitale Bilderflut zu verwandeln.

Dietrich von Hase hat diese neue Darstellungschance genau erkannt: »Über das Auge kann ein Dateneingang von ca. zwei Gigabyte pro Sekunde verarbeitet werden, was heute Supercomputer kaum fertigbringen. Nur indem man die wissenschaftlichen Daten in eine visuelle Form bringt, die dem Menschen adäquat ist und zugleich dem Wissenschaftler ermöglicht, mit dem System interaktiv zu kommunizieren (das heißt, utopisch gesprochen, wie der Pilot am Flugsimulator durch Wissenschaftsdaten oder Modelle

zu navigieren), kann die Informationsflut in effizientere Bahnen ge-
lenkt werden.« Schon spricht man vom Anbruch eines neuen visuellen Zeitalters, in dem uns die errechneten Bilder der Computersimulation mit zwei- und dreidimensionalen Informationen
versorgen werden. Scientific Visualization erhöht aber nicht nur
die Geschwindigkeit und Kapazität der Datenverarbeitung, sondern sprengt die Fesseln, in die das Beschreibungssystem der verbalen Sprache unser Denken gelegt hat: *Schleifen, Rekursionen,
Rückkopplungen und Netzwerke lassen sich durch Visualisierung leichter denken.* Durch ihre computergrafische Repräsentation werden
mathematische Gleichungen nun gleichsam handgreiflich und Naturprozesse in ihrer Komplexität intuitiv verständlich.

Computersimulationen

Schon Anfang unseres Jahrhunderts hat der Futurist Marinetti im
Rennwagen und im Flugzeug das Schema des zukünftig Schönen
gefeiert. Und in der Tat erweist sich das Cockpit als das ästhetische Urmodell des postmodernen Designs. Der Raum der neuen
digitalen Ästhetik eröffnet sich nämlich, als im Zweiten Weltkrieg
Experimente zur Optimierung der Bombercockpits angestellt
werden. Daraus entsteht zunächst nur eine neue Wissenschaft,
die Ergonomie, über deren Gegenstand der englische Klartext
Auskunft gibt: »human factors engineering«. Dieses »engineering«
ist natürlich um so humaner, je weniger Menschenopfer die Op-
timierungsexperimente fordern. Die Entwicklung zielt auf eine
schmerzlose Entfaltung von Experimentaltechnologien auf dem
Schauplatz künstlicher Wirklichkeiten; das neue Flugzeug wird
dann nicht nur am Terminal des Computer Aided Design konstruiert, sondern auch probeweise geflogen.

Was mit der Ergonomie des Bombercockpits im Zweiten Weltkrieg begann, vollendet sich im Flugsimulator: Piloten trainieren
ohne Absturzrisiko in dreidimensional simulierten Welten. Entscheidend ist dabei, *daß der Betrachter nicht mehr passiv dem Mo-*

nitor konfrontiert bleibt, sondern direkt in den Bildablauf eingreifen kann. Flugsimulatoren implementieren eine interaktive Computergrafik und stellen so das Realmodell aller Videospiele. Computeranimation in Echtzeit und die programmierten Möglichkeiten des Anwenders, die Bildemergenz unbeschränkt manipulieren zu können, heben den Unterschied zwischen real und imaginär auf. Und hier bleibt dann nur noch ein letzter Schritt zu tun: nämlich reales und simuliertes Cockpit im Flugzeug selbst zu koppeln, um die Armaturen der Sinne zu kontrollieren und technische Störfälle zu simulieren. Solche Parallelcomputer sind längst nicht mehr nur, wie der legendäre HAL, Kinophantasien einer Odyssee im Weltraum, sondern technische Wirklichkeit höchst irdischer Großraumflugzeuge.

Computersimulationen erproben Denkmöglichkeiten jenseits der Realität, weil diese Erprobungen *in* der Realität, sei es zu riskant, sei es schlicht unmöglich wären. Sie stellen insofern technische Implementierungen von Denkmodellen dar.

Es ist klar, daß man Information in errechneten Bildern viel stärker verdichten kann als in Sätzen. Deshalb stellt sich unsere Informationsgesellschaft konsequent von verbaler auf visuelle Kommunikation um. Die Sprache ist auf die Grenze der in ihr möglichen Komplexitätsreduktion gestoßen. Nur in der Dimension des Computerbildes kann man die Daten aus aller Welt noch weiter verdichten.

Die Computersimulation kennt prinzipiell keine Grenze der Vervollkommnungsfähigkeit, das heißt, sie muß nie von neuem beginnen und ist nie fertig; die gespeicherten Informationen sind ja beliebig oft revidierbar. Insofern ist der Computer das perfekte Übungsgerät – er objektiviert den Willen zur Optimierung; man nennt das heute Debugging. Der Test technischer Geräte kann derart in den Designprozeß selbst integriert werden – Grenzwert wäre die Echtzeitanimation. Es handelt sich dabei aber nicht einfach um einen Ersatz realer Materialprüfungen, denn »Simulation ist der Wirklichkeit in bezug auf visuelle Argumentation für die Entscheidungsfindung sogar überlegen, nämlich dort, wo sie ›vergrößert‹, ›heraushebt‹, ›übertreibt‹, ›verdeutlicht‹ (Zeitlupe, Zeitraffer, Überblendungen usw.). Dann ist die Simulation selber argumentativ geworden« (van den Boom).

Das digitale Bild funktioniert hier als Sonde, die tief in die Struktur der Wirklichkeit eindringt – *Schein erforscht das Sein.* Damit erweist sich die Computersimulation aber als genaue technische Implementierung der menschlichen Entfaltung von Motorik und Sinnestätigkeit; auch sie werden ja, wie die Kognitionspsychologie gezeigt hat, in erster Linie nicht in gegenständlichem Handeln, sondern an Phantasmen eingeübt. Gerade Phantasien und bloße Vorstellungen sind die wesentlichen Mittel unseres Wirklichkeitsbezugs. Und genauso konstruieren Computer Wirklichkeit aus errechneten Bildern. Der Leiter des Braunschweiger Instituts für Visualisierungsforschung und Computergrafik, Holger van den Boom, trifft den entscheidenden Punkt: »Die Illusion ist vielleicht die wahre geschichtliche Gestalt der – in der bisherigen Geschichte so vielfach schreckeinjagenden – Realität. Die Realität wird eines nicht zu fernen Tages bloßes Medium von Vorstellungen, Phantasien und Illusionen sein.«

Computergrafiken und Simulationen helfen uns also dabei, eine gewisse Routine in der Abarbeitung von Information Overload, beim Überlebenskampf in der Sintflut des Sinns zu entwickeln. Aber sie leisten noch mehr. Ihre hohe ästhetische Prägnanz hilft uns auch, Entscheidungsfindungen dort zu steuern, wo wir ratlos vor der Unübersichtlichkeit des Wirklichen stehen. Mit anderen Worten: *Computersimulation und Computergrafiken versorgen uns mit Bildern, die man als Argumente benutzen kann.* Die Datenstrukturen werden in der Logik ihrer Darstellung sichtbar.

Digitale Effekte

Die Wirklichkeit erweist sich heute immer deutlicher als Inszenierung reiner Effekte. Damit wird das »Realitätsprinzip« außer Kraft gesetzt. Die neue Medienwirklichkeit der elektronischen Bilder fusioniert das Wirkliche mit dem Möglichen. Diese These klingt vielleicht zunächst nach philosophischem Feuilleton; sie hat aber einen harten technischen Kern. Wir werden zunehmend mit synthetischen Wahrnehmungen versorgt. Sehmaschinen – ein präziser Begriff des Pariser Medienphilosophen Paul Virilio – übernehmen die Analyse der Wirklichkeit. Das setzt voraus, daß das Wirkliche in seiner Zufallsstreuung digitalisierbar ist. Das setzt aber auch voraus, daß unsere Wahrnehmung digitalisierbar ist. Unsere Augen sehen eben 25 Bilder pro Sekunde als Bewegung in Echtzeit, und unsere Ohren hören nichts jenseits von 20 000 Hertz. Deshalb sind Bilder und Töne quantisierbar. Und deshalb kann es ein neues digitales Alphabet geben, das für Bilder, Worte und Klänge gleichermaßen gilt.

Unsere postmoderne Kultur jenseits des literarischen Humanismus wird durch dieses neue, digitale Alphabet bestimmt. Wie gesagt: Es gilt für Bilder, Worte und Klänge gleichermaßen. Bleiben wir zunächst bei den von Computern generierten Bildern. Für die Pixel-Muster der errechneten Bilder gibt es prinzipiell keine Grenze der Gestaltwerdung und Manipulation. Das Stichwort hierfür lautet: Picture processing. Als die Fernsehbilder vom Mond kamen, mußten die Daten erst bearbeitet werden, um überhaupt eine Sichtbarkeit zu erreichen.

Der Begriff Picture processing bezeichnet also erstens die digitale Verbesserung fototechnisch schwacher Funkbilder. Zweitens ist es eine Technik der spurlosen Fälschung: Funkbilder und Fotos werden mit einem Scanner abgetastet und in digitaler Form, das heißt als Zahlenreihe, im Computer abgespeichert. Nun kann man retuschieren, ohne daß Spuren bleiben. Die Pixel des Monitors sind nämlich kleiner als die Filmkörnung. *So kann jedes Bild als Matrix von Codes manipuliert werden. Das hat den Effekt, daß es keine »Effekte« mehr gibt.* Und wir können heute schon deutlich sehen, was am Endpunkt dieser Entwicklung stehen wird: Man braucht keine Kamera mehr. Sie wird durch die direkte Videosynthese numerischer Bilder ersetzt.

Es ist für die Welt der neuen Medien charakteristisch, daß der

Ausdruck »Computergrafik« aus einem Forschungslabor der Firma Boeing stammt. William Fetter prägte ihn 1960 zur Bezeichnung seiner Plotterzeichnungen von Flugzeugcockpits. Ursprünglich entstehen Computergrafiken aus der Kopplung von Kurvenschreibern und Computern zur Veranschaulichung von Datenmengen. Diese sogenannten Vektorgrafiken haben noch eine gewisse Ähnlichkeit mit Handzeichnungen. Ganz anders aber die digitale Rastergrafik! Ihr einziges Element ist der Punkt.

Der Punkt ist ja rein logisch gesehen die Grenze von Unterscheidbarkeit überhaupt. Dieses kleinste »picture element«, eben das Pixel, ist nun der Ausgangspunkt für die Errechnung von Rasterbildern. Die Central Processing Unit berechnet jeden Rasterpunkt einzeln und nacheinander. Beim gegenwärtigen CAD-Standard der Bildauflösung handelt es sich um etwa 6 Millionen Koordinatenrechnungen pro Bildaufbau. Die Matrizenmathematik macht es möglich, auch dreidimensionale Körper zu errechnen. Sie werden dann durch Projektionsgleichungen zweidimensional auf dem Bildschirm des Computers abgebildet.

Bilder zu errechnen kostet Zeit. Und Rechenzeit kostet Geld. Das ist aber auch die einzige Grenze der Computergrafik. Sie kann alle Bildcharakteristika simulieren und wird sich deshalb zum Universalmedium der Visualisierung entwickeln. Es genügt schon heute die Kopplung einer Videokamera mit einem Analog-Digital-Wandler, um beliebige Bilder in Zahlenreihen zu übersetzen. Damit wird jeder Bildpunkt unbegrenzt manipulierbar. Man kann mit der *Paintbox* elektronisch malen, montieren und einfärben. *Digital Video Effects* ermöglichen es, Bilder zu drehen, zu kippen und zu mixen. Man muß sich nur einmal ein paar Videoclips von MTV ansehen. Diese aufregende Mischung aus Werbung, Popmusik und Computergrafik greift in die elektronische Trickkiste wie in einen Spielzeugbaukasten.

Die Videoclips von MTV sind für eine Theorie der elektronischen Kommunikation deshalb von größtem Interesse, weil sie die Schnittmenge von künstlerischer Avantgarde, High-Tech und Reklame bilden. Spezialeffekte wie *Blue Box* und *Split Screen* prägen die neuen Formen der Massenkommunikation. Das sind natürlich alles Resultate der Digitalisierung. Wir haben jetzt die Möglichkeit, Bilder zu analysieren und wieder neu zusammenzusetzen; dabei können die unterschiedlichsten Bildarten wie Film, Video, Videospiel und Computeranimation gemischt werden. Wir können nun aber auch zum erstenmal unmittelbar auf die Geschichte der neuen Medien zugreifen und die im Medienarchiv gefundenen Materialien frei montieren. Diese Technik heißt *Found Footage*.

Was heißt »virtuelle Realität«?

Das sind deutliche technische Symptome dafür, daß wir in eine Epoche eingetreten sind, die ich die Zeit des Weltspiels nennen möchte. Die Medienästhetik des Datenflusses prägt der Realität ihren Stempel auf – *das Wirkliche verschmilzt mit seinem eigenen Bild*. Die Wirklichkeit der Postmoderne ist nicht mehr hinter den Bildern zu finden, sondern allein in ihnen. Die elektronische Medienwirklichkeit diktiert uns die konkreten Bedingungen der Möglichkeit von Erfahrung und Weltwahrnehmung. Das sind heute vor allem Computerbedingungen. Seit Computer unseren Zugang zur Welt steuern, heißt eine Sache verstehen: sie mit errechneten Bildern simulieren können. So betrachtet ist auch unsere natürliche Umwelt nichts anderes als eine komplexe Datenkonfiguration.

Simulation ist eines der Zauberwörter, mit denen man heute versucht, die technische Realität der neuen Medien, Computer und Waffensysteme zu verstehen. *Die Simulation bringt Inszenierung und Wirklichkeit zur Deckung.* Erinnern Sie sich nur an die Kriegsspiele der Supermächte: die real-irreale Welt des kalten Krieges. Längst ist neben die Rüstung eine neue Kunst des militärischen Trugs getreten: Wichtiger, als eigene Raketen zu bauen, wird die Fähigkeit, die Angriffswaffen des Feindes zu ködern und Angriffsziele zu simulieren. Und auch die Produktion der neuesten Waffensysteme trägt schon solche Züge des Real-Irrealen. Die Waffentechniken des späten 20. Jahrhunderts werden vom

Fortschritt der Rüstung so schnell überholt, daß oft gar keine Zeit mehr bleibt, um sie auf ihre Funktionstüchtigkeit und Brauchbarkeit zu testen.

Die überragende Bedeutung der Simulation ist dem öffentlichen Bewußtsein zum erstenmal im Zusammenhang mit der Vorbereitung von Weltraumflügen deutlich geworden. »Alle Zuverlässigkeit der Planung, alle souveräne Ruhe der Besatzungen beruhten darauf, daß fast alles in Simulatoren hatte geprobt werden können. So werden wir«, bemerkt der Philosoph Hans Blumenberg, »an beliebigen Aufwand für Vorspiegelungen aller Art gewöhnt.« Denn in der Tat läßt sich bei den technologischen Spitzenprodukten der Militär- und Raumfahrtindustrie der Aufwand für die Inszenierung von dem für den Ernstfall kaum mehr unterscheiden. Bei der nuklearen Waffentechnologie wird vollends die Zurschaustellung zum einzig erträglichen Realitätsgrad ihrer Wirkung.

Der virtuelle Truppenübungsplatz einer schon gegenwärtigen Zukunft besteht aus miteinander vernetzten Simulationskabinen. So war »Simnet«, das Simulation Network der US-Streitkräfte, das Trainingsgelände für Golfkrieg und Somalia-Einsatz. Und auch die deutsche Bundeswehr müßte den Kampfpanzer Leopard 2 nicht mehr über die Felder und Fluren von Hunsrück und Eifel rollen lassen – er ist längst im Cyberspace simuliert. In der Tat könnte man alle militärischen Übungen in Simulationen aufheben, sobald das Pentagon-Projekt »2851« abgeschlossen ist: die digitale Erfassung der gesamten Erdoberfläche.

Doch dieser Prozeß macht nicht an den Grenzen der Kriegsschauplätze halt. Man könnte auch sagen: *Die Schauplätze der Militärtechnologien haben keine Grenzen mehr zur zivilen Welt! Seit die Technologien der Simulation ins alltägliche Leben selbst eingebrochen sind, verschwindet der humanistische Mensch im Zauber seiner Medien.* Humanistische Gemüter spotten natürlich über die amerikanischen Couch-potatoes, die, mit Bier und Knabberzeug bewaffnet, den ganzen Tag regungslos vor dem Bildschirm verbringen. Und sie werden wohl erschrecken, wenn sie aus dem faszinierenden Essay von Volker Grassmuck über »Otaku« erfahren, daß es in Japan längst eine große Gruppe von Jugendlichen gibt, die mit der »Außenwelt« nur noch über ihre Computerterminals in Verbindung treten.

Solche postmodernen Existenzen sind die ruhmlosen Brüder der Militärtechniker und Weltraumingenieure. Ihr Körper ist nur noch ein Störfaktor: Wetware. Während sie ihren lebendigen Körper nicht anders als die Couch-potatoes und Otaku-people in einem Sessel parken, handeln ihre virtuellen Körper in einem Raum errechneter Bilder. *Virtuelle Realität heißt nämlich, daß es Menschen jetzt prinzipiell möglich ist, eine Menschen unerreichbare Welt zu manipulieren* – sei's auf der Venus, sei's im Vulkankrater, sei's in radioaktiv verseuchten Gebieten. Und wer ist nun der Mensch? Ist es der vor dem Bildschirm sitzende oder mit *Data Glove* und *Head-mounted Display* ausgestattete Körper? Oder ist der Mensch sein in der virtuellen Realität handelnder Doppelgänger?

Jeder weiß, daß man heute schon mit Hilfe preiswerter Workstations virtuelle Realitäten spielerisch simulieren kann. Aber eine andere Möglichkeit ist viel interessanter: Man kann nämlich auch eine Wirklichkeit durch eine andere ersetzen. Die hier entscheidenden technologischen Entwicklungen stammen aus den Forschungsabteilungen des Konzerns McDonnell-Douglas und der NASA. Es handelt sich einmal um einen Datenhandschuh (Data Glove), zum anderen um eine Maske, die im wesentlichen aus zwei Kleinstmonitoren besteht, die die Bilddaten direkt vor die Augen des Benutzers projizieren (Head-mounted Display).

Der Medientheoretiker Herbert Marshall McLuhan hatte ja schon vor über 30 Jahren am Lichtimpulsbombardement des Fernsehens erkannt, daß der Betrachter selbst zum Bildschirm geworden ist. *Heute schließen sich Monitor und Netzhaut kurz.* Bald werden Menschen computergesteuerte Minibildschirme, superleichte Flüssigkristallmonitore, wie Kontaktlinsen tragen. Damit wäre das Design der Benutzerschnittstelle optimiert. Um es noch einmal ganz deutlich zu sagen: Die neue Zauberformel *Virtual rea-*

lity bezeichnet einen Grenzwert der ästhetischen Optimierung im Design von Benutzeroberflächen.

Doch zurück zur NASA. Geplant ist, einen Menschen so in eine Rückkopplungsschleife einzubauen, daß er einem Roboter bei Reparaturarbeiten im Weltraum helfen kann. Orientierungssensoren koordinieren die Kopfbewegung des Menschen mit der Schwenkbewegung der Roboterkamera. Die Greifwerkzeuge des Roboters sind ebenso präzise mit dem Datenhandschuh koordiniert. Diese Technik wird es ermöglichen, daß Menschen auf der Erde in der virtuellen Realität der Computerbilder Manipulationen am unendlich weit entfernten Raumschiff durchführen.

Kybernetische Organismen

In der neuen Medienwirklichkeit ist der Mensch nicht mehr der Herr seiner Daten. Menschen werden mittlerweile selbst in Rückkopplungsschleifen eingebaut. Denken Sie nur an den Astronauten, der als kybernetischer Organismus seiner Kapsel funktioniert – Cyborg (*Cybernetic organism*) nennt man solche halbsynthetischen Wesen. Vor diesem Hintergrund behaupte ich, *daß alle Identitätsprobleme und auch alle ethischen Fragen unserer humanistischen Kultur aus den Anforderungen einer neuen Mensch-Maschine-Synergie entstehen.* Das wird von Begriffen wie Interface und Benutzeroberfläche deutlich angezeigt. Auch Design, das Zauberwort der Postmoderne, meint ja nichts anderes als die Überbrückung der Kluft zwischen Technik und Psychologie, also den Entwurf von Benutzeroberflächen. Unsere Gesellschaft präsentiert sich immer deutlicher als *Keyboard Society*. Was immer man tut – man trifft nur noch auf Benutzeroberflächen.

Der Cyborg, der kybernetische Organismus, der heute vor allem noch Science-fiction-Filme wie »Terminator II« bevölkert, ist nur ein spektakulärer Spezialfall des Sachverhalts, daß der Mensch heute in ganz neue synergetische Verhältnisse zu Maschinen tritt. Man muß diese Entwicklung aber noch prinzipieller und radikaler verstehen: Wir können erste Ansätze zu einer allgemeinen Vermischung von Organischem und Anorganischem beobachten. Man kann Proteine heute mit Metall verbinden und neu designen, um die Architektur der Computerchips zu verfeinern. Das heißt im Klartext: *Die Natur tritt als ein Konstruktionselement in die Technik ein.* Ein schöner Film mit Arnold Schwarzenegger, »The Total Recall«, handelt vom »wireheading«. Gemeint ist die direkte Stimulation von Hirnregionen mit Elektroden und Implantaten.

Seit der deutsche Psychiater Hans Berger im Jahre 1924 Platindrähte in die Kopfhaut seines Sohnes einließ, perfektioniert man die Abtastung der Gehirnströme. Vom EEG zu den Mind-Machines, an die man sich heute in den Metropolen so selbstverständlich anschließt, wie man ein Sonnenstudio besucht, ist nur ein Schritt. Den nächsten Schritt führt der Film »Bis ans Ende der Welt« vor Augen: den Kurzschluß zwischen Gehirn und Kamera – *Brainscanning.* Wenn man aber Bilder der Außenwelt unter Umgehung der Augen direkt ins Gehirn einspeisen kann, muß es auch umgekehrt möglich sein, die endogenen Bilder des Traums durch Brainscanning auf Monitoren zu materialisieren. Freud hat das Unbewußte ja den »anderen Schauplatz« genannt. Bilder der physischen Realität verblassen neben den technisch reproduzierten Bildern von diesem »anderen Schauplatz«, den High-Definition-Videos des Traums. Das ist das Menetekel, in dem jener Film von Wim Wenders sich zuspitzt.

Man kann die Bilder der Träume technisch reproduziert auf Videomonitoren sehen – eine medientechnische Rückkopplung des Unbewußten. Unter Umgehung der Organe wird Information unmittelbar auf den Nervenbahnen abgetastet und in sie eingespeist. So tritt das Zentralnervensystem in direkte Wechselbeziehung zur virtuellen Realität. Schon in den sechziger Jahren hatte Stanislaw Lem dies als »Phantomatik« erträumt: »eine Kunst mit Rückkopplung«. Das »Ich« wird hier zur Droge. So wie LSD immer schon Kopfkino war, erweist sich heute umgekehrt Video als Halluzination im Zeitalter ihrer technischen Reproduzierbarkeit.

Wenders inszeniert diesen »anderen Schauplatz« in einer High-Tech-Version der platonischen Höhle. Das Unbewußte tritt ins Zeitalter seiner technischen Reproduzierbarkeit ein. Dieser direkte Zugang zum Gehirn ermöglicht psychedelische Effekte, die leicht zu einer Art elektronischer Drogenabhängigkeit führen. Der Rausch wird nicht mehr chemisch, sondern elektronisch erzeugt. Heute singen nicht mehr die Beatles von einer *Lucy in the Sky with Diamonds*, sondern Billy Idol huldigt *Cyberpunk*.

Andere mögliche Welten

Cyberspace ist ein Schlüsselwort unserer Gegenwart. Intellektuelle reagieren auf solche Modewörter meist nur gereizt ablehnend – zu große Popularität macht verdächtig. Aber gerade die Mode hat eine Witterung für das wahrhaft Aktuelle. Natürlich: Cyberspace ist zunächst einmal eine PR-Parole der amerikanischen Militärtechnologie und Unterhaltungsindustrie. Was wir darüber zu lesen bekommen, stammt aus den ungelenken Federn kalifornischer Garagenmillionäre, erstickt uns mit der unerträglichen, aufgeblasenen Geschwätzigkeit eines Howard Rheingold und reizt bestenfalls zum Lachen wie die Wahnmonologe des vom Medium Droge auf die Droge Medium umgestiegenen Timothy Leary. Die wenigen, die tatsächlich Erfahrungen mit diesem neuen Medium machen konnten, bemerken zu Recht: Viel Lärm um fast nichts!

Aber halten wir zunächst einmal fest, daß wir es hier mit einem neuen Medium zu tun haben. Und *immer wenn neue technische Medien erfunden werden, wissen die Menschen zunächst einmal nichts damit anzufangen.* Nur Nonsens wurde von den ersten Grammophonen gespeichert, von den ersten Telefonverbindungen übermittelt. Man mußte und muß zuallererst die Bedürfnisse lernen, deren Befriedigung neue Medien sein können. Der mit diffuser Angst gemischte Spott der Intellektuellen ist deshalb eine Konstante der Mediengeschichte.

Wer hat Angst vorm Cyberspace? Der amerikanische Psychotherapeut Craig Brod hat den Begriff Cyberphobie geprägt, um Streßsymptome zu bezeichnen, die bei der Arbeit mit computer-gesteuerten Systemen auftreten. Bei Lichte betrachtet, steckt hinter der Angst vor Computern aber nichts anderes als die Angst der humanistisch Gebildeten, mathematische Analphabeten zu sein. Der billige Spott über Cyberspace und Virtual Reality ist also eine Art Abwehrzauber der Intellektuellen gegen die Welt des Rechnens. Heute sind tatsächlich Zahlen und Figuren Schlüssel aller Kreaturen. Und auf das Zauberwort, bei dessen Erklingen dieses »verkehrte Wesen« verfliegen soll, warten die Romantiker vergebens.

Mathematik statt Romantik! Das ist eine notwendige, aber keine hinreichende Bedingung, um die neuesten Medien zu verstehen. Das Wesen der Technik – Martin Heidegger wußte es – ist nichts Technisches. Von den Software-Ingenieuren können wir nicht erfahren, was es mit Cyberspace auf sich hat. Immerhin geht es hier um einen alten Menschheitstraum: in anderen möglichen Welten wirklich zu sein. Bisher mußte man diese anderen möglichen Welten phantasieren, heute kann man sie errechnen. Cyberspace heißt ja nichts anderes als »kybernetischer Raum« – Informationspro-zesse, Rückkopplung und Steuerung in drei Dimensionen. So wird etwas lange schon Geträumtes technisch möglich: in Bilder ein-zutreten. *Kollektive Halluzinationen sind so alt wie die Kultur – aber Cyberspace macht sie erstmals bewußt gestalt- und steuerbar.* Die Fas-zination, die davon ausgeht, hat große Ähnlichkeit mit der Hip-piefaszination durch psychedelische Drogen. Lucy in the Sky with Diamonds (The Beatles) wird heute durch den Star Gate Corri-dor (S. Kubrick) ersetzt. Man könnte sagen: Cyberspace verhält sich zur seriösen künstlichen Intelligenz wie die Popmusik zur klas-sischen Kultur.

Der ultrapostmoderne Cyberspace hat eine höchst moderne Vorgeschichte. Das Panorama des 19. Jahrhunderts war das erste technische Medium, das auf Allsichtigkeit zielte: *Eroberung der Welt als totales Bild.* Dieses Pensum hat dann das Kino übernommen. Und wir können heute sehen: Es blieb bei der Verwirklichung jener

Allsichtträume noch ein weiterer Schritt zu tun – der Eintritt des Beobachters in den Bildraum. Eben das vollzieht sich gegenwärtig unter dem Titel Cyberspace. Man will im Bild sein. Panoramatische Wahrnehmung sprengt die Rahmenschau. Seither sind Schauspiele auf einer Guckkastenbühne langweilig – man will selbst im Gesehenen sein. Im Panorama nicht anders als im Cyberspace ist der Beobachter von Bildern umschlossen, und er bildet ihre Totalität, indem er sich um die eigene Blickachse dreht. Das propagiert nicht erst die PR-Agentur der Cyberspace-Industrie, sondern schon ein Alexander von Humboldt, der sich in seiner Weltbeschreibung »Kosmos« nach »Lichtbildern« sehnt, die »einen magischen Effekt hervorbringen«, und deshalb das Panorama als neues Leitmedium ausruft, »weil der Beschauer wie in einen magischen Kreis gebannt und aller störenden Realität entzogen« sei. Vom Panorama bis zum Cyberspace verwandeln sich Reisen, Entdeckung und Abenteuer in eine technisch implementierte Halluzination.

Computer aided software engineering – also die computergestützte Gestaltung von Computerprogrammen – kürzt man mit dem Akronym CASE ab. Eine Gestalt gleichen Namens in William Gibsons genialem Werk »Neuromancer« ist der Held des neuen kybernetischen Raums. Dessen Schlüsselbegriff erklärt Gibson so: »The matrix« – der Schaltplan eines Weltrechners, der die konsensuelle Halluzination körperloser Bewußtseine ermöglicht – »has its roots in primitive arcade games, in early graphics programs and military experimentation with cranial jacks.« Der Held Case ist verloren im Datenraum und folgt nun dem Traum der Programme. All das ist natürlich Science-fiction. Aber *heute ist Fiktion selbst zum Aggregatzustand von Wissenschaft geworden.* Denn die Cyberspace-Matrix ist in der Tat nicht nur aus dem Geist militärischer Gehirnchirurgie, sondern auch aus dem Geist primitiver Computerspiele geboren. Das Abenteuer eines Computerspielers ist eine Reise durchs Gehirn des Softwaredesigners. Die Programmwelt des Rechners ist logisch konstruiert, aber prinzipiell unüberschaubar. So entsteht beim Spieler die Sucht, immer weiter zu entdecken, also Licht in die Black Box zu bringen. Kurzum: Der gute Spieler macht sich zum Algorithmus – nichts anderes heißt heute: ein Abenteuer bestehen.

Aber zugegeben: Neuromancer ist ein Roman, und Cyberpunk ist Musik – noch nicht technische Wirklichkeit. Diese sieht bescheidener aus. Längst selbstverständliche neue Medienwirklichkeit sind elektronische Vergnügungsparks und interaktive Wissenschaftsmuseen. Aber zugegeben: Auch diese Erfahrung ist ernüchternd. Interaktivität ist meist nur eine dröhnende Werbevokabel. Je entwickelter nämlich die entsprechenden Computerprogramme sind, desto mehr Vorentscheidungen übernehmen sie, die dann in Bildform präsentiert werden. Der Leser wird zum Zuschauer. Indem er, statt zu lesen, in ein Environment eintaucht, unterliegt er der Suggestion, Erfahrungen durch Wahrnehmung zu machen. Hier zeigt sich eine zweite, technische Bedeutung des Begriffs »virtuelle Realität«. Ein interaktives System verschleiert die technische Wirklichkeit seiner Datenstruktur und Programmierung, um den Anwender in einen stabilen Schein einzuschließen. Softwaredesign müßte demnach mit der Gestaltung einer konzeptuellen und psychologischen Umwelt beginnen, die dann Virtualität heißt und allem Programmieren vorausgeht. Was auf der Oberfläche des Interface erscheint, ist wichtiger als das, was in der logischen Tiefe des Rechners geschieht. Ich will ja auch, wenn ich einen Film betrachte, nichts von der Wahrheit der 25 Einzelbilder wissen.

Die optimale Benutzeroberfläche

Die neue Zauberformel *Virtual Reality* bezeichnet einen Grenzwert der ästhetischen Optimierung im Design von Benutzeroberflächen. Es geht hier also um die bestmögliche Zusammenarbeit von Menschenhirn und Rechenmaschine. Zunächst mußte man ja alphanumerische Codes eingeben – eine neue Geheimwissenschaft. Douglas Engelbarts Maus und Apples Macintosh machten es dann möglich, Programme durch schlichtes Anklicken von Icons zu bedienen. *Im Cyberspace können wir den Computer schließlich mit »natürlichen« Gesten bedienen – wir müssen keine Programme mehr schreiben, sondern bewegen uns in einem anschaulichen Datenraum.* Es genügt jetzt, mit dem Finger zu zeigen.

Der Finger – lateinisch: digitus. Wenn wir etwas an den fünf Fingern einer Hand abzählen, unterscheiden wir diskrete Werte. Eine klare, geordnete Welt: Der Vorrat an Zeichen ist endlich, die Elemente sind deutlich unterschieden, und nur ein Sprung führt vom einen zum anderen. Der Computer ist eben eine Maschine, die mit diskreten Zuständen operiert. Er »digitalisiert« die Welt, macht sie fünffingerförmig, genauer gesagt: zweifingerförmig, denn er beschränkt sich ja auf zwei diskrete Zustände – eben: binary digits, Bits. Doch die Finger sind nicht nur zum Zählen, sondern auch zum Zeigen da. Schon die Maus kann als technische Implementierung dieser Zeigefunktion begriffen werden. Im Cyberspace navigiert man schließlich mit Hilfe einer zeigenden Hand, die in Echtzeit auf die Bewegungen der vom Data Glove umschlossenen Hand reagiert.

Lassen Sie sich vom Begleitlärm dieser Medienrevolution nicht ablenken. Es geht nicht um Teledildonik, sondern um Telemedizin; nicht um Cybersex, sondern um Corporate Virtual Workspaces, in denen die komplex vernetzten Produktionsprozesse der Zukunft gesteuert werden. Es geht nicht um den Vollrausch im Computerspiel, sondern um ein intelligentes Management von Datenkomplexität. Und immer dann, wenn Sie die Cyberphobie erfaßt, sollten Sie daran denken, wie einfach Ihnen das Telefonieren fällt und daß Sie es um keinen Preis missen möchten. Denn das Telefon war die erste technische Implementierung einer virtuellen Realität. Und Cyberspace ist die Fortsetzung der Telefonie mit multimedialen Mitteln.

Schon Kino und Erlebniskonsum tauchen uns ja in eine Welt der virtuellen Ereignisse – alles andere, nämlich das empirisch Reale, die Welt »da draußen«, ist zu riskant. Und auf den unvermeidlichen Kontakt mit der Außenwelt bereiten wir uns in virtuellen Räumen vor. Es ist uns ja längst zu gefährlich geworden, ungeschützt »Erfahrungen« zu machen. Statt dessen üben wir den Außenweltkontakt in Simulationskabinen. Eine nicht zu verachtende Technik, denn *es wird in Zukunft immer wichtiger werden, Menschen für Situationen auszubilden, denen Menschen nicht gewachsen sind*; denken Sie etwa an Astronauten, Kampfflieger, Herz- und Gehirnchirurgen.

Auch wer den Weltraum nicht erobern will und militärtechnische Raffinessen in einer Zeit nach dem kalten Krieg für Geldverschwendung hält, wird doch nicht leugnen, welche phantastischen Möglichkeiten die virtuelle Medizin für leidende Menschen bereithält. Telemedizin ermöglicht Operationen über Datenleitungen – der Gehirnspezialist aus Kalifornien operiert im virtuellen Körper des Patienten, der in der Hamburger Uniklinik liegt. Hochkomplexe Operationen können im medizinischen Cyberspace geplant und trainiert werden. Doch das gilt nicht nur für den medizinischen Bereich. Ich behaupte ganz generell: *Der Cyberspace wird zum Fitneßstudio der postmodernen Professionen.*

271

9. Ist das noch Kunst? – Ästhetik als neue Leitwissenschaft

Es gibt Trivialitäten, die bei genauerem Hinsehen sehr lehrreich sind. Zum Beispiel die Trivialität, die David Perkins das Paradox der Kreativität genannt hat: Menschen sind viel stärker in der Kritik als im schöpferischen Tun. In der Welt der Programme heißt das: Innovationen im Softwaredesign sind Resultate eines Debuggingprozesses. Debugging, das »Entwanzen« von schon existierenden Programmen, ist ein kritisches Unterscheiden und bestätigt eine These, die ich im folgenden noch vielfach variieren werde: daß Kreativität nämlich ein Effekt von Selektionstechniken ist.

Das widerspricht natürlich dem Alltagsverständnis. Die meisten von uns würden wohl spontan sagen, daß das Schöpferische dasjenige am Menschengeist ist, was sich nicht mechanisieren läßt. Wenn man genauer beobachtet, kann man aber für jeden innovativen Prozeß eine mechanische Grundlage nachweisen. Und umgekehrt kann beim Programmieren die Verknüpfung klarer Algorithmen leicht eine Komplexität erreichen, deren Effekte selbst für den Programmierer unüberschaubar werden. Und an diesen Stellen ist man dann versucht, dem Programm selbst Kreativität zuzuschreiben. Also wäre das Schöpferische doch mechanisierbar?

Ich formuliere hier zunächst einmal die These: *Kreativität ist Emergenz.* Was sind emergente Phänomene? Es sind neue Ordnungen und Muster, die zwar von Ereignissen auf einer niedrigeren Ebene abhängen – zum Beispiel vom Netz der Neuronen oder von den Schaltungen des Rechners. Entscheidend ist aber: Die emergenten Phänomene können nicht aus diesen Ereignissen abgeleitet werden! Diese Denkfigur ist eigentlich schon über 200 Jahre alt. In Immanuel Kants »Kritik der Urteilskraft« wird der Geist als eine Art Selbststeuerung des Gemüts beschrieben. Die Gemütskräfte treten in ein »Spiel, welches sich von selbst erhält«. Kreativität erscheint also schon bei Kant als Effekt evolutionärer Selbstorganisation.

Wenn man auf die Geschichte der menschlichen Kreativität zurückblickt, kann man drei entscheidende Etappen unterscheiden:

- Das Genie zu Kants Zeiten entwarf noch eine andere Natur, die die Umweltnatur übertreffen sollte. Das Bezugssystem der Kunst war also bis zum 18. Jahrhundert die Natur.
- Die moderne Phantasie suchte in sich selbst Bilder des Unerwarteten. Das Bezugssystem der modernen Kunst war also die Subjektivität.
- Die rechnergestützte Einbildungskraft produziert heute unerwartete Bilder. Das Bezugssystem der postmodernen Kunst ist also das Repertoire der Zeichen.

Diese unerwarteten Bilder sind das Resultat eines Spiels der reinen Formen – eines Spiels, das sich selbst erhält. Aber dieses Spiel findet nicht mehr auf dem Bildschirm des Gemüts, sondern auf den Monitoren der Rechner statt. Um es auf eine Formel zu bringen: *Kunst unter Computerbedingungen bereitet das präzise Vergnügen an Dingen, die unerwartet, aber doch errechnet sind.* Damit haben wir uns von der Kultur des Humanismus weit entfernt. Dessen Projekt war ja, wie Wilhelm von Humboldt es unübertrefflich formuliert hat, »die Verwandlung der Welt in Sprache«. Der Humanismus hat die Einbildungskraft dem »Sprachsinn« unterworfen. Von dieser Form der Phantasie nehmen wir heute Abschied.

Mathematische Magie

Viele Mathematiker, die vor allem visuell und nicht sprachlich denken, verstehen sich als Künstler. Wenn man beobachtet, wie sie ihre Entdeckungen machen, fällt auf, daß dabei bestimmte Wahlakte eine Rolle spielen, die von ästhetischen Kriterien mitbestimmt sind. In seiner Psychologie der mathematischen Erfindungen hat Jacques Hadamard schon 1945 eine Vielzahl von Beispielen angeführt, die zeigen sollen, daß schöne Ideen eine höhere Wahrscheinlichkeit haben, korrekt zu sein, als häßliche. Gemeint sind Ideen, die sich noch unterhalb der Schwelle des Bewußtseins bilden. Das Genie des Mathematikers besteht dann in der Fähigkeit, diejenigen Ideen auszuwählen, die das Bewußtsein erfolgreich »irritieren« dürfen. Und diese *Selektion folgt eben ästhetischen Maßstäben*. Der Mathematiker Roger Penrose bemerkt hierzu: »Rigorous argument is usually the *last* step! Before that, one has to make many guesses, and for these, aesthetic convictions are enormously important – always constrained by logical argument and known facts.« Am Anfang stehen also bloße Vermutungen, bei denen sich der Mathematiker von ästhetischen Überzeugungen leiten läßt, die zugleich gewissen logischen und faktischen Rahmenbedingungen genügen. Erst dann folgt die strenge Beweisführung.

Der kreative Prozeß beginnt heute nicht mit der Idee eines Bildes, die man dann realisiert, sondern mit einer generativen Methode, deren Spielraum man erforscht. Das zeigt die fraktale Geometrie besonders eindrucksvoll: Man beginnt mit einem einfachen Schleifenprogramm und beobachtet, was geschieht, wenn man die Parameter verändert. Das steckt hinter den Abkürzungen CAD und CAM: Gestaltung und Produktion werden von Rechnern »gestützt«. Die computergestützte Einbildungskraft verfährt also nach Techniken prozeduraler Variation. *Der Computer schöpft eine Kombinationsvielfalt aus.* Dabei reduziert sich die »Subjektivität« eines Wissenschaftlers oder Künstlers auf Wahlakte.

Die Computergrafik ist das Bild schlechthin. Seine Generierung erfordert ein ästhetisches Programm, das aus einem Zeichenrepertoire, Verknüpfungsregeln und bestimmten Selektionsentscheidungen (Filtern) besteht; es wird dann in einen Algorithmus und dieser schließlich in die Maschinensprache des Computers übersetzt. Deshalb verfährt Kunst unter Computerbedingungen permutationell. Abraham A. Moles definiert: »Die Maschine erforscht systematisch ein Möglichkeitsfeld, das durch einen Algorithmus definiert ist.« Wie gesagt: Der Computer schöpft die Kombinationsvielfalt aus und versetzt so den Artisten erstmals in die Lage, sich der Komplexität selbst gewachsen zu zeigen; seine ästhetische »Subjektivität« reduziert sich auf Wahlakte angesichts der permutationellen Variationen eines Algorithmus. So führt uns die digitale Ästhetik am Ariadnefaden des Möglichkeitssinns in ein Jenseits von Zeichenbedeutung, Sinn und Gegenstand. Doch dieser Ariadnefaden führt nicht aus dem Labyrinth des Möglichen heraus, sondern immer tiefer in die Welt des Kombinatorischen, Multiplen und der permutationellen Ereignisse hinein. *Kunst unter Computerbedingungen konstruiert »ästhetische Labyrinthe«, in denen wir uns spielerisch einüben in die Wirklichkeit des Scheins.*

Man wird, wie schon so oft im 20. Jahrhundert, fragen: Ist das noch Kunst? Wenn es eine mit ihrer Zeit wirklich Schritt haltende Kunst des 21. Jahrhunderts geben sollte, wird sie auf Software – und das heißt: auf Algorithmen – basieren. Denn heute verwirklicht sich in aller Buntheit, was die deutsche Romantik noch als farblose Wirklichkeit verabschieden wollte: *Zahlen und Figuren sind Schlüssel aller Kreaturen.* Bei Novalis heißt es einmal: »Eine sinnlich wahrnehmbare, zur Maschine gewordene Einbildungskraft ist die Welt.« Der Satz bekommt unter Computerbedingungen einen neuen, guten Sinn. Und von der computergestützten Phantasie können wir tatsächlich behaupten: »Die Einbildungskraft ist der wunderbare Sinn, der uns alle Sinne ersetzen kann.« Kurzum: Heute erfüllen sich die Wünsche der Romantiker – aber nicht die Mathematik wird magisch, sondern umgekehrt die Magie mathematisch!

Schnelle Rechner ermöglichen schon heute Datenprozesse, die eigentlich gar keinen Zeitunterschied zwischen Handlung und Reaktion mehr kennen. Das Institut de Recherche et de Coordination Accoustique/Musique hat ein System entwickelt, mit dem ein Komponist in eine Tonfolge, die gerade vom Band abläuft, in Echtzeit eingreifen kann. Die Schaltkreise und Rückkopplungsschleifen werden so verkürzt und intensiviert, daß sie sich der Echtzeit nähern. *So kehren wir in die Welt des Mythos zurück: Alles ist gegenwärtig.*

Kunst und neue Medien

Ästhetik ist nicht nur die Theorie der schönen Künste, sondern, viel fundamentaler noch, die Lehre von der Wahrnehmung. In diesem Sinne kann man sagen: Ästhetik ist zur Leitwissenschaft unserer Welt aufgestiegen. In der Zeit der klassischen Moderne hat sich die Kunst oft in einem kritischen Verhältnis zur Gesellschaft gesehen. Künstler sind gegen den Strom der gesellschaftlichen Entwicklung geschwommen. Das gilt heute offenbar nicht mehr. *Wir können die Kunst nicht mehr als utopisch-kritische Instanz begreifen.* Diese Vorstellung hatte ihr Recht für die 100 Jahre der Moderne, also von der Mitte des 19. Jahrhunderts bis zum Zweiten Weltkrieg. Die ästhetische Situation der Gegenwart ist eine ganz andere. Und gerade deshalb behaupte ich: Ästhetik ist die Leitwissenschaft der postmodernen Welt. Eine wirklich aktuelle Kunst funktioniert heute als

— Stimulans des Lebens,
— Alarmsystem der Gesellschaft und
— Sonde der Wirklichkeitserforschung.

Achille Bonito Oliva, der Begründer der sogenannten Trans-Avantgarde, spricht sogar von einer Biologie der Kunst. Kunst wird von Oliva demnach als Ort der genetischen Selektion und »Praktik der Krise« verstanden. Damit wiederholt er Nietzsches schon 100 Jahre alte Forderung nach einer naturwissenschaftlichen Ästhetik. Es geht längst nicht mehr um das Erschaffen von »Wer-

278

ken«, sondern um programmierte Sensualisierungen der Umwelt. Wir müssen also Nietzsches Forderung nach einer »Physiologie der Kunst« auf die technische Wirklichkeit der neuen elektronischen Medien übertragen. Die wirklich aktuelle Kunst schafft längst keine »Werke« des »Geistes« mehr. An deren Stelle treten heute programmierte Erlebnisse. *Das gesellschaftliche Leben wird zum Gesamtkunstwerk.* Man kann es auch so sagen: Multimedia ist die Fortsetzung des Wagnerschen Gesamtkunstwerks mit elektronischen Mitteln.

Kunst ist heute nicht mehr das schlechte Gewissen der modernen Gesellschaft, sondern ihr Frühwarnsystem. Das setzt natürlich voraus, daß der Künstler aus dem Elfenbeinturm in den Kontrollturm wechselt. Und vielleicht ist auch der Kontrollturm noch ein zu statisches Bild für die Medienästhetik, die wir brauchen. Es geht ja gerade darum, feste Standpunkte zu vermeiden, das Urteil in der Schwebe zu lassen und dadurch neue, offene Wahrnehmungsfelder zu schaffen.

Wie hat die bildende Kunst bisher auf die Herausforderung der neuen Medien reagiert? Wir können zwei extreme künstlerische Gesten unterscheiden:

— *Entweder* der Künstler identifiziert sich mit der elektronischen Manipulation der Bilderwelt und versteht sich als Kameramann. Andy Warhol hat das in seiner »Factory« der unendlichen Reproduzierbarkeit vorgeführt. Als der Maler Jackson Pollock verkündete: »Ich will Natur sein«, konterte Warhol: »I want to be a machine.«
— *Oder* der Künstler protestiert gegen die Medienwirklichkeit und begründet seine künstlerische Praxis wieder auf Rituale. So hat sich ja Josef Beuys als Magier stilisiert, der die heilende Kraft des Chaos beschwört.

In der ästhetischen Erfahrung bildet sich eine Sensibilität für das Medium als Medium, denn ästhetische Effekte sind radikal von ihren Medien abhängig. Farben sind Malerei, Töne sind Musik. Medium heißt auch für den Künstler zunächst etwas Vermittelndes, aber es ist ein Mittel, das seinem Ergebnis inkorporiert ist. Mit John Deweys genauen Worten: »It coalesces with what it conveys.« Das künstlerische Medium verschmilzt mit dem, was es übermittelt. Nur aus der Perspektive der ästhetischen Form ist das Medium als Medium sichtbar; als solches ist es zu vergeßlich, zu diffus und zu lose gekoppelt, um Aufmerksamkeit zu finden. Licht, Luft, Buchstaben usf. funktionieren als Medien gerade deshalb, weil man sie nicht sieht, hört oder sonstwie thematisiert. Wir sehen Beleuchtetes, nicht das Licht; wir lesen Wörter, nicht Buchstaben. Deshalb ist es so schwer, Texte Korrektur zu lesen; deshalb ist es so schwer zu begreifen: The medium is the message – das Medium ist selbst die Botschaft.

Die bildende Kunst des 20. Jahrhunderts orientiert sich radikal um. Dramatisch verändern sich Materialität und Ort des Erscheinens von Bildern: *von der Farbe zum Licht; vom Pigment zum Pixel; von der Leinwand über den Bildschirm zur Holographie.* Das hängt natürlich sehr eng mit den technischen Innovationen der neuen Medien zusammen. Aber man kann auch beobachten, daß das künstlerische Gestalten aus sich selbst heraus in diese Richtung drängt. Denken Sie nur an Kasimir Malewitschs weißes Quadrat auf weißer Fläche, dieses Spitzenprodukt des sogenannten Suprematismus. Was Malewitsch damit wollte, ist klar: Das Bild sollte sich in einen Projektionsschirm reiner Lichtgestaltung verwandeln.

Genau darum geht es auch in der Videokunst der Gegenwart. Ein künstlerisches Video erzählt nichts. Es geht nicht einmal um die Darstellung von Bildern, sondern um reine Lichtgestaltung. Die Grundlagen der Videokunst hat der Koreaner Nam June Paik gelegt. Dabei ist es zunächst verblüffend zu erfahren, daß es Paik vor allem um eine Ästhetik der geringen Bildtreue ging. Er wollte gerade keine saubere Reproduktion des Originalsignals – deshalb hat er mit großen Magneten an Fernsehern herumhantiert. Der Sinn dieser Experimente ist klar: Paik wollte die elektronischen Bilder vom Standard der Wiedergabetreue befreien – und genau damit hat er das Fundament der heutigen Videocliptechniken gelegt. Man muß nur noch die Experimente Nam June Paiks mit dem Rauschen des Rock 'n' Roll vermischen – und schon steht man mitten in der Welt von MTV. Auf diesem Schauplatz inszeniert sich die künstlerische Avantgarde der Postmoderne.

Nam June Paiks Ästhetik der geringen Wiedergabetreue hat also mit den *Effekten von Low-Tech in einer High-Tech-Welt* gespielt. Und ich will hier nur in Klammern bemerken, daß dieses Verfahren heute wieder große Aktualität gewinnt. Denn je perfekter die Elektronik, desto größer der nostalgische Reiz alter Techniken. Angesichts der Perfektion des Hi-Fi im »digitally mastered sound« meldet sich schon wieder eine Sehnsucht nach der klassischen Radioerfahrung. Denn gerade das Rauschen der Übertragung erzeugt ja das eigentümliche Gefühl eines Kontakts über große Distanzen. Man will wieder die Störung, das Rauschen als das »Menschliche« der Technik erfahren. Der digitale Sound löscht ja alle Spuren der physikalischen Welt. Man kann also formelhaft sagen: Die Vollkommenheit der neuen Medien provoziert eine Nostalgie des Low-Tech, eine Romantik des Störgeräuschs. Klammer zu.

Noch einmal: Was heißt »Postmoderne«?

Die digitalen Techniken der Weltsimulation und die wissenschaftliche Erforschung des Chaos bilden den Hintergrund einer neuen westlichen Kultur. Man kann sie Postmoderne nennen, denn sie versucht, einen zweihundertjährigen Modernitätszwang abzuschütteln. *Im elektronischen Datenraum der neuen Medien nimmt die bisherige Kulturgeschichte einen völlig neuen Aggregatzustand an.* Wir können die vergangenen Bildwelten ständig abrufbereit auf Datenbanken speichern. Das hat natürlich Folgen für die künstlerische Praxis. Der Architekt und Architekturtheoretiker Charles Jencks fordert eine *Image bank*, das heißt ein imaginäres Museum der Gestaltungsmöglichkeiten. Dort soll der Architekt lernen, sich in den unterschiedlichsten Formsprachen auszudrücken.

Die Postmoderne spielt mit Andersheiten. Sie schüttelt den Fortschrittszwang des »Projekts der Moderne« ab und schafft eine Kultur mit Wahlmöglichkeiten. Eine solche Kultur der vielen Optionen und Formsprachen fürchtet den Vorwurf des Eklektizismus nicht. Man könnte sogar sagen: Sie begreift ihn als das Schema ihrer Evolution. Charles Jencks fordert ausdrücklich einen »radical eclecticism«. In diesem Selbstbewußtsein ist es dann erstmals möglich, zur gesamten Geschichte der Kunst ein Verhältnis ästhetischer Freiheit zu entwickeln. Alle überlieferten Formen werden wieder zu Optionen der Gestaltung.

Der postmoderne Künstler bedient gleichzeitig die trivialen Bedürfnisse des alltäglichen Gebrauchs und die raffinierten Ansprüche des ausgebildeten ästhetischen Bewußtseins. *Der Künstler ist heute also ein Doppelagent des Genusses.* Charles Jencks spricht in diesem Zusammenhang ausdrücklich von einer doppelten Codierung: Die Kunstwerke der Postmoderne gehören sowohl zur E-Kultur als auch zur U-Kultur. Fachmännische Kritik und zerstreuter Genuß fallen in einem Kunstobjekt zusammen. Postmoderne Kunstwerke stimulieren die Lust am Schauen und Erleben genauso wie die philosophische Beurteilung.

Die Kultur der Postmoderne zielt auf ein Zusammenspiel von Kunst, Wissenschaft und Lebensstil. Der übergreifende Begriff ihrer Praxis ist deshalb »Performanz«. Keine der postmodernen Operationen und Inszenierungen verläßt die Oberfläche. Ihre Materialien werden nicht strukturiert oder organisiert, sondern fragmentiert. Typisch postmoderne Techniken sind deshalb Montage, Collage, Zitat und *Pasticcio.* Man lebt und denkt auf Zeitinseln und in Zeitfragmenten, die völlig unterschiedlich gerichtet sind.

Das Wort Postmoderne hat Staub angesetzt. Das liegt sicher daran, daß wir mit Begriffen übersättigt sind, die mit dem Präfix »post« beginnen: postindustriell, posthistorisch, poststrukturalistisch, postfeministisch – Sie können die Liste beliebig fortsetzen. Trotzdem: Der Slogan Postmoderne hat ein wichtiges Gefühl zum Ausdruck gebracht: das *»Feeling of being after«,* also durchaus eine Gnade der späten Geburt. Es ist ein Gefühl der Befreiung von einer peinlich lastenden Vergangenheit. *Endlich sind wir den Alp-druck los, den man Moderne genannt hat.*

Das Angenehme an der Postmoderne ist, daß sich hier eine neue Zeit nicht als revolutionär und epochal behauptet. Die modernen Avantgardisten wollten uns immer zu unserem Glück zwingen. Diesem Glückszwangsangebot sind wir nun endlich entkommen. Die Postmoderne weiß nicht, was kommen wird. Aber nicht zu wissen, was kommt, erscheint nun gerade als verlockender Lebensreiz. Man glaubt nicht mehr an die Möglichkeit, ein realistisches Bild der Zukunft zu malen. Und die Postmoderne ist das ironische Arrangement mit dieser Unmöglichkeit. Man kann es auch so sagen: *Das Management der neuen Unbestimmtheit braucht postmoderne Strategien.*

Die neue Unbestimmtheit ist aber nicht nur eine Sache der Stimmung und des Gefühls, sondern auch der harten Wissenschaft. Denken Sie nur an die Erkenntnisse Gödels und Heisenbergs. Die wissenschaftlich bewiesene neue Unbestimmtheit gibt nun unserer Welt zwei charakteristische Auszeichnungen: Die Postmoderne ist eine Welt des Zufalls und der vielen möglichen Welten. Traditionell hat man sich den Menschen als ein »Subjekt« vorgestellt, das einer Welt von »Objekten« gegenübersteht. Heute löst sich dieser philosophische Mensch in Prozessen der Verzeitlichung des Raums und der Raumwerdung von Zeit auf. *In der postmodernen Welt machen wir die Erfahrung, daß unsere Identität zersplittert und vervielfältigt ist.* Schon Friedrich Nietzsche, dieser erste große Kritiker der aufgeregten Moderne, hat ja das »Ich« des Menschen als leeren Ort einer Vielzahl entzaubert. Damit gibt Nietzsche dem *»performing self«* unserer Gegenwart das Stichwort: Ich entwerfe mich auf Möglichkeiten!

Mobilmachung der Architektur

Der Dichter und Essayist Paul Valéry hat schon vor Jahrzehnten zu Recht bemerkt, es sei Unsinn, vor einem Wolkenkratzer betrachtend zu verweilen. Das World Trade Center lädt nicht zur ruhigen Betrachtung ein. Wolkenkratzer und Flughäfen sind darauf angelegt, in hoher Geschwindigkeit wahrgenommen zu werden. Jeder Krimi, der in Manhattan spielt, zeigt sie aus der Perspektive eines Hubschraubers. Wenn man sich also zuviel Zeit zur Betrachtung dieser Architekturen nimmt, sieht man sie nicht richtig – das hat Andy Warhols Film »Empire State Building« sehr schön deutlich gemacht. Normal und alltäglich ist ja nicht mehr die ruhige Betrachtung, sondern die zerstreute Wahrnehmung auf der Stadtautobahn oder im Hochgeschwindigkeitsaufzug.

Die postmoderne Umwelt rast an mir vorbei, und ich registriere sie nur aus den Augenwinkeln. Es wäre deshalb ganz falsch, die Weltstädte der Gegenwart als Schauplätze von Zivilisationsgeschichte zu bewundern. Ich behaupte vielmehr: Die Metropolen der Postmoderne wie New York, Tokio und Hongkong sind Medien einer totalen Mobilmachung; die Architektur wird mobil, die Stadt wird kinetisch, Wohnen wird transitiv, die »urbane Substanz« unterliegt einer ständigen Umwälzung. *Wir sind keine Städtebewohner mehr, sondern ewige Passagiere in Transitzonen.* Berechnen Sie selbst, wieviel Lebenszeit Sie in Flughallen, auf Autobahnen und im Intercity-Restaurant verbringen. Das heimliche Vorbild der Städteplaner ist der Flughafen.

Seit der Mitte des 19. Jahrhunderts, also dem Beginn der eigentlichen Moderne, können wir beobachten, daß unsere Umwelt von Fetischobjekten und Zeichenschichten überlagert wird. Architektur und Zeichenwelt durchdringen sich. Und genau das nennen wir Urbanität. *Wir leben zwischen Zeichen, und Umwelten sind lesbar wie Texte.* Die Wortwerdung der Ware vollzieht sich in der Reklame. Und die immaterielle Welt der Zeichen ist das neue Reich der sinnlichen Gewißheit. Das klingt vielleicht philosophisch, ist aber nur die schlichte Erfahrung jedes Konsumenten.

Ein Blick auf die Metropolen der modernen Welt macht rasch deutlich, was gemeint ist. In ihrer Architektur können wir vier Schichten unterscheiden:

- die Dingwelt,
- die Warenwelt,
- die Plakatwelt,
- die Bildschirmwelt.

An Märkten und Einkaufsstraßen, Ausstellungen und Passagen wird jedem sofort klar, daß die Ware eine architektonische Funktion hat. Und dort wuchert auch die Plakatwelt: Reklame wird zu Stein, die Häuserfassade wird heute zum Bildschirm. Am Ende steht die Stadt aus Zeichen – denken Sie nur an Message-towns wie Las Vegas. Hier ist Architektur gar nichts anderes mehr als der elektronische Datenfluß selbst. Kraftwerkvernetzung und Verkabelung verwirklichen heute Marshall McLuhans Vision vom Global Village. Dieses elektrische Verbundnetz für Energie und Informationen ist das unsichtbare Gerüst aller neuen Bauten. Seine Formel lautet ISDN: Integrated Services Digital Network – die dezentralisierte Vernetzung des elektronischen Weltdorfes.

Mag heute alles unsicher, wandelbar und immateriell sein – ein Haus ist ein stabiles, dauerndes Gebilde. Das ist eine naheliegende, aber unzutreffende Annahme! Natürlich hat die Architektur bisher mit soliden Materialien gearbeitet. Aber auch hier treten wir in ein neues Zeitalter ein. Postmoderne Bauten bestehen oft nur noch aus Neon und Elektrizität. Der Designtheoretiker Max Bense hat schon vor Jahrzehnten bemerkt, daß das Bild der Metropolen zunehmend von Zeichenprozessen geprägt wird, und hat dafür eben jenen Ausdruck »Plakatwelt« geprägt. Heute geht die Architektur noch einen Schritt weiter. Städte wie Las Vegas und Tokio zeigen uns schon, was auf die Plakatwelt folgen wird: Häuserfassaden sind nur noch die Rahmen für überdimensionale Bildschirme. Man könnte geradezu von einer Bildschirmarchitektur sprechen. Ich nenne nur ein aktuelles Beispiel: Jean Nouvel hat vorgeschlagen, den leeren Raum in der Mitte des wiedervereinten Berlin als Informationsenvironment aus Neonbändern und elektronischen Laufschriften zu gestalten.

Architektur läßt sich heute am besten als Programmierung einer ästhetischen Konfiguration elektrischer, akustischer und optischer Ereignisse definieren. Diese totale Programmierung der Umwelt beendet das romantische Kapitel »Natur«. *Die Welt wird gebaute Phantasie.* Deshalb kann man schon heute sagen: Die Materialien der neuen Architektur sind eigentlich »Immaterialien«. An ihrem Horizont erscheint die kybernetische Stadt, die von einer Feed-back-Architektur organisiert wird. Bauten antworten auf ihren Gebrauch, und das urbane System steuert sich selbst, indem es seine Ergebnisse wieder in sich selbst einschaltet. *In der kybernetischen Stadt der Postmoderne kommt es zu einer totalen Mobilmachung der urbanen Räume.* Längst gibt es bewegliche Wände und Böden, Wände aus Luftströmen und von elektrischem Licht geformte Räume. Und die nächtliche Lichtschrift der Städte ist eine Art Kunst: Painting with Light. Umweltdesigner strukturieren urbane Räume durch Laserzeichnungen. So verwirklicht sich heute der alte Traum vom Gesamtkunstwerk unter neuen Medienbedingungen.

Die Geburt der Kunst aus dem Chaos

Der Semiotiker Charles S. Peirce hat die Entstehung der Welt als Rationalisierungsprozeß von einem Startzustand Chaos aus verstanden. Dieses Chaos ist die absolute Unbestimmtheit und enthält gerade deshalb die Möglichkeit aller Bestimmungen. Man kann diesen Zustand maximaler Entropie, das heißt die extremste Mischung der Elemente, aber selbst als eine Art Ordnung verstehen. Daraus folgt, daß man Chaos und Struktur als die beiden Grenzfälle von Gestalt verstehen kann.

Kunstwerke sind für den Informationstheoretiker Max Bense raffinierte Ordnungen, die dem Schwarz des Chaos entgegenarbeiten. Ihre ästhetische Wirklichkeit ist immer unwahrscheinlich, zerbrechlich und einzigartig. Kunst ist also das genaue Gegenteil der Natur, das heißt der naturgesetzlich determinierten physikalischen Zustände. Max Bense betont das Unwahrscheinliche der Kunst mit großem Nachdruck. Das folgt aus seinem informationstheoretischen Ansatz. Denn das Wesen der Information ist Unvoraussagbarkeit. Eine Information ist nur, was sie ist, wenn sie neu ist, überraschend, unerwartet. Eben dies gilt aber auch für Kunstwerke: Man kann nie wissen, wie ein künstlerischer Prozeß endet.

Das Kunstwerk ist also etwas Unerwartetes und Unwahrscheinliches. Die moderne Mathematik hat aber zeigen können, daß die Wahrscheinlichkeit des Unwahrscheinlichen um so größer wird, je komplizierter die Systeme und je feiner ihre Elemente sind. Daraus kann man etwas Entscheidendes über den künstlerischen Prozeß lernen: *Die Schöpfung eines Kunstwerkes tilgt die Wahrscheinlichkeit der Natur, um die Wahrscheinlichkeit des Unwahrscheinlichen zu provozieren.*

Wenn man nach einem gemeinsamen Nenner der Kunst am Anfang des 20. Jahrhunderts sucht, so kann man sagen: Das Verhältnis der künstlerischen Form zum Ungeordneten, Unkontrollierten stellt das Schlüsselproblem dar. Die Strategien der modernen Künstler sind unterschiedlich:

— Einige wollen das erfahrene Chaos in sich artikulieren, also Form aus dem Ungestalteten selbst hervortreiben (Gustav Mahler, Alban Berg).
— Andere setzen auf den Skandal, der darin besteht, das Chaos zu verdoppeln (Dadaisten).
— Neue Romantiker wollen das Chaos als Chiffre der verlorenen Natur entziffern.
— Surrealisten feiern das Chaos als unbewußte Quelle der Kreativität.
— Der sogenannte Nouveau roman zielt auf die »ordre mouvant« (Robbe-Grillet) eines sich selbst organisierenden Kunstwerks.

Wie auch immer moderne Künstler zum Chaos stehen — sie begreifen es nicht mehr als Bedrohung der künstlerischen Form, sondern als ihren Ursprung. Wahrscheinlich war Haydn der erste, der versuch hat, den musikalischen Kosmos konkret aus akustischer Unordnung aufsteigen zu lassen. Die Einleitung zu seinem 1798 entstandenen Oratorium »Die Schöpfung« heißt denn auch »Die Vorstellung des Chaos«. Noch deutlicher wird dieses Experiment einer Selbstorganisation von Musik aus dem akustischen Chaos dann bei Richard Wagner. Das Vorspiel zu Rheingold inszeniert die Geburt des Gesamtkunstwerks aus dem Sound des Es-Dur-Dreiklangs. Und die Götterdämmerung endet mit einer Entfilterung der Töne im Rauschen.

Ästhetischer Transhumanismus

Ähnliches in der Malerei. Der Expressionismus hat die Farbe vom Gegenstand befreit und alles Geformte in Wirbel zerfallen lassen – das sind Experimente am Rande des Menschlichen. Diese ästhetischen Sprengungen waren natürlich an den wortwörtlich zerreißenden Erfahrungen von Großstadt und Weltkrieg orientiert. Seither öffnet sich auch die bildende Kunst dem Chaos. Im Surrealismus geht die Sprengung des ästhetischen Humanismus schon in eine zynisch abgekühlte Phase über. Die Reize des Tumultuösen, Monströsen und Unkontrollierten werden in künstlerischen Versuchsanordnungen durchgespielt und automatisiert. Salvador Dail hat in diesem Zusammenhang von einer »Systematisierung der Konfusion« gesprochen. Und neuerdings knüpfen die Bilder des britischen Malers David Hockney unmittelbar an die fraktale Geometrie Benoît Mandelbrots an; das Fraktale ist für Hockney der Königsweg zum Bewußtsein der Einheit inmitten einer chaotischen Welt.

Aber kein Maler hat sich mutiger auf das Chaos eingelassen als Jean Dubuffet. Unmittelbar nach dem Zweiten Weltkrieg experimentiert er an einer abstrakten Kunst, die ohne Geometrie und »peinture« auskommt. Dubuffet integriert Fremdkörper wie Gips, Leinen und Kunststoff in die Bildfläche und macht sie damit tastbar stofflich. Statt im traditionellen Sinne zu »malen«, spachtelt er mit dicken Farbpasten (hautes pâtes). 1946 kommentiert er: »Ich denke an Malereien, die ganz einfach aus Schlamm gemacht sind, ohne jede Variation, weder im Ton noch in den Farben, und die lediglich durch jene vielen Arten von Zeichen, Spuren und lebendigen Abdrücken wirken, die die Hand zurückläßt, wenn sie Brei bearbeitet.«

Jean Dubuffets Sehnsucht nach dem Chaos will durch »L´art brut« zum Rohstoff der Wirklichkeit zurückfinden. So entsteht eine Art höheres Gekritzel, das an eine Schicht der Wirklichkeit erinnert, die bisher durchs Raster der künstlerischen Darstellung fiel: Runzeln, Rinden, Schlacke, Schleifspuren, Anschwemmungen, Versteinerungen. »Außergewöhnliche Dinge reizen mich nicht. Auf das Banale bin ich aus. Die platte, nackteste Chaussee ohne jede Besonderheit, irgendeine dreckige Diele oder ein staubiger Boden, die niemand beachten würde (und noch weniger malen), machen mich trunken.« Das ist die Malerei des Informel, die versucht, die Welt ohne Unterscheidungen und Grenzen zu beobachten. Und wir können heute sagen: Dubuffet hat sich an der fraktalen Geometrie der Natur berauscht – an den »geheimnisvollen Verzweigungen« und dem »feinen Netzwerk aus Rissen«.

Die Sehnsucht nach dem Chaos einer von Menschen noch ungeformten, ungesonderten Wirklichkeit hat Jean Dubuffet bis zur Forderung einer *radikalen Enthumanisierung der Kultur* getrieben. Und erschrecken Sie nicht: Gerade mit dieser Forderung ist Dubuffet ein beispielhafter Vertreter moderner Kunst. Sie will weg vom Maß des Menschen. Zumindest für die Kunst der Moderne gilt der harte Satz Nietzsches, daß der Mensch etwas sei, was überwunden werden müsse. Meine Formel dafür lautet: ästhetischer Transhumanismus. Wer diese These für überzogen, ja für brutal hält, wird doppelt erstaunt sein zu erfahren, daß auch der sensibelste Theoretiker der modernen Kunst, Theodor W. Adorno, die positive Diagnose einer ästhetischen Überwindung des Humanismus gestellt hat. Ich zitiere aus seiner postum erschienenen »Ästhetischen Theorie«: »Treue hält Kunst den Menschen allein durch Inhumanität gegen sie.« Das wird kulturbeflissene Bildungsbürger schockieren: *Die moderne Kunst ist die Vorreiterin des Antihumanismus.*

Wir haben schon gesehen, daß Nietzsche die freien Geister dazu aufgefordert hat, die Welt vom Maß des Menschen zu befreien. Dieses Programm wird von den Künstlern des 20. Jahrhunderts ernst genommen und ins Extrem getrieben:

- Technik statt Lyrik,
- Stochastik statt Sinn,
- das Rauschen der Kanäle statt der Geschichte der Seele.

Der Futurist Marinetti nimmt Abschied vom »quälenden Ich«, um die Kunst mit der Dynamik von Molekularbewegungen und dem Tumult der Elektronen anzureichern. Es geht hier um neue Elemente, Beziehungen und Kräfte, die sich dem Auge entziehen. Es sind Neomaterien, die von empfindlichen Sensoren erst abgetastet werden müssen. So ist die Brownsche Bewegung bei Marinetti eine Reizquelle des Unkontrollierten, Chaotischen. Es tritt an die Stelle der entthronten »Natürlichkeit«.

Die künstlerische Form öffnet sich dem Rauschen des Realen. Wer Ohren hat zu hören, kann das nachvollziehen – etwa beim Übergang vom musikalischen Expressionismus zur neuen Musik der zweiten Wiener Schule. Es gibt viele eindrucksvolle Beispiele: Schon das Es-Dur-Rauschen des Rheingold-Vorspiels; dann das Finale der Ersten Symphonie Gustav Mahlers und der erste Satz der Dritten Symphonie – oder das Präludium von Alban Bergs Orchesterstücken op. 6.

Grunge – E und U

Man weiß aus Gustav Mahlers Biographie, daß er selbst den Lärm des Volksfestes als kindheitliches Modell seiner Musik verstanden hat: die rhythmisch und melodisch unvereinbaren Themen von Militärmarsch und Gesangverein, der Lärm der Schaubuden und das weiße Rauschen der Naturlaute. So klingt Mahlers Musik wie ein geordnetes Echo des Weltlärms. Er hat Störgeräusche und Banalitäten in seine Musik aufgenommen und damit chaotische Klangeffekte erzeugt. Im Grenzbereich zwischen Geräusch und Ton kommt es durch eine präzise Koordination der chaotischen Elemente zu spontanen Ordnungen.

Die Bruitisten haben dann systematisch Störgeräusche und Chaos in die Kunst eingeführt. In katastrophischen Begegnungen trifft da die Menschenstimme auf *das akustische Chaos einer unmenschlichen Welt*. Das Dröhnen der Maschinen, das Rauschen der Kanäle und die Laute von Vögeln oder Bächen erklingen als ein Hintergrund von Random noise und weißem Rauschen in stochastischer Streuung. Vor diesem Hintergrund entsteht dann Kunst als Auswahl aus dem Chaos. Dadaisten und Bruitisten inszenieren die Drohung, daß die Stimme des Menschen im chaotischen Rauschen untergeht. Musik aus Lärm kann nicht deterministisch, sondern nur als stochastisches System begriffen werden – nach der klaren Definition von René Thom: »A stochastic system is one, where clarification of determinism is avoided, replacing such a hypotheses by statistical hypothesis on the noise.« Ein stochastisches System vermeidet deterministische Erklärungen und ersetzt sie durch statistische Hypothesen über das Rauschen. Der Ton ist also ein Artefakt, etwas künstlich Fabriziertes, und er erklingt »antiphysisch«, gegen den Strich der Natur, vor dem Rauschhintergrund des Naturlärms.

Das läßt sich natürlich auch umkehren: *Wer Kunst machen will, nutzt Geräusche als Inspirationsquelle.* Hier ein paar Beispiele:

- Das Lärmchaos des Volksfestes findet ein geordnetes Echo in den Symphonien Mahlers.
- Die Geräusche von Glocken und unbekannten Vogelstimmen inspirieren die Lyrik Rainer Maria Rilkes.
- Der Schriftsteller Broch schreibt seinen »Tod des Vergil«, während er sich vom Es-Dur-Rauschen des Rheingold-Vorspiels berauschen läßt.

Wir können ganz allgemein für das 20. Jahrhundert festhalten, daß Wissenschaftler und Künstler damit begonnen haben, das Chaos zu entübeln. Doch wie kann man ein positives Verhältnis zu dem gewinnen, was uns bisher gestört, bedroht und entformt hat? Für einen Musiker bedeutet »kontrolliertes Chaos« die Entübelung des Rauschens. Die musikalische Komposition verwandelt sich in Klangregie. In diesem Sinne hat Luigi Russolo die Musik als Geräuschkunst entzaubert.

Was hier in der Kunst geschieht, kann aber auch derjenige nachvollziehen, der keine Ohren für die Experimente von Xenakis, Ligeti oder Stockhausen hat. Es genügt, einmal aufmerksam zu verfolgen, was in einer einfachen Jazzimprovisation oder einem Popsong geschieht. Im Jazz und im Rock zerfallen die vertrauten musikalischen Großstrukturen in Rhythmus, Statistik und Zeitreihe. Hier führt eine klar erkennbare Linie vom Futurismus über Fluxus zum Happening. *Die Musiker des 20. Jahrhunderts sind »chaosfeste« Geräuschkünstler.* Sie geben sich deshalb auch Namen wie »Einstürzende Neubauten« oder »Pearl Jam« – und Herbert Grönemeyers letzte CD heißt ganz einfach »Chaos«. An die Stelle der musikalischen Komposition tritt die Organisation von »Sound«. John Cage hat das sehr schön formuliert: »Wherever we are, what we hear is mostly noise. When we ignore it, it disturbs us. When we listen to it, we find it fascinating.« Zu deutsch: Wo auch immer wir sind, umgibt uns ein Rauschen. Es stört uns, wenn wir es ignorieren. Aber wenn wir auf dieses Rauschen hören, ist es faszinierend.

Nun gibt es beim musikalischen Management von Chaos und Rauschen ganz unterschiedliche Techniken:

– Arnold Schönberg hat die Dissonanzen als »fernerliegende Konsonanzen« verstanden, das heißt, er hat musikalische Großstrukturen auf ihre Selbstähnlichkeit hin durchsichtig gemacht.
– Györgi Ligeti schließt mit seiner Komposition »Désordre« unmittelbar an die Chaosforschung Benoît Mandelbrots – genauer gesagt: an ein computergeneriertes Fraktal des Bremer Ma-

thematikers Heinz-Otto Peitgen – an und gestaltet Musik aus fraktalen »Hyperpatterns.«

- John Cage behandelt die Form als Medium: Das Nichtsein von Musik macht dann Geräusche als künstlerische Ereignisse hörbar.
- Iannis Xenakis stützt sich auf Wahrscheinlichkeitsrechnungen und sucht Musik in der Komplexität statistischer Klanghäufungen.

So ahmen Künstler heute das Rauschen des Chaos nach. Was Stil ist, läßt sich dann leicht definieren: eine bestimmte Menge statistischer Regelmäßigkeiten. Umgekehrt komponiert John Cage in der Unbestimmtheit zufällig entstandener Störgeräusche. Dabei verwischt sich die Unterscheidung zwischen Ton und Rauschen, zwischen Ordnung und Chaos. *Die Musik der Postmoderne verfährt als offenes System, das das akustische Chaos nicht ausgrenzt, sondern in sich aufnimmt.* Sie gehorcht dem *Order from noise principle* Heinz von Foersters. Auch Kunst ist ein sich selbst organisierendes System, das sich von Störungen ernährt. Ihre Ordnung wächst durch die Einverleibung des Chaos.

So läßt sich die Ästhetik der Postmoderne ganz einfach auf zwei Prinzipien reduzieren:

- *Order from noise,* die Speisung des Systems durch Chaotisches;
- die Entstehung von Rauschen aus kollabierenden Ordnungen.

Die Elektronik ermöglicht die musikalische Eroberung des Geräusches, das sich vom Klang physikalisch ja nicht unterscheidet. Karlheinz Stockhausen hat gezeigt, daß Komposition heute heißt, Geräusche als Bewegungs- und Geschwindigkeitsvektoren zu berechnen. Und John Cages berühmtes Werk »Silence« besteht aus nichts anderem als den unbeabsichtigten Geräuschen der jeweiligen Umgebung. Cage lernte von Robert Moogs Synthesizer, daß die Töne nicht den Menschen gehören. Die Klangsynthese des Synthesizers befreit sich von der Tonwelt des sprechenden, singenden und musizierenden Menschen. Die Musik der Postmoderne komponiert mit Tierstimmen und Motorengeräuschen, Schreien und Flüstern. Belcanto und »*Dirty voice*«, artikulierte Stimme und weißes Rauschen sind nun nichts anderes mehr als manipulierbare Klangmaterialien. Das gilt für die musikalische Avantgarde genauso wie für die Popmusik.

Kein Zweifel: Chaos ist heute groß in Mode. Da ist es nur konsequent, daß auch die Mode ihren Frieden mit dem Chaos macht. Meine These lautet deshalb: *Grunge ist die Entübelung des Chaos in der Mode.* Nikolaus Prokop, Redakteur der Zeitschrift »Prinz«, schreibt über Grunge: »Es ist an der Zeit, das gestylte Lackaffentum der Achtziger auf den Müll zu werfen. Dort finden wir auch gleich den neuen Trend: Die Kultivierung des Unordentlichen.« Grunge ist Chaos, Schlamperei, Lust an der Zerstörung des Ästhetischen – offenbar mit der Verheißung, gerade im Chaos des Sounds und der Mode wieder zu den Quellen der Kreativität zurückzugelangen.

Das neue Kunstbedürfnis

Als Friedrich Nietzsche am Ende seine Schaffens seine ursprünglichen Einsichten und entscheidenden Entdeckungen resümiert, spricht er vom Wagnis, »die Wissenschaft unter der Optik des Künstlers zu sehen, die Kunst aber unter der des Lebens …«. Das waren in der Tat hellsichtige Fragestellungen, die bis in die Postmoderne führen. Zwei Grundthemen also, die ich nur leicht umformuliere:

– die Wissenschaft als Kunst;
– die Ästhetik der Existenz.

Was soll das heißen: die Wissenschaft aus der Perspektive des Künstlers zu beobachten? Was Nietzsche meint, ist, daß die Wissenschaft selbst mit »künstlerischen« Fiktionen operiert. Denn

Wissenschaft soll uns im Chaos der Welt Orientierung verschaffen. Dazu braucht sie Schemata zur Reduktion von Komplexität – und das sind eben »Fiktionen«! Unsere turbulente Welt ändert sich ständig. Jedes Orientierungsdatum muß aber so tun, als ob die Welt konstant wäre. Das heißt, man kann sich überhaupt nur orientieren, wenn man sich in einem bestimmten Augenblick entschließt, jede aktuelle Änderung der Daten – das Updating also – zu ignorieren. Für Wissen und Handeln gilt immer: So genau will ich es gar nicht wissen! Deshalb operiert jede Planung mit Daten, die im Augenblick der Umsetzung gar nicht mehr stimmen können. Wer etwas weiß und handelt, bewegt sich also nicht auf dem Boden der Tatsachen, sondern im Raum von Fiktionen – er ist also eine Art Künstler. Mit einem Wort: *In einer chaotischen Welt lebt jeder unter Fiktionszwang.* Der hellsichtige Maler Lovis Corinth hat es deshalb als die höchste künstlerische Aufgabe unserer Zeit bezeichnet, »Unwirklichkeiten zu üben«. Dasselbe meint meine These von der Ästhetik als neuer Leitwissenschaft: *Wir müssen die Kunst als Schule des Umgangs mit Schein, Fiktion und Simulation begreifen.*

Nietzsche war der erste, der die Ästhetik als neue Leitwissenschaft propagiert hat: »Sobald wir die absolute Wahrheit leugnen, müssen wir alles absolute Fordern aufgeben und uns auf ästhetische Urteile zurückziehen. Dies ist die Aufgabe – eine Fülle ästhetischer gleichberechtigter Wertschätzungen zu kreieren: jede für ein Individuum die letzte Tatsache und das Maß der Dinge. Reduktion der Moral auf Ästhetik!!!« Ethik ist demnach nichts als eine erstarrte ästhetische Wertschätzung der Dinge, deren älteste Schicht aus physiologischen Reaktionen besteht. Es ist also eine ästhetische Wissenschaft möglich – aber nur als Naturwissenschaft, nämlich als »angewandte Physiologie«. Ästhetik als Naturwissenschaft heißt aber auch: Natur selbst hat ästhetische Kräfte; in Traum und Rausch ist jeder Mensch ein Medium der Kunst.

Nietzsche diagnostiziert eine neue »Kunstbedürftigkeit«, die gerade dadurch entstanden ist, daß der Erkenntnisoptimismus sich leergelaufen hat, das Aufklärungspathos schal geworden ist: *Das philosophische Projekt der Moderne resigniert und schlägt um in Ästhetik.* Der abendländische Rationalismus wollte ja »ein gemeinsames Netz des Gedankens über den gesamten Erdball« spannen – Hegels Philosophie ist die vollendete Ausgestaltung dieses Traums. Nach Hegel aber gibt es nur noch Flickwerk. *Das Netz des absoluten Wissens ist zerrissen. Damit aber wird das Ästhetische wieder zum höchsten Bedürfnis.* »Das über das Dasein gebreitete Netz der Kunst« (Nietzsche) soll auffangen, was durch die Risse des modernen Gedankennetzes fällt.

Im Kampf mit dem Mittelalter hat die Moderne das Wissen gegen den Glauben mobilisiert. Nietzsche führt nun im Kampf mit der Moderne die Kunst gegen das Wissen ins Feld. Er ergründet nicht mehr die Bedingungen der Möglichkeit von Wissenschaft, sondern bestimmt ihren Wert für das Leben. Und in der Kunst findet Nietzsche die Kraft, die neuzeitliche Autonomie der Erkenntnis zu brechen. Zu brechen, nicht zu vernichten! Nietzsche ist nicht wissenschaftsfeindlich oder gar irrationalistisch. Es geht ihm nicht um die Zerstörung der Wissenschaft, sondern um ihre Beherrschung. Der ziellose, leerlaufende Erkenntnisprozeß soll wieder konzentriert, der Wildwuchs der arbeitsteiligen Wissenschaften durch Kunst zur Einheit gebändigt werden. Nietzsche versteht sein eigenes Denken so: »Der Erkenntnistrieb, an seine Grenzen gelangt, wendet sich gegen sich selbst, um nun zur Kritik des Wissens zu schreiten.« Das heißt im Klartext: Nietzsche bewertet das Wissen mit ästhetischen Maßstäben. Das entspricht einem physiologischen Grundvorgang. Denn die Natur des Menschen selbst setzt »Mechanismen gegen das absolute Wissen« in Kraft: »Wir brauchen, um zu leben, in jedem Augenblicke die Kunst. Unser Auge hält uns an den Formen fest.« Es gibt also kein Leben ohne Verschleierungen und Illusionen. Man könnte sagen: *Die Evolution des Organischen hat selbst einen artistischen Grundzug.*

Nietzsche begreift den Menschen als ein künstlerisch schaffendes Wesen. Mit seiner Verstellungskunst entwirft der Mensch den sozialen Horizont, mit seinem »Metapherntrieb« entwirft er den kognitiven Horizont der Welt. List und Verstellung begreift Nietzsche also als natürliche Formen der Kunst. Schon auf der Ebene der sinnlichen Gewißheit sind nämlich artistische Kräfte am Werk, die das Wahrgenommene ausdichten und zurechtphantasieren. Die Sinnesdaten werden in einem Spiel der Phantasie verarbeitet, und es bedarf deshalb einer hohen kulturellen Disziplin, genau zu hören und zu sehen. Doch lesen, was dasteht, sehen ohne Augentrug, hören ohne Klanggespenster – das sind Ausnahmezustände einer Wissenschaftsdisziplin, die gerade nicht zum Kanon geglückten Lebens werden können.

Nietzsches Ästhetik handelt also nicht von Kunstwerken, sondern von sich über sich selbst hinausschaffenden Menschen. Schauplatz dieser ästhetischen Metamorphose ist das Fest. Wagners Gesamtkunstwerk ist das erste große Beispiel für die Befreiung von der Kunstwerkästhetik, für die Aufhebung der Kunst des Genies im Lebensfest. »Ich will gegen die Kunst der Kunstwerke eine höhere Kunst lehren: die der Erfindung von Festen.« *Das Genie wird durch den Techniker der Lust-Erfindung ersetzt.*

Weltverantwortung ist in der modernen Welt nur im Horizont einer Weltästhetik erträglich. Das heißt im Klartext: Nietzsche erhebt die Artistik zum übermenschlichen Schema einer neuen Moral. Es geht hier um die Konstruktion einer neuen ethischen Realität aus dem Absolutismus der Form. Nietzsche spricht in diesem Zusammenhang von einer göttlich künstlichen Kunst. Sie nimmt das Leben als reine Form und gerade darin ernst. »Man ist um den Preis Künstler, daß man das, was alle Nichtkünstler ›Form‹ nennen, als Inhalt, als ›die Sache selbst‹ empfindet. Damit gehört man freilich in eine verkehrte Welt: denn nunmehr wird einem der Inhalt zu etwas bloß Formalem – unser Leben eingerechnet.« Das Leben behauptet sich gegen den Strich der Natur – nämlich artistisch. Und deshalb sind wir dem Leben eine artistische Existenz schuldig. Das sollte sich jeder vor Augen halten, der Nietzsche immer noch »Biologismus« vorwirft.

Kosmetik der Existenz

Von der antiken Ethik hat Nietzsche gelernt, daß wir unser eigentliches Selbst nicht finden, indem wir uns analysieren, sondern indem wir uns in Übungen der Askese formen. Und seine Zerstörung der humanistischen Moral legt die Bedingungen einer radikalen Selbsterfindung wieder frei. Nietzsches Spur folgend, hat dann der Pariser Philosoph Michel Foucault *eine neue Ethik als Ästhetik der Existenz* skizziert. Ich nenne das eine Wiederholung der Antike auf der Spitze der Postmodernität. Vor diesem Hintergrund wird auch klar, was Nietzsche mit dem »Übermenschen« eigentlich meinte. Der Übermensch ist das Blankoformular einer Antwort auf die ungeheure Frage: »Wie ist der entmenschte Mensch zu denken, wenn der Mensch das entthierte Thier ist?«

Hier lohnt ein Blick zurück auf die Ethik und Ästhetik der Antike. Die antike Ästhetik der Existenz war im Kern eine Ästhetik des Gebrauchs der Lüste. Sie antwortete auf eine ursprüngliche Beunruhigung des Menschen, nämlich auf die Bedrohung seines Selbstbezugs durch das Sexuelle. Es geht also um das Gewußt-wie des Lustgebrauchs, um Selbstpraktiken, das heißt Formen eines auf sich selbst bezogenen Handelns. Mit einem Wort: Die Ästhetik der Existenz ist die antike Ethik, der es um die Bildung eines souveränen Menschen im Selbstverhältnis geht.

Dem Menschen droht eine innere Versklavung durch das Spiel der Lüste. König seiner selbst oder Sklave seiner Lüste – das ist die große Alternative der antiken Ethik. Nietzsche bemerkt dazu: »Wer die antike Moral kennt, wird sich wundern, wie viel damals moralisch genommen wurde, was jetzt medizinisch behandelt wird, wie viele Störungen der Seele, des Kopfes damals dem Philosophen, jetzt dem Arzt zur Heilung übergeben werden, wie besonders die Nerven und ihre Beruhigung jetzt durch Alkalien oder Narkotika bedacht werden. Die Alten waren viel mässiger und absichtlich mässiger im täglichen Leben: sie wußten sich zu enthalten und sich viel zu versagen, um die Herrschaft über sich nicht zu verlieren.«

Die antike Moral zielt auf eine Selbsterfüllung des Menschen in der Einheit einer moralischen Lebensführung. Diese Einheit wird aber nicht durch einen Code, eine universalisierbare Regel oder einen kategorischen Imperativ gesichert, sondern es ist die Einheit einer Attitüde, einer Haltung, die aus der Individualisierung moralischen Handelns entsteht. Sieh dir an, wie ein Arzt therapiert, ein Steuermann navigiert oder ein Politiker regiert, und lies daran die Technik deiner Selbstführung ab!

Der Selbstbezug des Menschen wird antik also aus der Einheit einer Attitüde heraus gedacht. Ethisch maßgebend ist die *Haltung zu*, nicht der *Inhalt von* Gesetzen. Und diese Haltung ist im Kern eine Kampfhaltung gegenüber den Lüsten. Das heißt aber: Das antike Selbstverhältnis ist als polemische Haltung des Menschen gegenüber sich selbst gestaltet. *Man steht im Wettkampf mit sich selbst.* Es gibt keine bösen Lüste – allein der Gebrauch bestimmt den Wert. Antike Ethik zielt auf eine schöne Praxis.

Dieses ethische Programm einer Stilisation der Haltung macht das Leben zur Stilfrage. *Das Leben wird zum Stoff eines Kunstwerks.* Es geht um eine Art Self-Fashioning. In striktem Gegensatz zum neuzeitlichen Subjekt und seinem Projekt der Weltbeherrschung arbeitet der ästhetische Mensch der Antike an einer Kosmetik der Existenz. Der Dandy ist ein modernes Parallelphänomen. In dieser Welt bedeutet Kultur die Herrschaft der Kunst über das Leben. Hören Sie dazu noch einmal und in aller Ausführlichkeit Nietzsche: »Seinem Charakter ›Stil geben‹ – eine große und seltene Kunst! Sie übt der, welcher alles übersieht, was seine Natur an Kräften und Schwächen bietet, und es dann einem künstlerischen Plane einfügt, bis ein jedes als Kunst und Vernunft erscheint und auch die Schwäche noch das Auge entzückt. Hier ist eine große Masse zweiter Natur hinzugetragen worden, dort ein Stück erster Natur abgetragen: – beide Male mit langer Übung und täglicher Arbeit daran. Hier ist das Häßliche, welches sich nicht abtragen ließ, versteckt, dort ist es ins Erhabene umgedeutet. Vieles Vage, der Formung Widerstrebende ist für Fernsichten aufgespart und ausgenutzt worden: – es soll in das Weite und Unermeßliche hinaus winken. Zuletzt, wenn das Werk vollendet ist, offenbart sich, wie es der Zwang desselben Geschmackes war, der im großen und kleinen herrschte und bildete: ob der Geschmack ein guter oder ein schlechter war, bedeutet weniger, als man denkt – genug, daß es ein Geschmack ist!«

Eine Existenzästhetik soll den Moralschwund kompensieren. Denn Selbstverhältnisse werden um so wichtiger, je mehr die religiösen Grundlagen unglaubwürdig werden und je mehr der Unwille wächst, das Privatleben allgemeinen Gesetzen zu unterwerfen. *Was not tut, wenn der Glaube schwindet, ist Stil: der Entwurf einer Ethik als Ästhetik der Existenz.* Nur als ästhetisches Phänomen kann ethisches Handeln noch gerechtfertigt werden – so könnte unsere Wiederholung der Antike auf der Spitze der Postmodernität lauten.

Glossar

Algorithmus: Die Einheit von Logik und Steuerung; eine Art Gebrauchsanweisung, die genau angibt, wie eine Rechnung ausgeführt werden muß. Eben das aber kann man einer diskreten Maschine zumuten, denn jeder Maschinenprozeß läßt sich als eine nach Faustregeln verfahrende Prozedur verstehen. Input-Daten werden Schritt für Schritt in Output-Daten verwandelt. Der Begriff Algorithmus umfaßt alles, was man mit einer Maschine bearbeiten kann. Die Befehle, die man einem Computer gibt, müssen allerdings vollständig und explizit sein, damit er die Rechenschritte vollziehen kann, ohne jeweils die Resultate seiner Teiloperationen verstehen zu müssen. Der Algorithmus ist also ein Set von Prozeduren, denen man folgen muß, um ein Problem in endlich vielen Schritten zu lösen. Man kann ihn als eine Art Rezept verstehen, wie man schwierige Probleme in einfache Schritte zerlegt. Die Befehlsliste eines solchen Rezepts muß endlich und so kurz wie möglich sein. Und der Algorithmus muß sicherstellen, daß die Prozedur an einem bestimmten Punkt endet. Algorithmen definieren eine logische Welt durch rein syntaktische Operationen, in der alle Probleme durch serielle Suchroutinen gelöst werden können. Die symbolische Ordnung der Welt gewinnt hier die kristalline Klarheit einer Befehlssyntax. Der Soziologe Daniel Bell definiert: »An intellectual technology is the substitution of algorithms (problem-solving rules) for intuitive judgements.« Zu deutsch: Eine intellektuelle Technologie ist der Ersatz von Algorithmen (Regeln zur Problemlösung) für intuitive Entscheidungen. Das Wort Algorithmus als Bezeichnung einer eindeutig geregelten Rechenanweisung geht auf einen arabischen Mathematiker des 9. Jahrhunderts zurück. Nicht zufällig war es der Erfinder des Computers, Alan Turing, der über ein Jahrtausend später zeigen konnte, daß jedes überhaupt lösbare Problem durch einen algorithmischen Ansatz – und also durch einen Digitalrechner gelöst werden kann.

Black Box: Ursprünglich ein Begriff aus der Fernmeldetechnik, der heute auf Systeme angewendet wird, die so komplex sind, daß man auf die Analyse ihrer Beschaffenheit verzichtet und sich auf die Messung ihrer Input-Output-Relationen beschränkt. »Die Black Box ist eine Technik, Ignoranz handhabbar zu machen« (Ranulph Glanville). Das heißt, daß man fehlendes Strukturwissen durch die Beobachtung des Verhaltens von Black Boxes ersetzen kann. Wenn man Licht in eine Black Box bringen will, muß man mit ihr spielen. Eine andere Strategie besteht darin, die Black Boxes der modernen Welt durch Unterbietung der Beobachtungen zweiter Ordnung (vgl. Kybernetik zweiter Ordnung) aufzuhellen. Der Kybernetiker Gregory Bateson definiert: »Eine ›Black Box‹ ist eine konventionelle Übereinkunft zwischen Wissenschaftlern, die dazu dient, an einem bestimmten Punkt mit dem Versuch aufzuhören, die Dinge zu erklären.«

Bifurkation (Verzweigung): Plötzlicher Übergang zwischen qualitativ verschiedenen Systemstrukturen trotz langsamer Veränderung der Einflußgrößen. Physiker sprechen hier auch von Phasenübergängen.

Brownsche Bewegung: Der Biologe Robert Brown hat 1828 die Zufallsbewegung von mikroskopisch sichtbaren Körpern in Flüssigkeit entdeckt. Solche Körper, wie etwa ein Staubkorn, sinken nicht auf den Boden ab, sondern bewegen sich völlig irregulär hin und her. Diese endlose Zufallsbewegung läßt sich durch die Wärmebewegung der Flüssigkeitsmoleküle erklären; sie lenken die Körper in zufällige Richtungen ab. Der dabei resultierende Irrgang kann mit dem Weg verglichen werden, den ein willenloser Spaziergänger zurücklegt, der sich in einer Großstadt nur von den Stößen der Passanten lenken läßt – wie E. A. Poes »Man in the Crowd«. Ein anderer, gerngebrauchter Vergleich: der schwankende Irrgang eines betrunkenen Seemanns (»drunken sailor's walk«).

Butterfly Effect: Kleine Ursache, große Wirkung! Die Chaostheorie untersucht Prozesse, die eine extrem empfindliche Abhängigkeit von ihren Ausgangswerten aufweisen und die deshalb nicht prognostizierbar sind. Der Flügelschlag eines Schmetterlings in Asien kann in Amerika einen Tornado auslösen ... Man kann die zeitliche Entwicklung eines nichtlinearen dynamischen Systems zwar durch mathematische Gleichungen beschreiben, aber es gibt für sie keine Lösungsformel. »Die zeitliche Entwicklung von zwei beliebig nahe benachbarten Zuständen läuft exponentiell auseinander« (Gregor Morfill).

Chaos: Die Chaosforschung interessiert sich nicht für Unordnung schlechthin, sondern unterscheidet zwischen »ordentlichem« und »unordentlichem« Chaos. Die reine Verwirrung bleibt also auch für die Chaosforschung undurchdringlich und ist nicht der Gegenstand ihrer Untersuchungen. Benoît Mandelbrot hat deshalb gefordert: »to split chaos«! Ähnlich unterscheidet auch Ilya Prigogine zwischen dem passiven thermischen Chaos der Entropie, also der maximalen Mischung und Gleichverteilung der Elemente, und dem aktiven »turbulenten Chaos weit entfernt vom Gleichgewicht«. Zwischen beiden Chaos-Formen liegt die Ordnung der Welt wie eine Art »Sandwich-Schicht«. Nur das turbulente Chaos ist für die Entstehung von spontaner Ordnung interessant. Wir unterscheiden also bloßes weißes Rauschen von der ordentlichen Unordnung eines »gemusterten« Chaos. Die Erforschung des Chaos hat zu zwei fundamentalen Einsichten geführt: Chaos hat eine verborgene Ordnung, und Ordnung kann in Chaos umschlagen. Hermann Lübbe bemerkt hierzu: »Ordnungskonservierung innerhalb eines Systems setzt Mehrung des Chaos außerhalb dieses Systems voraus.« Chaos ist der Anschein, den Sachverhalte von hoher Komplexität absondern. Der Eindruck von Chaos entsteht immer dann, wenn man Ordnung als Produkt von Planung begreift. Je komplexer ein System ist, desto weniger kann man es durch Befehle steuern. Die vier Faustregeln des Chaosmanagements lauten deshalb: 1) Umstellung von Organisation auf spontane Ordnung; 2) Selbstorganisation statt Planung; 3) Stabilität durch Flexibilität; 4) Autonomie durch Abhängigkeit (Feedback).

Debugging: Vom englischen »bug« = Wanze. Entwanzen meint das Verfolgen und Beseitigen von Fehlern in Programmen. Neue Programme entstehen oft aus dem Debugging fehlerhafter alter Programme. Man entwirft nicht neu (»from the scratch«), sondern bringt Varianten an – ein neues Modell von Kreativität.

Digitalität: Das Wort digital kommt aus dem Lateinischen – digitus heißt Finger. Es bezeichnet Elemente, die nur diskrete, also klar unterscheidbare Werte annehmen können. So stellt der Abakus Quantitäten durch die Positionen von Perlen auf einem Draht dar. Digitalcomputer stellen Daten durch diskrete Schaltzustände dar, das heißt, sie repräsentieren die Nullen und Einsen der Binärzahlen durch zwei elektrische Zustände. Nur durch einen Sprung kann man von einem zum anderen Zeichen übergehen. Durch Digitalisierung werden alle möglichen Informationen in einem allgemeinen Medium des Datenprocessing bearbeitbar. Zahlen, Wörter, Bilder und Töne können in derselben digitalen Form prozessiert werden. Es gibt dann keine Grenzen mehr zwischen den verschiedenen Speichermedien. Der Computer ermöglicht heute ein Übersetzungskontinuum zwischen allen möglichen Informationen. Und die Wirklichkeit kann durch digitale Signalverarbeitung erstmals in ihrer Zufälligkeit bearbeitet werden.

Emergenz: Bildung von Ordnungen höherer Stufe, die aus dem, was ihnen zugrunde liegt, nicht logisch abgeleitet werden können. Zum Beispiel führen Differenzierungsprozesse auf der niedrigeren Stufe eines Systems oft zu neuen Qualitäten auf der höheren Stufe. Formelhaft gesagt: Mikroskopische Wechselwirkungen produzieren eine neue Qualität auf makroskopischer Ebene. Emergenz ist der Effekt eines Verhältnisses sich selbst verstärkender Resonanz zwischen zwei Ebenen. Die emergenten Phänomene sind in ihrer Eigenkomplexität unabhängig von ihrem Unterbau. Emergenz, das Aufsteigen des Neuen, das Kreative, ist ein Phänomen der Oberfläche, nicht der Tiefe.

Entropie: Ist in der Thermodynamik ein Maß für die Unordnung eines Systems. Die Informationstheorie gebraucht diesen Begriff als Maß für Ungewißheit. Durch Chaos wächst die Ungewißheit, das heißt aber auch: Die Information wächst.

Feedback (Rückkopplung): Ein elektrisches Signal wird an einer bestimmten Stelle des Schaltkreises an eine frühere Stelle zurückgeführt, eben: rückgekoppelt. Negative Rückkopplungen regeln und steuern. Positive Rückkopplungen verstärken.

Fraktale: Rein geometrisch sind Fraktale Strukturen, deren Dimension nicht ganzzahlig ist – also alles, was *zwischen* Punkt, Linie, Fläche und Raum liegt. »Geschickt heißt fraktal«, sagt der Nobelpreisträger Gerd Binnig. Die Struktur des Fraktalen kann man nach der Logik von George Spencer Brown als »re-entry« der Form in die Form beschreiben, das heißt, eine Form wird in sich selbst hineinkopiert.

Gadgets: Elektronische Geräte, die eine magische Anziehungskraft auf den Menschen ausüben. Gadgets werden nicht wie Werkzeuge und Instrumente gebraucht, sondern libidinös besetzt. Der Gadget-Lover ist ein Fetischdiener der elektronischen Welt.

Hypertext/Hypermedia: Eine computergestützte Technik zur nichtlinearen Aufarbeitung von Dokumenten. Der Leser kann freigewählten Assoziationswegen durch den Text folgen und durch ein-

305

fachen Maus-Klick Dokumente herbeizitieren, die mit dem fraglichen Text in Verbindung stehen – die Eintragung eines Querverweises wird dann in einem Bildschirmfenster gezeigt. Hypertextsysteme stellen dem Leser auch »Tools« zur Verfügung, um seine »eigenen« Verknüpfungen zwischen Teilen des Dokuments zu konstruieren. Angestrebt wird ein interaktiver Informationsgebrauch. Hypermedien fügen dem Hypertextsystem Grafik, Sound, Video und Animation hinzu. Maßstäbe hat hier Bill Atkinsons HyperCard von 1984 gesetzt, die mit Apples Macintosh mitgeliefert wurde.

Information: Um die Komplexität meiner Darstellung zu reduzieren, unterscheide ich nicht zwischen Trägern potentieller Information, also den Dokumenten, und der Information selbst. Strenggenommen aber kann man Information gar nicht speichern, weil sie allein in der Beobachtung von Dokumenten, in Interaktionen mit der Welt entsteht. »Die Welt enthält keine Information, die Welt ist, wie sie ist«, bemerkt Heinz von Foerster zu Recht. Wir haben es also nicht mit der Welt, sondern immer nur mit den Dokumenten der Speichermedien und Archive zu tun. Es gibt strenggenommen keinen Informationsraum, sondern allenfalls ein Dokumentenuniversum. Auch die klassische Informationstheorie arbeitet mit einer sehr problematischen Vereinfachung. Offenbar unter dem Eindruck des Krieges konzipiert, geht sie von der Sprachform des Befehls und damit von trivialen Input-Output-Beziehungen aus. Wie der Behaviorismus unterscheidet auch die klassische Informationstheorie nicht zwischen Signal und Information; sie vernachlässigt die nichttrivialen Prozesse des Verstehens und der Interpretation.

Interface (Benutzeroberfläche): Elektronischer Schaltkreis, der die Verbindungen von Hardwareelementen (zum Beispiel CPU und Drucker) regelt und zwischen ihnen einen verläßlichen Datenaustausch sicherstellt. Diese Schnittstelle regelt also Übergänge, das heißt, sie standardisiert. Man gebraucht den Begriff Interface heute jedoch auch in einem weiteren Sinne, nämlich um die Schnittstellen zwischen Mensch und Maschine zu bezeichnen. Tastatur, Maus, Bildschirm und grafische Benutzerführung (Anwendersoftware) beim Computer, aber auch Lenkrad und Armaturenbrett im Auto sind solche Benutzeroberflächen. Die Benutzeroberfläche ist derjenige Teil einer als Programm dargestellen Apparatur, mit dem Menschen, die sie gebrauchen, in Berührung kommen.

Komplexität: Ein komplexes System besteht aus so vielen Elementen, daß diese sich nur selektiv und reduktiv aufeinander beziehen können. Informationstheoretisch betrachtet ist die Komplexität eines Systems der Logarithmus der Zahl der möglichen Systemzustände. Man kann die Frage nach der Komplexität auch so stellen: Wie groß ist das Minimalprogramm zur Beschreibung eines Sachverhalts? »Chaotisch« wird ein System in dem Augenblick, da der Algorithmus zu seiner Beschreibung annähernd so komplex wird wie das System selbst.

Kybernetik (zweiter Ordnung): Vor allem Norbert Wiener sind die grundlegenden Einsichten in den fünfziger Jahren zu verdanken, die die Steuer- und Regelungsvorgänge zirkulär geschlossener und rückgekoppelter Systemmechanismen aufklärten. Schlüsselbegriffe sind Feedback, Kontrolle und Selbstorganisation. Heinz von Foerster hat dann in den siebziger Jahren auf den blinden Fleck der klassischen Kybernetik hingewiesen: Die Steuerungstechnokraten haben den Beobachter übersehen. Von Foersters Kybernetik zweiter Ordnung beobachtet Systeme als beobachtende Systeme. Der Beobachter läßt sich nicht von dem trennen, was er beobachtet. »Die Erscheinung ist vom Beobachter nicht losgelöst, vielmehr in die Individualität desselben verschlungen und verwickelt« – so schon Goethe in einer seiner naturwissenschaftlichen Maximen und Reflexionen. »Objektivität« ist das Trugbild, das sich aufdrängt, wenn man diesen Zusammenhang vergißt. Für die Kybernetik zweiter Ordnung ist »Wirklichkeit« also ein interaktiver Begriff.

Nichtlinearität: Nichtlineare Prozesse führen zu Verzweigungs-punkten, an denen sich das System »entscheiden« muß. Zwar ist jeder Einzelschritt des Prozesses kausal bestimmbar, aber eine län-gere Abfolge von solchen Verzweigungen läßt sich nicht mehr in ein Kausalschema bringen. Nichtlinearität bedeutet, daß sich das Verhalten eines Systems in der Zeit verändert und seine Relatio-nen nicht proportional sind. Gerade diese Abweichung von der Ordnung macht Systeme aber kreativ und widerstandsfähig. Das Leben schützt sich mit nichtlinearen Rückkopplungen gegen Störungen. Die Nichtlinearität des Systemverhaltens macht es also möglich, daß sich komplexe Systeme im Chaos des Rauschens ent-falten können.

Posthistoire: Die vor allem von konservativen Denkern wie Oswald Spengler, Arnold Gehlen und neuerdings Francis Fukuyama oder Vilém Flusser vertretene Auffassung, daß die Geschichte im ei-gentlichen Sinne abgeschlossen ist und unsere westlich zivilisierte Welt in einer »Nachgeschichte« lebt. Daß wir nach dem Ende der Geschichte leben, heißt nicht, daß sich nichts mehr ereignet. Aber die wesentlichen Bestände des gesellschaftlichen Lebens haben eine endgültige Form gewonnen. Man kann diese Theorie bis zu Hegels Geschichtsphilosophie und ihrem berühmten Satz vom Ende der Geschichte zurückverfolgen.

Radikaler Konstruktivismus: Schon im 19. Jahrhundert hat der Neu-rophysiologe Johannes Müller zeigen können, daß die Erregungs-zustände einer Nervenzelle nicht die Natur der Erregungsursa-che, sondern nur ihre Intensität codieren. Das heißt aber, daß jede Wahrnehmung eine Interpretation ist. Jean Piaget hat in diesem Zusammenhang von »operativen Schemata« gesprochen. Lebende Systeme beziehen zwar Energie von außen, nicht aber Informa-tion – die müssen sie selbst konstruieren! Deshalb vergleicht Hum-berto Maturana Erkenntnisprozesse mit einem Blindflug. Ent-sprechend können Theorien nicht wahr sein, sondern nur »pas-sen«. Eine Theorie ist dann gerechtfertigt, wenn sie uns einen

Orientierungsvorteil bringt. Wir haben keine Erkenntnis von einer objektiven Wirklichkeit, sondern immer nur von unserer Erfahrungsorganisation. Deshalb kann Piaget sagen, daß unsere Intelligenz die Welt organisiert, indem sie sich selbst organisiert. Die »wirkliche Wirklichkeit« zeigt sich nur dort, wo unsere Konstruktionen scheitern.

Rauschen (Noise): In allgemeiner Bedeutung ein Störeffekt, der auf die Wärmebewegung der Moleküle zurückzuführen ist; dieser Störeffekt hat eine kontinuierliche Frequenzverteilung. Jedes Übertragungsmedium unterliegt technischen Beschränkungen, zum Beispiel der Bild- oder Tonqualität. Das gilt vor allem bei der Übertragung durch elektromagnetische Signale, deren Ladungsträger Wärmebewegungen ausführen. Jedes Signal, das durch einen realen Kanal läuft, ist mit Rauschen behaftet. Das sogenannte Zufallsrauschen ist »im Energiespektrum gleichmäßig über das Frequenzband verteilt« (D. A. Bell). Die Störungen in der konkreten Übertragung selbst, wie etwa das Knacken in der Telefonleitung, nennt man Pink noise, farbiges oder rosa Rauschen. Kommunikation findet also immer vor einem Hintergrund von Rauschen statt, und man kann Nachrichten selbst als Selektionen aus dem Rauschen begreifen. »Alles, was nicht Information, nicht Redundanz, nicht Form und nicht Einschränkung ist, ist Rauschen, die einzig mögliche Quelle *neuer* Muster« (G. Bateson).

Redundanz. Redundanz heißt »jener Betrag, um den die maximale Information kleiner werden muß, damit sie apperzipierbar bleibt; es ist eine Ballastfunktion« (Max Bense). In diesem Sinne funktionieren Patterns, Muster und Gestalten als Redundanzsysteme. Man kann also Redundanz als eine Art Musterung des Nachrichtenmaterials begreifen. Sie ermöglicht dem Empfänger, zwischen Signal und Rauschen zu unterscheiden. Insofern ist die Bedeutung einer Nachricht eine direkte Funktion ihrer Redundanz.

Rekursivität. Die Prozesse in einem geschlossenen System entstehen aus der Interaktion seiner Elemente untereinander; sie beziehen sich nur auf sich selbst. Rekursion erzeugt stabile »Eigenwerte«. Die Theorie des Radikalen Konstruktivismus glaubt nicht daran, daß man den Ursprung einer Erfahrung fixieren kann, sondern verwandelt jede Begründung in einen kreativen Zirkel. Der Biologe Francisco Varela hat diese Figur der Rekursivität sehr treffend mit dem Konzept des Fraktalen verknüpft: »Jedesmal, wenn wir versuchen, die Quelle einer Wahrnehmung oder einer Idee aufzuspüren, stoßen wir auf ein ständig vor uns zurückweichendes *fractal*, und wo wir auch nachgraben mögen, stoßen wir auf die gleiche Fülle von Details und wechselseitigen Zusammenhängen. Jedesmal ist es die Wahrnehmung einer Wahrnehmung einer Wahrnehmung... – Nirgendwo können wir unseren Anker werfen.«

Selbstähnlichkeit: Selbstähnlich heißen Objekte, deren (beliebig kleine) Teile die Gesamtstruktur widerspiegeln. Nicht alles, was selbstähnlich ist, ist aber auch schon fraktal. Fraktale selbstähnliche Objekte verändern ihr Erscheinungsbild nur unwesentlich, wenn man sie unter einem Mikroskop beliebig vergrößert. »Natürliche« Beispiele sind die Äste und Zweige eines Baums, Wolken, Küstenlinien, aber auch die Verzweigungen des Blutkreislaufs oder des Bronchialsystems. Auch wenn man diese Strukturen vergrößert oder verkleinert, zeigen sie stets ein ähnliches Erscheinungsbild. Selbstähnlichkeit bedeutet immer auch, daß es für das betrachtete Objekt keinen natürlichen Maßstab gibt. Entscheidend ist also für Selbstähnlichkeit, daß die Teile eines Objekts Kopien des Objekts selbst sind – das machen die Holzschnitte Maurits Eschers sehr schön deutlich. Noch einmal auf eine Faustformel gebracht: Selbstähnlichkeit = Chaos + Rekursion.

Selbstorganisation: Prozesse der Selbstorganisation setzen einen ständigen Energiefluß, also einen Zustand fern vom thermodynamischen Gleichgewicht voraus. Evolvierende Systeme sind gleichsam stabil instabil. Man kann sie auch als »Selektion durch die äußeren Randbedingungen« (Peter Schuster) definieren. Das von Hermann Haken entschlüsselte Phänomen des Laserlichts ist das bekannteste Beispiel für Selbstorganisation; die ungeordnete Bewegung der Atome im Lichtfeld wird wie durch eine unsichtbare Hand, aber eben ohne äußeren Einfluß in geordnete Bewegung übergeführt. Entscheidend ist, daß sich die Organisation eines Systems ohne Zwang von außen verstärkt.

Simulation: Die Welt zu verstehen, heißt heute, sie simulieren zu können. Reale, komplexe Abläufe werden in einem Computermodell nachgebildet, und man analysiert dann das Verhalten des Modells. Dabei können – in sogenannten stochastischen Simulationen – auch Zufallsgrößen eingearbeitet werden. Simulationen sind überall dort der Schlüssel zur Erkenntnis, wo Experimente a) zu teuer, b) zu zeitaufwendig, c) ethisch problematisch und d) zu gefährlich wären. Simulationen dienen zur Berechnung von Umwelteffekten neuer Techniken, zur Ermittlung von optimalen Lagerstandorten, zur Berechnung der Ausbreitung von Krankheiten, zum Test neuer Computerprogramme, zur Ausbildung von Flugzeugpiloten und des Bedienungspersonals von Kernreaktoren, als Bildschirmversionen klassischer Laborexperimente für Studierende. Last but not least: Simulationen beantworten die »What-if«-Fragen des Managers. Natürlich hat der Begriff der Simulation eine lange Vorgeschichte, die vor allem das Moment des Trugs akzentuiert. Niklas Luhmann unterscheidet: »Bei Simulation handelt es sich um aktive Täuschung anderer. Man führt sie auf einen Irrweg, lügt und betrügt. Bei Dissimulation handelt es sich nur um das Verbergen eigener Gedanken oder auch des eigenen Informationsstandes, um die Wahrung von Geheimnissen.«

Stochastik: Nach dem griechischen »stochazomai«: ich errate, vermute. Es handelt sich um die Statistik zufallsabhängiger, zeitabhängiger, dynamischer Prozesse. Iannis Xenakis hat eine entsprechende (eben: nicht »strategische«) Kompositionstechnik entwickelt.

Synergetik: Synergetik ist die Theorie vom sinnvollen Zusammenwirken vieler Einzelteile und von den Gesetzen der Strukturbildung. Sie erklärt das plötzliche Auftreten neuer Ordnungsstrukturen, die dann alle Systemteile »versklaven«. Die Kenntnis der Gesetze der Synergetik ermöglicht deshalb größte Effekte bei kleinstem Aufwand. Ich erweitere den Begriff der Synergie auf das neue Zusammenwirken von Menschen und Technologien im telematischen Raum der neuen Medien.

Systemtheorie: Ludwig von Bertalanffy hat schon in den dreißiger Jahren Leben als Selbstbehauptung offener Systeme im materiellen Austausch mit der Umwelt definiert. Solche offenen Reaktionssysteme streben ein Fließgleichgewicht an, das heißt die Behauptung eines konstanten Verhältnisses ihrer Komponenten in einem kontinuierlichen Materialfluß. Es ist unabhängig von den Ausgangsbedingungen. Nach Störungen stellt das System selbst das Fließgleichgewicht wieder her. Das Fließgleichgewicht offener Systeme läßt sich also nicht mit dem zweiten Hauptsatz der Thermodynamik begreifen. Systeme unterscheiden sich selbst von ihrer Umwelt und grenzen sich gegen sie ab, indem sie die Wechselwirkungen, in die sie mit ihr treten, rekursiv vernetzen. In evolutionären Prozessen können wir Übergänge zu höherer Ordnung und Komplexität beobachten. Ilya Prigogine hat den Begriff des Systems schließlich ganz von der Vorstellung einer bestimmten Struktur abgelöst. So ist das Verhältnis von Raupe und Schmetterling ja nicht mehr das einer wechselnden Konstellation von Komponenten. Der Systembegriff bezeichnet jetzt nur noch die Kohärenz interaktiver Prozesse, eine »Ordnung durch Fluktuation«.

Telematik: Ein Kunstwort, das die neue Einheit von Fernmelden und Rechnen, von *Tele*kommunikation und Infor*matik* benennt. Computer entfalten ihre Potentiale erst in Netzwerken. Sie fungieren heute nicht mehr einfach als »Number cruncher«, sondern als Kommunikationsmedien. Der Anschluß an Telefon- und Datennetze ist schon heute wichtiger als die Rechenleistung. Und umgekehrt werden heute alle Datenprozesse digitalisiert. Der Computer wird zum Metamedium aller Kommunikationsprozesse.

Literaturverzeichnis

I. Sammelbände

Arsenale der Seele, hg. v. F. A. Kittler und G. C. Tholen, München 1989

Das Auge des Betrachters, hg. v. Paul Watzlawick und Peter Krieg, München 1991

The Beauty of Fractals, hg. v. H.-O. Peitgen und P. H. Richter, Berlin/Heidelberg 1986

Das Chaos. Kursbuch # 98, Berlin 1989

Chaos + Kreativität. Geo-Wissen, Hamburg 1990

Chaos und Fraktale. Spektrum der Wissenschaft, Heidelberg 1989

Computer als Medium, hg. v. Norbert Bolz, F. A. Kittler und G. C. Tholen, München 1994

Computerkultur, Kursbuch # 75, Berlin 1984

Cyberspace, hg. v. Florian Rötzer und Peter Weibel, München 1993

Cyberspace, hg. v. Manfred Waffender, Reinbek 1991

Designing Hypermedia for Learning, hg. v. D. H. Jonassen und H. Mandl, Berlin/New York 1990

Digitaler Schein, hg. v. F. Rötzer, Frankfurt 1991

Der Diskurs des Radikalen Konstruktivismus, hg. v. S. J. Schmidt, Frankfurt am Main 1987

The Ecology of Computation, hg. v. B. A. Huberman, 1988

Emergenz, hg. v. Wolfgang Krohn und Günter Küppers, Frankfurt am Main 1992

Das Ende der großen Entwürfe, hg. v. H. R. Fischer u. a., Frankfurt am Main 1992

Die erfundene Wirklichkeit, hg. v. Paul Watzlawick, München 1981
Fractals and Chaos, hg. v. Crilly/Earnshaw/Jones, New York 1991
Fractals for the Classroom, hg. v. Peitgen/Jürgens/Saupe, New York 1992
Hypertext/Hypermedia Handbook, hg. v. E. Berk und J. Devlin, New York 1991
Multimedia Technology and Applications, hg. v. J. Waterworth, Chichester 1991
The New Hacker's Dictionary, hg. v. Eric Raymond, London 1991
Ordnung aus dem Chaos, hg. v. Bernd-Olaf Küppers, München ²1988
Ordnung und Chaos in der unbelebten und belebten Natur, hg. v. Wolfgang Gerok, Stuttgart ²1990
The Science of Fractal Images, hg. v. Heinz-Otto Peitgen und Dietmar Saupe, New York 1988
Simulation und Wirklichkeit, hg. v. Angela Schonberger, Köln 1988
Strategien des Scheins, hg. v. F. Rötzer und P. Weibel, München 1991
Systems Thinking, hg. v. F. E. Emery, Harmondsworth 1969
Verzeichnungen, hg. v. Hermann Sturm, Fulda 1989

II. Monographien:
Adorno, Theodor W., Ästhetische Theorie, Frankfurt am Main 1970
Aicher, Otl, Schreiben und Widersprechen, Berlin 1993
Allen, Thomas B., War Games, London 1987
Anfam, David, Abstract Expressionism, London 1990
Arnheim, Rudolf, Zur Psychologie der Kunst, Köln 1977
Arrow, Kenneth J., The Limits of Organization, New York 1974
Bateson, Gregory, Steps to an Ecology of Mind, Arcade 1987
Baudrillard, Jean, Cool Memories 1980–1985, Paris 1987
–, Von der Verführung, München 1992
Bell, Daniel, The Coming of Post-Industrial Society, New York 1973
Beniger, James R., The Control Revolution, Cambridge/Mass. 1986

Benjamin, Walter, Das Passagen-Werk, Frankfurt am Main 1982
Bense, Max, Aesthetica, Baden-Baden ²1982
–, Das Auge Epikurs, Stuttgart 1979
–, Zeichen und Design, Baden-Baden 1971
Bergé, P./Pomean, Y./Vidal, Ch., Order within Chaos, New York 1986
Bloom, Allan, The Closing of the American Mind, 1987
Blumenberg, Hans, Die Lesbarkeit der Welt, Frankfurt am Main 1981
–, Wirklichkeiten in denen wir leben, Stuttgart 1986
Bolter, Jay David, Writing Space, Hillsdale 1991
–, Der digitale Faust, Stuttgart 1990
Bolz, Norbert, Chaos und Simulation, München 1992
–, Philosophie nach ihrem Ende, München 1992
–, Theorie der neuen Medien, München 1990
–, Am Ende der Gutenberg-Galaxis, München 1993
van den Boom, Holger, Digitale Ästhetik, Stuttgart 1987
Brand, Steward, Media Lab, Reinbek 1990
Briggs, John/Peat, F. D., Die Entdeckung des Chaos, München 1990
Brown, George Spencer, Laws of Form, New York 1979 (Neudruck)
Burke, Kenneth, A Grammar of Motives, Berkeley 1969
Capra, Fritjof, Wendezeit, Bern 1983
Carré, John le, The Night Manager, London 1993
–, A Small Town in Germany, London 1969
Chambers, Ian, Urban Rhythms: Pop Music and Popular Culture, London 1985
Cooley, Charles Horton, Social Organization, New York 1962
Coupland, Douglas, Generation X, New York 1991
Cramer, Friedrich, Chaos und Ordnung, Stuttgart ³1989
Davis, Paul, Cosmic Blueprint, London 1987
Deleuze, Gilles/Guattari, Félix, Tausend Plateaus, Berlin 1992
Descartes, René, Discours de la méthode (Ad. u. Tann., Œuvres de Descartes Bd. I)
Deutsch, Karl, Politische Kybernetik, Freiburg 1969

Dewey, John, Art as Experience, New York 1958

Diderot, Denis, Enzyklopädie, Berlin 1961

Dreyfus, Hubert L., Was Computer nicht können, Frankfurt am Main 1989

Dubuffet, Jean, L'homme du commun à l'ouvrage, Paris 1973

Durkheim, Emile, Über die Teilung der sozialen Arbeit, Frankfurt am Main 1977

Ebeling, Werner, Chaos – Ordnung – Information, Frankfurt am Main 1989

Ehrenfels, Christian von, Metaphysik, Philosophische Schriften IV, München 1983 bis 1990

Eigen, Manfred/Ruthild Winkler, Das Spiel, München 1975

Ellis, Bret Easton, American Psycho, New York 1991

Enzensberger, Hans Magnus, Der Fliegende Robert, Frankfurt am Main 1989

–, Mittelmaß und Wahn, Frankfurt am Main 1988

Ferguson, Marilyn, Die sanfte Verschwörung, Basel 1982

Feyerabend, Paul, Against Method, London 1975

–, Wissenschaft als Kunst, Frankfurt am Main 1984

Foerster, Heinz von, Sicht und Einsicht, Braunschweig 1985

–, Wissen und Gewissen, Frankfurt am Main 1993

–, Observing Systems, Seaside/Cal. 1981

Flusser, Vilém, Nachgeschichten, Düsseldorf 1990

Forester, Tom, Die High Tech Gesellschaft, Stuttgart 1990

Fukuyama, Francis, Das Ende der Geschichte, Frankfurt am Main 1992

Garner, Wendell R., Uncertainty and Structure as Psychological Concepts, New York 1962

Gehlen, Arnold, Einblicke, Frankfurt am Main 1978

–, Der Mensch, Wiesbaden [13]1986

–, Zeit-Bilder, Frankfurt am Main [3]1986

Gerken, Gerd, Manager... Die Helden des Chaos, Düsseldorf 1992

Gibson, James, The Ecological Approach to Visual Perception, Hillsdale 1986

Gibson, William, Neuromancer, Glasgow 1986
Girard, René, Le bouc émissaire, Paris 1982
Glanville, Ranulph, Objekte, Berlin 1988
Gleick, James, Chaos, London 1988
Haken, Hermann, Erfolgsgeheimnisse der Natur, Stuttgart 1981
–, Synergetik, Berlin [3]1983
Hausdorff, Felix, Das Chaos in kosmischer Auslese, Leipzig 1898
Hayek, Friedrich A. Individualismus und wirtschaftliche Ordnung, Salzburg o. J.
–, Der Weg zur Knechtschaft, München 1991
–, Der Wettbewerb als Entdeckungsverfahren, Kiel 1968
Heims, Steve J., John von Neumann and Norbert Wiener, Cambridge/Mass. 1978
Hodges, Andrew, Alan Turing – the Enigma, New York 1983
Hofstadter, Douglas R., Gödel, Escher, Bach: An Eternal Golden Braid, Harmondsworth 1979
Holbein, Ulrich, Der belauschte Lärm, Frankfurt am Main 1991
Hörning, Karl H./Anette Gerhard/Matthias Michailow, Zeitpioniere, Frankfurt am Main [2]1991
Jantsch, Erich, Die Selbstorganisation des Universums, München 1979
Kapp, Ernst, Philosophie der Technik, Berlin o. J.
Kennedy, Paul, In Vorbereitung auf das 21. Jahrhundert, Frankfurt am Main 1993
Kierkegaard, Sören, Entweder/Oder, München 1988
King, Stephen, The Drawing of the Three. The Dark Tower II, New York 1989
Kojève, Alexandre, Indroduction à la lecture de Hegel, Paris [2]1959
Kuhlen, Rainer, Hypertext, Berlin/New York 1991
Lem, Stanislaw, Summa Technologiae, Frankfurt am Main 1981
–, Die Vergangenheit der Zukunft, Frankfurt am Main 1992
–, Waffensysteme des 21. Jahrhunderts, Frankfurt am Main 1983
Lichtenberg, G. C., Schriften und Briefe, München 1968 ff.
Lübbe, Hermann, Im Zug der Zeit, Berlin 1992

Luhmann, Niklas, Ausdifferenzierung des Rechts, Frankfurt am Main 1981
–, Liebe als Passion, Frankfurt am Main 1982
–, Macht, Stuttgart 1975
–, Ökologische Kommunikation, Opladen 1986
–, Politische Theorie im Wohlfahrtsstaat, München 1981
–, Soziale Systeme, Frankfurt am Main 1984
–, Soziologie des Risikos, Berlin 1991
–, Soziologische Aufklärung Bde. III, IV, V, Opladen 1981 ff.
–, Universität als Milieu, Bielefeld 1992
–, Vertrauen, Stuttgart ³1989
–, Die Wirtschaft der Gesellschaft, Frankfurt am Main 1988
–, Die Wissenschaft der Gesellschaft, Frankfurt am Main 1990
Lyotard, Jean Francois, La condition postmoderne, Paris 1979
–, Le Postmoderne expliqué aux enfants, Paris 1988
Mandelbrot, Benoît, Die fraktale Geometrie der Natur, Basel 1987
Mann, Thomas, Doktor Faustus, Frankfurt am Main o. J.
Marquard, Odo, Aesthetica und Anaesthetica, Paderborn 1989
Maturana, Humberto R., Der Baum der Erkenntnis, München 1987
Maturana, Humberto R./Gerda Verden-Zöller, Liebe und Spiel, Heidelberg 1993
McLuhan, Marshall, From Cliché to Archetype, New York 1970
–, Die Magischen Kanäle, Düsseldorf 1992
Michels, Robert, Zur Soziologie des Parteiwesens in der modernen Demokratie, Stuttgart ²1970
Morfill, Gregor/Herbert Scheingraber, Chaos ist überall ..., Berlin 1991
Mumford, Lewis, Die Stadt, München 1979
Müri, Peter, Chaos-Management, Egg-Zürich 1985
Nadin, Mihai, Mind, Stuttgart 1991
Nake, Frieder, Ästhetik als Informationsverarbeitung, Wien/New York 1974
Nelson, Ted, Literary Machines, Swathmore 1981
Nicolis, Grégoire/Ilya Prigogine, Die Erforschung des Komplexen, München 1987

Nietzsche, Friedrich, Sämtliche Werke (de Gruyter – dtv)

Ogger, Günter, Nieten in Nadelstreifen, München 1992

Papert, Seymour, Mindstorms, New York 1980

Parsons, Talcott, Zur Theorie der sozialen Interaktionsmedien, Opladen 1980

Pascal, Blaise, Pensées, Paris 1897

Penrose, Roger, The Emperor's New Mind, New York 1989

Perincioli, Cristina/Cilie Rentmeister, Computer und Kreativität, Köln 1990

Peters, Tom, Liberation Management, New York 1992

Piaget, Jean, Einführung in die genetische Erkenntnistheorie, Frankfurt am Main 1973

–, Das moralische Urteil beim Kinde, Stuttgart 1983

Pirsig, Robert M., Lila, New York 1991

Poincaré, Henri, Wissenschaft und Methode, Leipzig und Berlin 1914

Postman, Neil, Das Verschwinden der Kindheit, Frankfurt am Main 1987

–, Wir amüsieren uns zu Tode, Frankfurt am Main 1988

Preikschat, Wolfgang, Video, Weinheim 1987

Prigogine, Ilya, Vom Schein zum Werden, München [5]1988

Prigogine, Ilya/Stengers, Isabelle, Dialog mit der Natur, München [6]1990

Quine, Willard van Orman, From a Logical Point of View, New York [2]1961

Rheingold, Howard, Virtual Reality, New York 1991

Richter, Horst, Geschichte der Malerei im 20. Jahrhundert, Köln 1974

Riesman, David, The Lonely Crowd, New Haven 1975

Ruelle, David, Zufall und Chaos, Berlin 1992

Schmitt, Carl, Der Begriff des Politischen, Berlin 1963

–, Der Leviathan in der Staatslehre des Thomas Hobbes, Köln 1982

–, Der Nomos der Erde, Berlin [2]1974

Schöne, Albrecht, Aufklärung aus dem Geist der Experimentalphysik, München [2]1983

Schulze, Gerhard, Die Erlebnisgesellschaft, Frankfurt am Main 1993

Schwilk, Heimo, Was man uns verschwieg, Frankfurt am Main 1991

Sedlmayr, Hans, Die Revolution der modernen Kunst, Köln 1985

–, Verlust der Mitte, Darmstadt [3]1976

Selz, Peter, The Work of Jean Dubuffet, New York 1962

Serres, Michel, Der Parasit, Frankfurt am Main 1987

Shannon, Claude/Weaver, Warren, The Mathematical Theory of Communication, Urbana 1964

Shneiderman, Ben/Greg Kearsley, Hypertext Hands-on, Workingham 1991

Simmel, Georg, Philosophie des Geldes, Berlin [6]1958

–, Soziologie, Berlin [6]1983

Stewart, Ian, Does God Play Dice?, Cambridge/Mass. 1989

Thom, René, Mathematical Models of Morphogenesis, Chichester o. J.

Toffler, Alvin, Power-Shift, New York 1990

Turing, Alan, Intelligence Service, Berlin 1987

Turkle, Sherry, The Second Self, New York 1984

Varela, Francisco J., Kognitionswissenschaft – Kognitionstechnik, Frankfurt am Main 1990

–/Evan Thompson, Der Mittlere Weg der Erkenntnis, Bern 1992

Veblen, Thorstein, The Theory of the Leisure Class, New York 1899

–, Theorie der feinen Leute, Köln 1958

Virilio, Paul, Krieg und Kino, München 1986

–, Rasender Stillstand, München 1992

Warburg, Aby, Ausgewählte Schriften, Baden-Baden 1980

–, Schlangenritual, Berlin 1988

Warhol, Andy, The Philosophy of Andy Warhol, San Diego 1977

Watzlawick, Paul / J. H. Beavin / D. D. Jackson, Menschliche Kommunikation, Bern 1969

Weber, Max, Gesammelte Aufsätze zur Religionssoziologie, Bd. I, Tübingen 1920

–, Soziologie – Universalgeschichtliche Analysen – Politik, Stuttgart 1973

–, Wirtschaft und Gesellschaft, Tübingen ⁵1972

Welsch, Wolfgang, Ästhetisches Denken, Stuttgart ³1993

–, Unsere postmoderne Moderne, Weinheim 1987

Wiener, Norbert, Cybernetics, New York und London ²1961

–, Kybernetik, Düsseldorf ²1992

Woodhead, Nigel, Hypertext & Hypermedia, Wilmslow 1991

Worringer, Wilhelm, Abstraktion und Einfühlung, München 1959

III. Aufsätze

Abraham, Ralph, »Chaos & Catastrophe. An Interview«, in: Mondo 2000, Issue # 3, Winter 1991

Adilkno, »The Player and his Media«, in: Mediamatic, vol. 5, # 3

Barrett, E., »Introduction«, in: Text, ConText and Hypertext, hg. v. E. Barrett, Cambridge, Mass. 1988

van den Boom, Holger, »Digitaler Schein«, in: Digitaler Schein, a. a. O.

–, »Vom Modell zur Simulation – Die Zukunft des Designprozesses«, in: Simulation und Wirklichkeit, hg. v. A. Schönberger, Köln 1988

Brickmann, Jürgen, »Simulationen in virtuellen Szenarien von Molekülen«, in: Strategien des Scheins, hg. v. F. Rötzer und P. Weibel, München 1991

Brügge, Peter, »Mythos aus dem Computer«, in: Der Spiegel 39/1993

Bush, Vannevar, »As We May Think«, in: Atlantic Monthly, Juli 1945

Charles, Daniel, »Au-delá de l'aléa«, in: Aisthesis, Leipzig 1991

Cramer, Friedrich, »Zeitbaum und Lebensbaum«, in: Zeitreise, hg. v. G. C. Tholen u. a., Zürich 1993

Crutchfield, James P. et al., »Chaos«, in: Scientific American, Dezember 1968

Degler, Hans-Dieter, »Wissenszwerge unter Druck«, in: Der Spiegel 14/1993

Eagleton, Terry, »Awakening from Modernity«, in: Times Literary Supplement, 20. Februar 1987

Fischer, Peter M./H. Mandl, »Towards a Psychophysics of Hypermedia«, in: Designing Hypermedia for Learning, a. a. O.

Fisher, Scott S., »Wenn das Interface im Virtuellen verschwindet«, in: Cyberspace, hg. v. M. Waffender, Reinbek 1991

Fuchs, Peter, »Kommunikation mit Computern?«, in: Sociologia Internationalis, 29. Bd., 1991, Heft 1

»Die Gewinner der Krise«, in: Der Spiegel 38/1993

Glanville, Ranulph, »The Form of Cybernetics«, in: General Systems Research, Louisville 1979

Grassmuck, Volker, »Allein, aber nicht einsam – Die Otaku-Generation«, in: Computer als Medium, hg. v. Norbert Bolz und Friedrich Kittler, München 1993

Großmann, Siegfried, »Selbstähnlichkeit – Das Strukturgesetz im und vor dem Chaos«, in: Ordnung und Chaos ... hg. v. W. Gerok, a. a. O.

Hase, Dietrich von, »Computerfilm – State of the Art 1987«, in: Simulation und Wirklichkeit, a. a. O.

Hultkrans, Andrew, »Pimping the Reality Principle«, in: Mondo 2000, 1993

Jacobs, Ulla, »Die Chaospiloten«, in: Wiener, Juni 1992

»Das Kino kommt ins Haus«, in: Der Spiegel 29/1993

Luhmann, Niklas, »Die Ehrlichkeit der Politiker«, in: Opfer der Macht, hg. v. P. Kemper, Frankfurt/Main 1993

Mandelbrot, Benoît, »Fractals and the Rebirth of Iteration Theory«, in: The Beauty of Fractals, a. a. O.

Markl, Hubert, »Biologie der sozialen Organisation«, in: Ordnung und Chaos, hg. v. W. F. Gerok, a. a. O.

Nelson, Ted, »Managing Immense Storage«, in: BYTE, 13(1), Januar 1988

»Oppositional Cultures«, in: Adbusters, Vol. 2, # 2, 1992

Ost, John/Klaus Sonnenleiter, »Virtuelle Medizin«, in: Focus 25/1993

Ouellette, Laurie, »Smells Like Subversive Spirit«, in: Utne Reader, März/April 1993

»Panzerkrieg im Datennetz«, in: Der Spiegel 33/1993

Parsons, Talcott, »On the Concept of Political Power«, in: Proceedings of the American Philosophical Society, Vol. 107, # 3, 1963

Pendergrast, Mark, »From Souped-Up Syrup to Bottled Gold«, in: Business Week, 19. 7. 1993

Roth, Gerhard, »Erkenntnis und Realität«, in: Der Diskurs des Radikalen Konstruktivismus, hg. v. S. J. Schmidt, a. a. O.

Savan, Leslie, »The Ad Mission«, in: Voice, 8. 6. 1993

Schertenleib, Hansjörg, »Televisionen«, in: Filmbulletin, Heft 4, 1985

Schumacher, Hajo, »Weltmacht des Scheins«, in: Der Spiegel 26/1993

Simmel, Georg, »Soziologie der Konkurrenz«, in: Schriften zur Soziologie, Frankfurt am Main 1983

Turing, Alan, »Computing Machinery and Intelligence«, in: Minds and Machines, hg. v. A. R. Anderson, New Jersey o. J.

von Weizsäcker, Carl Christian, »Ordnung und Chaos in der Wirtschaft«, in: Ordnung und Chaos, hg. v. W. Gerok, a. a. O.

White, Harrison C., »Where Do Markets Come From?«, in: American Journal of Sociology 87(1981)

von Woldeck, Rudolf, »Formeln für das Tohuwabohu«, in: Das Chaos. Kursbuch # 98, a. a. O.

Personen- und Sachregister

327

333

335